Public Management

Andreas Lamers

Public Management

Betriebswirtschaftslehre der
öffentlichen Verwaltung – kompakt,
prüfungsorientiert, leicht verständlich

8., überarbeitete Auflage

Springer Gabler

Andreas Lamers
Erftstadt, Deutschland

Das Werk ist zuvor im Eigenverlag an der Hochschule des Bundes für öffentliche Verwaltung in Brühl unter dem Titel „Betriebswirtschaftslehre der öffentlichen Verwaltung" und dem Autor Dr. Andreas Lamers erschienen.

ISBN 978-3-658-21806-5   ISBN 978-3-658-21807-2   (eBook)
https://doi.org/10.1007/978-3-658-21807-2

Die Deutsche Nationalbibliothek verzeichnet diese Publikation in der Deutschen Nationalbibliografie; detaillierte bibliografische Daten sind im Internet über http://dnb.d-nb.de abrufbar.

Springer Gabler
1. bis 7 Aufl.: © Prof. Dr. Andreas Lamers/Hochschule des Bundes für öffentliche Verwaltung, Brühl 1996–2014
8. Aufl.: © Springer Fachmedien Wiesbaden GmbH, ein Teil von Springer Nature 2018

Gedruckt auf säurefreiem und chlorfrei gebleichtem Papier

Springer Gabler ist ein Imprint der eingetragenen Gesellschaft Springer Fachmedien Wiesbaden GmbH und ist ein Teil von Springer Nature
Die Anschrift der Gesellschaft ist: Abraham-Lincoln-Str. 46, 65189 Wiesbaden, Germany

Vorwort

Das vorliegende Buch ist das Ergebnis mehr als fünfundzwanzigjähriger Erfahrungen in der Ausbildung unterschiedlicher Studierendengruppen an einer Verwaltungshochschule im Fach „Public Management" bzw. „Verwaltungsmanagement", früher „Betriebswirtschaftslehre der öffentlichen Verwaltung".

Es präsentiert in kompakter und anwendungsorientierter Form wesentliche Teile des „Public Management", die insbesondere im Grundstudium bzw. in den grundlegenden Studienabschnitten an Verwaltungshochschulen relevant sind. Die langjährige Erfahrung als Hochschullehrer im Austausch mit Studierenden und Fachkollegen/-innen hat den Blick dafür geschärft, welches Handwerkszeug die Studierenden zur Vorbereitung auf Zwischen- oder Diplomprüfung bzw. auf Modulprüfungen benötigen. Somit ist ein kompaktes, leicht verständliches, aber mit den wesentlichen Schwerpunkten ausgestattetes Lehrbuch entstanden. Dieses didaktisch aufbereitete Buch eignet sich sowohl zur selbstständigen Erarbeitung oder Nachbereitung des Stoffes als auch zur Wiederholung vor Prüfungen.

Konkret basiert dieses Buch auf dem korrigierten Nachdruck der 7., aktualisierten und überarbeiteten Auflage des Manuskriptes „Betriebswirtschaftslehre der öffentlichen Verwaltung", das seit vielen Jahren an der Hochschule des Bundes für öffentliche Verwaltung (HS Bund) im Fach „Public Management" bzw. „Verwaltungsmanagement" mit großem Erfolg eingesetzt wird. In der vorliegenden aktualisierten Fassung befindet es sich auf dem gegenwärtigen Stand der Fachliteratur. Gegenüber der Vorlage wurden zusätzliche Literaturquellen aufgenommen und die Ausführungen in Anlehnung an neue Literatur aktualisiert und ergänzt. Auch einige Beispielaufgaben wurden aktualisiert und überarbeitet.

Mein besonderer Dank gilt dem ehemaligen Kollegen Prof. Dr. Erhard Mundhenke, der mit seinem Arbeitsbuch zur Betriebswirtschaftslehre, Organisation und IuK-Technik (später: Arbeitsbuch Public Management) erfolgreiche Starthilfe geleistet hat, sowie den ehemaligen Kollegen Prof. Dr. Philipp Hessel und RD Dr. Götz Sommer, die mich bei der Entwicklung dieses Werkes tatkräftig unterstützt haben. Auch allen anderen Fachkolleginnen und -kollegen danke ich herzlich für viele wertvolle Anregungen und Fachbeiträge sowie für zahlreiche, hilfreiche Diskussionen.

Fehler gehen selbstverständlich ausschließlich zu meinen Lasten; sollten Sie Fehler finden oder Verbesserungsvorschläge haben, bin ich für entsprechende Hinweise dankbar.

Erftstadt   Andreas Lamers
im März 2018

Inhaltsverzeichnis

Abkürzungsverzeichnis

a. a. O.	am angegebenen Ort
AKV	Aufgaben, Kompetenzen, Verantwortung
AW	Anschaffungswert
AZR	Ausländerzentralregister
BAköV	Bundesakademie für öffentliche Verwaltung
BHO	Bundeshaushaltsordnung
BIT	Bundesstelle für Informationstechnik (bis Dez. 2015)
BMF	Bundesministerium für Finanzen
BMI	Bundesministerium des Innern
BRH	Bundesrechnungshof
BVA	Bundesverwaltungsamt
BWL	Betriebswirtschaftslehre
BWLöV	Betriebswirtschaftslehre der öffentlichen Verwaltung (Public Management)
DHfV	Deutsche Hochschule für Verwaltungswissenschaften, Speyer
DLZ	Dienstleistungszentrum (engl. Shared Service Center, SSC)
DV	Datenverarbeitung
erw.	erweitert(e)
FH Bund	Fachhochschule des Bundes für öffentliche Verwaltung (bis Sept. 2014)
GGO	Gemeinsame Geschäftsordnung der Bundesministerien
GMBl	Gemeinsames Ministerialblatt, hrsg. vom Bundesministerium des Innern
insb.	insbesondere
ITZ Bund	Informationstechnikzentrum Bund (ab Jan. 2016)
Hrsg.	Herausgeber, herausgegeben von

HS Bund	Hochschule des Bundes für öffentliche Verwaltung (ab Okt. 2014)
IT	Informationstechnik
IuK	Informations- und Kommunikationstechnik
IV	Informationsverarbeitung
KGSt	Kommunale Gemeinschaftsstelle für Verwaltungsvereinfachung, Köln
KLR	Kostenleistungsrechnung (Kosten-Leistungsrechnung, Kosten- und Leistungsrechnung)
KNA	Kosten-Nutzenanalyse
KVR	Kostenvergleichsrechnung
KWM	Kapitalwertmethode
ND	Nutzungsdauer
NWA	Nutzwertanalyse
öff.	öffentlich(e)
RdSchr.	Rundschreiben
RW	Restwert (Restverkaufserlös)
SSC	Shared Service Center (Dienstleistungszentrum, DLZ)
überarb.	überarbeitet(e)
VerfNW	Verfassung für das Land Nordrhein-Westfalen
VV	Verwaltungsvorschriften
VV-BHO	Verwaltungsvorschriften zur Bundeshaushaltsordnung
ZIVIT	Zentrum für Informationsverarbeitung und Informationstechnik (bis Dez. 2015)

Abbildungsverzeichnis

Tabellenverzeichnis

Einführung

1

Eigentum verpflichtet (Art. 14 Grundgesetz). Deshalb darf die öffentliche Verwaltung die eingenommenen Steuermittel nicht verschwenden.

Zusammenfassung

Auch öffentliche Verwaltung ist angesichts knapper Kassen und stetig wachsender Anforderungen an den Staat auf wirtschaftliches Handeln angewiesen, deshalb gehört Public Management (früher: Betriebswirtschaftslehre der öffentlichen Verwaltung) zu den wichtigen Studieninhalten im Grundstudium bzw. in den grundlegenden Modulen des Studiums für den gehobenen Dienst in der Bundesverwaltung.

Zum Einstieg in das Studiengebiet **„Public Management"** – auch „Verwaltungsmanagement" oder „Betriebswirtschaftslehre der öffentlichen Verwaltung", kurz BWLöV genannt – stehen einige Fragen an:

- Warum gerade dieses Fach?
- Welche Teilgebiete umfasst dieses Fach?
- Was hat öffentliche Verwaltung mit Betriebswirtschaft zu tun?

Auch die **öffentliche Verwaltung** kann sich dem **gesellschaftlichen Wandel** nicht verschließen. Die Anforderungen und Erwartungen an den Staat wachsen, gleichzeitig sind jedoch finanzielle Mittel nicht beliebig vermehrbar; die öffentlichen Kassen sind chronisch leer. Als Problemlösung wird zunehmend „betriebswirtschaftliches Denken" gefordert. Die Kenntnis der Denkweise und die Beherrschung wichtiger betriebswirtschaftlicher Methoden sind heute und in

© Springer Fachmedien Wiesbaden GmbH, ein Teil von Springer Nature 2018
A. Lamers, *Public Management,*
https://doi.org/10.1007/978-3-658-21807-2_1

Zukunft für Angehörige des gehobenen Dienstes der Bundesverwaltung unverzichtbar!

Das Studiengebiet „Public Management" umfasst die **Kerngebiete der Betriebswirtschaftslehre** (BWL), nämlich:

- **betriebswirtschaftliche Grundlagen**
- **Organisation**
- **Informations- und Kommunikationstechniken** (IuK)

Diese Kerngebiete sind um aktuelle Themen wie „Projektmanagement" sowie „Neue Steuerungsmodelle und Controlling" vor einigen Jahren ergänzt worden.

Die **betriebswirtschaftlichen Grundlagen** umfassen Grundbegriffe und wichtige Methoden der BWL, beispielsweise **Kostenvergleichsrechnung** (KVR), **Kapitalwertmethode** (KWM) und **Nutzwertanalyse** (NWA).

Organisation umfasst traditionell die Teilgebiete:

- **Aufbauorganisation:** Gestaltung der Struktur einer Behörde, dazu gehören Arbeitsteilung („Wer tut was?") und Festlegung von Hierarchiebeziehungen.
- **Ablauf- und Führungsorganisation:** Gestaltung von Arbeitsabläufen („Wann und wie geschieht was?") und Grundsätze der Mitarbeiterführung („Wer führt wie?"); dies überschneidet sich mit dem „Personalmanagement".

Ein aktueller Ansatz ist die **Prozessorganisation,** welche die Prozesse der Leistungserstellung (Kernprozesse, Wertschöpfungsketten) in den Vordergrund der Betrachtung stellt.

▶   Festzustellen ist: „Organisation ist nicht alles, aber ohne Organisation ist alles nichts."

Zur Unterstützung der Aufgabenerfüllung werden seit Langem Datenverarbeitungssysteme (DV-Systeme) verwendet, die sich heute als Folge des rasanten technischen Fortschritts zu vielseitig nutzbaren Informations- und Kommunikationssystemen (IuK-Systemen) weiterentwickelt haben. Deshalb ist auch die Kenntnis der **Grundlagen der Informations- und Kommunikationstechnik** (IuK) bzw. der **Grundlagen der Informationsverarbeitung** (IV) für künftige Angehörige des gehobenen Dienstes unverzichtbar. Eine vertiefende Darstellung ist im Rahmen dieses Buches leider nicht möglich.

Grundbegriffe der Betriebswirtschaftslehre

2

Zunächst sollen die grundlegenden Begriffe und Kriterien entwickelt werden, auf denen die weiteren Kapitel dieses Werkes aufbauen werden.

2.1 Betriebsbegriff

Eine wichtige Frage, die sich zu Beginn der Beschäftigung mit Public Management – oder mit Betriebswirtschaftslehre der öffentlichen Verwaltung – stellt, ist die nach dem Objekt der Betrachtung. Dies lässt sich durch die folgenden vier Fragen eingrenzen.

1. Was ist ein Betrieb?
2. Ist eine Behörde ein Betrieb?
3. Welche Betriebstypen gibt es?
4. Wo liegen die Unterschiede zwischen den Betriebstypen?

2.1.1 Definitionen

Eine Antwort auf diese Fragen ist nur möglich, wenn der Begriff des Betriebes korrekt definiert wird. Eine verbreitete Definition (Fischer 1991, S. 10; Eichhorn 1985, S. 175 ff.) lautet:

▶ **Definition Betrieb** **Betrieb** ist der **Ort der Leistungserstellung:** Hergestellt werden Güter oder Dienstleistungen durch Einsatz von Produktionsfaktoren (wirtschaftlichen Einsatzgütern).

© Springer Fachmedien Wiesbaden GmbH, ein Teil von Springer Nature 2018
A. Lamers, *Public Management*,
https://doi.org/10.1007/978-3-658-21807-2_2

In dieser Definition kommt es auf eine Gewinnerzielung offensichtlich nicht an, entscheidend ist die Leistungserstellung (Steinebach 1998, S. 59 ff.; Schmidt 2009, S. 6 ff.). Da Behörden Dienstleistungen für den Bürger oder für andere Betriebe erstellen, sind Behörden also Betriebe. Behörden sind jedoch **keine** Unternehmen, da sie nicht gewinnorientiert arbeiten.

Eine **Systematik der Betriebe** ist in Abb. 2.1 wiedergegeben.

2.1.2 Unterscheidungskriterien

Damit sind wir bei den **Unterscheidungskriterien** der verschiedenen Betriebstypen angelangt (Dincher et al. 2017, S. 14 ff.; Fischer 1991, S. 10 ff.; Steinebach 1998, S. 63 f.). Das erste und wohl wichtigste Kriterium ist:

1. Betriebsziele (Hauptziele, Zielsetzung)
a) Private Unternehmen:
Gewinnerzielung bzw. Gewinnmaximierung,
Expansion (Ausweitung des Marktanteils bzw. der Marktstellung oder auch Erschließung neuer Märkte bzw. Globalisierung),
Bestandssicherung bzw. Vermeidung von Insolvenz („Konkurs").

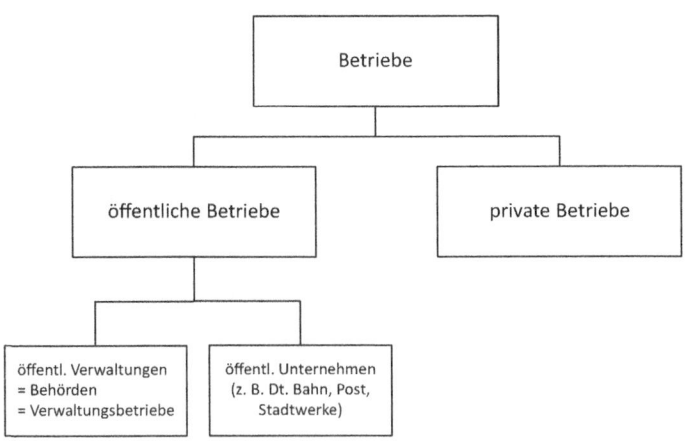

Abb. 2.1 Systematik der Betriebe

b) Öffentliche Unternehmen:
   Gewinnerzielung bzw. Kostendeckung,
   Erfüllung öffentlicher Aufgaben („flächendeckende Versorgung").
c) Öffentliche Verwaltungen:
   Erfüllung öffentlicher Aufgaben. („Gemeinwohlsicherung")

Wir hatten gerade auf die Notwendigkeit der Bestandssicherung privater Unternehmen hingewiesen. Das zweite Kriterium ist also:

2. Bestandsrisiko (Risiko des Untergangs)
Prüffrage: „Wie hoch ist das **Risiko,** vom Markt zu verschwinden?"

a) Private Unternehmen: sehr hoch: Wenn die Produkte nicht oder nur mit Verlust absetzbar sind, droht Insolvenz. Auch ist eine „feindliche" Übernahme und ggf. Auflösung möglich.
b) Öffentliche Unternehmen: gering: Auflösung droht, wenn die öffentlichen Aufgaben wegfallen, allerdings sind Zusammenlegung (Reorganisation) und/ oder Privatisierung möglich.
c) Öffentliche Verwaltungen: sehr gering: Auflösung droht nur, wenn die öffentlichen Aufgaben wegfallen. Allerdings ist die Zusammenlegung von Behörden (Reorganisation) jederzeit möglich. Zusätzlich besteht ein Privatisierungsrisiko (s. Abschn. 4.2.1).

Weitere Unterschiede sind im Folgenden genannt:

3. Dispositionsfreiheit (Größe des Entscheidungsspielraums)
Prüffrage: „Kann der Betriebsleiter frei entscheiden, z. B. das Produktionsprogramm festlegen?"

a) Private Unternehmen: sehr hoch: Betrieb kann das **Produktionsprogramm** (Güter oder Dienstleistungen) sowie den Standort im Rahmen des geltenden Rechts selbst festlegen.
b) Öffentliche Unternehmen: gering: an öffentlichen Auftrag gebunden.
c) Öffentliche Verwaltungen: sehr gering: an öffentlichen Auftrag gebunden.

4. Monopolstellung (Fehlen von Konkurrenz)
Ein Monopol ist dadurch gekennzeichnet, dass nur ein Anbieter am Markt ist, dieser kann die Preise diktieren und so die Abnehmer ausbeuten.

a) Private Unternehmen: Monopole sollen verhindert werden, z. B. kann das Bundeskartellamt Bonn Zusammenschlüsse von Unternehmen, durch die eine marktbeherrschende Stellung entsteht, verbieten.
b) Öffentliche Unternehmen: Monopolstellung ist oftmals gegeben, z. B. bei öffentlichen Verkehrsbetrieben oder städtischen Wasserwerken.
c) Öffentliche Verwaltungen: Monopolstellung ist durchweg gegeben.

Zu b) und c): Monopolstellung ist vom Gesetzgeber so gewollt: Flächendeckende, sozialverträgliche Versorgung soll gesichert werden; aber: Kontrolle ist notwendig!

5. Finanzierung (Deckung des laufenden Finanzbedarfs)
Prüffrage „Woher stammen die finanziellen Mittel für das Tagesgeschäft?"

a) Private Unternehmen: Finanzmittel stammen aus Umsatzerlösen, teilweise auch aus Subventionen (z. B. Landwirtschaft, Bergbau, Schiffbau, Spitzenforschung).
b) Öffentliche Unternehmen: Finanzmittel stammen aus Umsatzerlösen und aus Haushaltsmitteln („Subventionen", „Zuschüssen der öffentlichen Hand").
c) Öffentliche Verwaltungen: Finanzmittel stammen überwiegend aus Haushaltsmitteln, zu einem geringen Teil aus Gebühren.

6. Marktorientierung (Orientierung an Nachfragern bzw. Konkurrenten)
Markt ist der Ort des Zusammentreffens von Angebot und Nachfrage

a) Private Unternehmen: sehr groß; die Unternehmen müssen sowohl die Aktionen der Konkurrenz als auch die Wünsche der Kunden „im Auge haben".
b) Öffentliche Unternehmen: Marktorientierung ist gering bis mittel: Gesucht wird ein Kompromiss zwischen Kundenwünschen und verfügbaren Mitteln, beispielsweise im öffentlichen Personennahverkehr.
c) Öffentliche Verwaltungen: Marktorientierung ist eher gering, da die öffentliche Aufgaben im Vordergrund stehen! Marktorientierung findet man z. B. bei der Gestaltung von Öffnungszeiten („Dienstleistungsabend") oder bei der Einrichtung von Bürgerbüros.

7. Rechtsformen (Rechtliche Grundlagen)
Die Rechtsform bestimmt den rechtlichen Status eines Betriebes (Bestmann 2009, S. 21 ff.; Olfert und Rahn 2013, S. 137 ff.).

a) Private Unternehmen:
Einzelkaufmann: haftet voll mit seinem gesamten Vermögen,
Personengesellschaft (KG, oHG): mindestens einer haftet voll!
Kapitalgesellschaft (AG, GmbH): Die Haftung ist in der Regel auf das Grundkapital beschränkt.
b) Öffentliche Unternehmen:
Kapitalgesellschaft oder
besondere Rechtsformen,
c) Öffentliche Verwaltungen: besondere Rechtsformen
rechtsfähig oder
nicht rechtsfähig)

8. Autonomie (Selbstständigkeit, Unabhängigkeit von Weisungen)
a) Private Unternehmen: Autonomie ist grundsätzlich sehr hoch, aber ggf. ist der Betrieb an Weisungen eines Konzerns bzw. eines Franchise-Gebers gebunden.
b) Öffentliche Unternehmen: Autonomie ist gering: Die Erfüllung öffentlicher Aufgaben ist zu gewährleisten!
c) Öffentliche Verwaltungen: Autonomie ist sehr gering: Die Erfüllung öffentlicher Aufgaben steht im Vordergrund; Weisungen vorgesetzter Behörden sind zu beachten.

9. Beschäftigungsverhältnis (Status der Mitarbeiter)
a) Private Unternehmen: Angestellte und Arbeiter, ggf. freie Mitarbeiter, Praktikanten,
b) Öffentliche Unternehmen: Angestellte und Arbeiter,
c) Öffentliche Verwaltungen: Beamte, Tarifbeschäftigte (TB).

Zusammenfassung

Aus der **besonderen Stellung** öffentlicher Betriebe resultieren charakteristische **Vor- und Nachteile.** Die **Vorteile** sind:

- Unabhängigkeit vom „Tagesgeschehen",
- Stabilität der Entscheidungen,
- flächendeckende Versorgung der Bevölkerung,
- Bindung an politische Vorgaben und an öffentlichen Auftrag,
- sichere Arbeitsplätze der Beamtinnen und Beamten (und der fest angestellten Tarifbeschäftigten).

Die **Nachteile** sind:

- geringe Flexibilität,
- geringe Innovationsneigung,
- Gefahr schleppender, unwirtschaftlicher Abläufe,
- oft nicht bürgernah.

Vor allem die folgenden **Problemfelder** sind bei der besonderen Stellung öffentlicher Betriebe zu beachten:

- Eine **Reduzierung** der Leistungen widerspricht oftmals dem öffentlichen Auftrag. Jedoch ist zu prüfen, ob die Aufgaben noch zeitgemäß sind oder von anderen, z. B. von Privaten, günstiger erfüllt werden können.
- **Automatisierung** und Maschineneinsatz wie auch **Privatisierung** von Aufgaben führen oft zum Verlust von Arbeitsplätzen; dies steht im Konflikt zur Fürsorgepflicht des Dienstherrn. Ein Personalabbau sollte sozialverträglich gestaltet oder möglichst durch Umsetzung in andere Bereiche verhindert werden. – Allerdings können durch Informationstechnik auch wieder neue Arbeitsplätze geschaffen werden, beispielsweise im Bereich der Anwenderbetreuung (User Help Desk, UHD) oder im Bereich der Telearbeit.
- Die Erhöhung der Entgelte und Gebühren ist nur unter bestimmten Bedingungen möglich, auch dies muss **sozialverträglich** sein.

Die komplexen Anforderungen an öffentliche Betriebe bei gleichzeitig knappen Kassen sind nur dann zu erfüllen, wenn öffentliche Betriebe (Behörden) wirtschaftlich arbeiten! Um dies sicherzustellen, ist eine **Kontrolle** der Aufgabenerfüllung notwendig.

2.2   Wirtschaften und Bedürfnisbefriedigung

Der zweite wichtige Begriff, der in „Betriebswirtschaftslehre" steckt, ist der Begriff „Wirtschaft", allerdings nicht im Sinne von „Kneipe" oder „Gaststätte", sondern im Sinne von „wirtschaften" bzw. „wirtschaftlich handeln" oder „Wirtschaftlichkeit". Auch diese Begriffe müssen zunächst korrekt definiert werden.

2.2.1 Ausprägungen des Wirtschaftlichkeitsprinzips

Neben den Grundbedürfnissen nach Nahrung, Kleidung und Unterkunft haben Menschen weitere, zunächst unerfüllte Wünsche/Bedürfnisse. Diesen stehen nur begrenzte Ressourcen, z. B. nur begrenzte finanzielle Mittel gegenüber. Diese Divergenz zwischen Bedürfnissen und Ressourcen wird auch als **Grundproblem der Ökonomie** bezeichnet. Eine Antwort auf dieses Problem gibt das Wirtschaftlichkeitsprinzip, das auch als **ökonomisches Prinzip** oder **Rationalprinzip** bzw. **Vernunftprinzip** bezeichnet wird.

Die Anweisung „Handle so, dass du möglichst viel mit möglichst wenig Einsatz erreichst!" scheint auf den ersten Blick sinnvoll, ist jedoch bei näherem Hinsehen unbrauchbar, da sie nicht in eine konkrete Handlungsanweisung umgesetzt werden kann. Dies lässt sich an folgendem Beispiel belegen: Die Anweisung „Graben Sie in möglichst kurzer Zeit ein möglichst tiefes Loch" ist nicht eindeutig umsetzbar (nicht operational). Dagegen sind die Anweisungen „Graben Sie in möglichst kurzer Zeit ein Loch von einem Kubikmeter" oder „Graben Sie in genau einer Stunde ein möglichst tiefes Loch" praktisch umsetzbar (operational).

Es gibt also verschiedene **Ausprägungen**, d. h. verschiedene Möglichkeiten, das Wirtschaftlichkeitsprinzip umzusetzen (Schmidt 2009, S. 4 ff., 91 ff.):

- **Maximalprinzip:** Erreiche möglichst viel (möglichst hohen Ertrag) bei vorgegebenem Einsatz. Man spricht hierbei auch vom **Grundsatz der Effektivität** bzw. **Ergiebigkeitsprinzip.**
- **Minimalprinzip:** Erziele ein vorgegebenes Ergebnis mit möglichst wenig Einsatz. Man spricht auch vom **Grundsatz der Sparsamkeit** bzw. **Sparsamkeitsprinzip.**

Hinzu kommt als dritte und allgemeinste Formulierung:

- **Optimumprinzip:** Erziele ein möglichst günstiges (möglichst großes) **Verhältnis** von Ertrag (Nutzen) zum Mitteleinsatz. Dies wird auch als **Grundsatz der Effizienz** bzw. **Effizienzprinzip** sowie manchmal auch als **Allgemeines Extremumprinzip** oder **Simultanprinzip** bezeichnet.

Alle drei sind Ausprägungen des Wirtschaftlichkeitsprinzips; dabei sind die ersten beiden nur unter bestimmten Voraussetzungen (bei Konstanz einer der Größen) einsetzbar. Die allgemeine Formulierung ist dagegen **immer** verwendbar und schließt die beiden anderen als Sonderfälle mit ein!

In den Außenstellen einer Behörde werden Anträge auf Förderung bearbeitet. Die Anträge sind gleich schwierig, und die Mitarbeiter besitzen dieselbe Ausbildung, sind gleich besoldet und benutzen dieselben Hilfsmittel. Unterschiede ergeben sich bei der Arbeitsorganisation. Die folgenden Daten sind bekannt:

- Außenstelle A: 4 Mitarbeiter bearbeiten 2000 Anträge pro Jahr
- Außenstelle B: 5 Mitarbeiter bearbeiten 2000 Anträge pro Jahr.
- Außenstelle C: 5 Mitarbeiter bearbeiten 2100 Anträge pro Jahr

Als Erstes vergleichen wir A und B: Wer arbeitet wirtschaftlicher, A oder B? – Nach dem Minimalprinzip arbeitet A wirtschaftlicher als B; da dieselbe Arbeit mit weniger Personaleinsatz bewältigt wird; man kann auch sagen, A ist sparsamer als B.

Arbeitet C wirtschaftlicher als B? – Ja, nach dem Maximalprinzip arbeitet C wirtschaftlicher („effektiver") als B, da mit demselben Personaleinsatz mehr Anträge erledigt werden.

Arbeitet C wirtschaftlicher als A? – Ein direkter Vergleich ist mit der allgemeinen Formulierung („Optimumprinzip") anhand des Verhältnisses (der Relation) von Ertrag zu Einsatz möglich:

Bei C werden $2100/5 = 420$ Anträge pro Jahr und Mitarbeiter bearbeitet, bei A dagegen $2000/4 = 500$ Anträge pro Jahr und Mitarbeiter. Also ist A wirtschaftlicher („effizienter") als C (und auch als B), d. h. A arbeitet am effizientesten von den drei Außenstellen; am wenigsten effizient (unwirtschaftlichsten) arbeitet B.

2.2.2   Begriff der Wirtschaftlichkeit

Der Begriff Wirtschaftlichkeit (W) kann mengenmäßig oder wertmäßig verstanden werden. Häufig wird das **mengenmäßige Verhältnis** (die Relation) von Zweckerreichung bzw. Leistungserstellung und Mitteleinsatz verwendet.

$$\text{Wirtschaftlichkeit} = \frac{\text{Zweckerreichung}}{\text{Mitteleinsatz}}$$

Die **wertmäßige** Wirtschaftlichkeit gibt dagegen das Verhältnis der monetären (in Geldeinheiten ausgedrückten) Größen Ertrag und Aufwand an.

$$\text{Wirtschaftlichkeit} = \frac{\text{Ertrag}}{\text{Aufwand}}$$

Eine noch weitergehende Definition ist:

$$\text{Wirtschaftlichkeit} = \frac{\text{Nutzen}}{\text{Kosten}}$$

Alle diese Definitionen sind verbreitet; welche angewendet wird, ergibt sich im Allgemeinen situationsabhängig (situativ). – Wirtschaftliches Handeln (rationales, ökonomisches Handeln) ist erforderlich, um „Wirtschaftlichkeit" zu erreichen.

2.2.3 Adressaten des Wirtschaftlichkeitsprinzips

Noch nicht geklärt sind die Fragen:

Fragen
1. Wer sollte wann wirtschaftlich handeln?
2. Gibt es Ausnahmen?

Wirtschaftliches Handeln ist im Allgemeinen **immer** notwendig bei Vorliegen **knapper Güter;** es ist entbehrlich im Falle freier Güter.

Unterscheidung nach Verfügbarkeit

Knappe Güter sind Sachgüter oder Dienstleistungen, die nicht unentgeltlich und nicht unbegrenzt zur Verfügung stehen; das sind z. B. Nahrungsmittel, elektrische Energie, Finanzdienstleistungen u. a.

Freie Güter stehen unentgeltlich und unbegrenzt zur Verfügung, z. B. Luft (auf der Erdoberfläche), Sonneneinstrahlung, Niederschlag

Im Normalfall hat es jedes Wirtschaftssubjekt mit knappen Gütern zu tun, d. h., dass für jedes Wirtschaftssubjekt, für Privatpersonen, private Unternehmen und öffentliche Betriebe (Behörden), wirtschaftliches Handeln geboten ist.

2.2.4 Gründe für wirtschaftliches Handeln von Behörden

Die nächste Frage ist nun:

„Warum müssen Behörden wirtschaftlich handeln?"

Behörden sind Wirtschaftssubjekte, die zur Leistungserstellung „knappe Güter",
z. B. Personal und Sachgüter benötigen; deshalb ist wirtschaftliches Handeln
geboten (Schmidt 2009, S. 15 ff.). Konkrete Vorschriften findet man z. B. in
folgenden Rechtsgrundlagen:

- **Grundgesetz** (GG),
- **Bundeshaushaltsordnung** (BHO),
- **Haushaltsgrundsätzegesetz** (HGrG).

Ausgewählte Rechtsvorschriften:

- **Art. 1 (1) GG:** „Die Würde des Menschen ist unantastbar. Sie zu achten und
  zu schützen ist Verpflichtung aller staatlichen Gewalt" und **Art. 1 (3) GG:**
  „Die nachfolgenden Grundrechte binden Gesetzgebung, vollziehende Gewalt
  und Rechtsprechung als unmittelbar geltendes Recht." Man sieht: Der Staat
  ist um der Bürger willen da; wenn er öffentliche Mittel verschwendet, wird er
  seiner Grundfunktion nicht gerecht.
- **Art 14 (2) GG:** „Eigentum verpflichtet. Sein Gebrauch soll zugleich dem
  Wohle der Allgemeinheit dienen". – Das heißt, die Erhebung von Steuern für
  öffentliche Aufgaben ist nur dann mit dem Wohl der Allgemeinheit vereinbar,
  wenn die Mittel nicht verschwendet, sondern wirtschaftlich eingesetzt werden!
- **Art 114 (2) GG:** „Der Bundesrechnungshof … prüft die Rechnung sowie die
  Wirtschaftlichkeit und Ordnungsmäßigkeit der Haushalts- und Wirtschafts-
  führung." – Damit hat Wirtschaftlichkeit in der Bundesrepublik Deutschland
  Verfassungsrang. In den Länderverfassungen (z. B. Art. 86, Abs. 2 VerfNW)
  ist dies ebenfalls sinngemäß niedergelegt.

Die Vorschriften des Grundgesetzes werden durch konkrete Einzelvorschriften
ergänzt, für den Bund beispielsweise:

- **§ 7 (1) BHO:** „Bei der Aufstellung und Ausführung der Haushaltsplanung sind
  die Grundsätze der Wirtschaftlichkeit und Sparsamkeit zu achten. Diese Grundsätze verpflichten zur Prüfung, inwieweit staatliche Aufgaben oder öffentlichen
  Zwecken dienende wirtschaftliche Tätigkeiten durch Ausgliederung und Ent-
  staatlichung oder Privatisierung erfüllt werden können." – Der erste Satz ist
  auch in **§ 6 (1) HGrG** enthalten: Das Wirtschaftlichkeitspostulat wird uni-
  versell erhoben: Da Wirtschaftlichkeit und Sparsamkeit gleichzeitig genannt
  werden, ist gemeint: Ausgabenminimierung ohne Vernachlässigung der Aufgabenerfüllung.

- **§ 7 (2) BHO:** „Für alle finanzwirksamen Maßnahmen sind angemessene Wirtschaftlichkeitsuntersuchungen durchzuführen. Dabei ist auch die mit den Maßnahmen verbundene Risikoverteilung zu berücksichtigen. In geeigneten Fällen ist privaten Anbietern die Möglichkeit zu geben darzulegen, ob und inwieweit sie staatliche Aufgaben oder öffentlichen Zwecken dienende wirtschaftliche Tätigkeiten nicht ebenso gut oder besser erbringen können (Interessenbekundungsverfahren)."
- **§ 7 (3) BHO:** „In geeigneten Bereichen ist eine Kosten- und Leistungsrechnung einzuführen." Die Vorschriften des § 7 BHO werden konkretisiert in den **Verwaltungsvorschriften** (VV-BHO) zu § 7 BHO, in denen beispielsweise konkrete Methoden wie Kostenvergleichsrechnung, Kapitalwertmethode und Kosten-Nutzen-Analyse genannt und in einer Arbeitsanleitung verdeutlicht werden (Bundesministerium für Finanzen 2017b, S. 1–40).
- **§ 90 (3) BHO:** „Die Prüfung erstreckt sich … insbesondere darauf, ob … wirtschaftlich und sparsam verfahren wird."
- In der öffentlichen Verwaltung ist die Kontrolle des wirtschaftlichen Handelns voll institutionalisiert, indem der **§ 9 BHO** einen Haushaltsbeauftragten **(Beauftragter für den Haushalt, BfdH)** für jede mittelbewirtschaftende Dienststelle verlangt.

Neben der **Prüfung durch Bundesrechnungshof** (BRH) bzw. entsprechende Landesrechnungshöfe beurteilt auch der **Bund der Steuerzahler** die Wirtschaftlichkeit von Behörden und prangert offensichtliche Verschwendung von Steuergeldern öffentlich an. – Auch **Medien** (Printmedien, Radio, Fernsehen, Internet-Blogs) berichten regelmäßig über offensichtliche Unwirtschaftlichkeiten und helfen so, eine sinnvolle Verwendung der Steuermittel zur Förderung des Gemeinwohls sicherzustellen.

2.2.5 Zielorientierung des Wirtschaftlichkeitsprinzips

Es ist möglich, dass zwei Personen wirtschaftlich handeln, und trotzdem in derselben Situation zu unterschiedlichen Handlungen kommen. Dies sei an folgendem Fall erläutert:

Fall: Planung des Studiums an einer Hochschule
- Student A: Will ein möglichst gutes Examen machen und arbeitet fleißig genau 40 h pro Woche

- Student B: Will das Examen gerade noch bestehen (5,0 Rangpunkte) und möglichst viel Freizeit, d. h. möglichst wenig Arbeit.

Wer handelt wirtschaftlich, A oder B?

Antwort: Beide handeln wirtschaftlich: A nach dem Maximalprinzip und B nach dem Minimalprinzip, allerdings unterscheiden sich ihre Ziele. A strebt nach Anerkennung und Karrierechancen, B nach beruflicher Sicherheit und Lebensqualität.

▶   Wirtschaftliches Handeln (rationales Handeln, Handeln unter Beachtung des Wirtschaftlichkeitsprinzips) ist **nur** im Hinblick auf vorgegebene Ziele möglich!

2.2.6   Voraussetzungen des Wirtschaftlichkeitsprinzips

Wie das zuvor genannte Beispiel gezeigt hat, ist wirtschaftliches Handeln nur möglich, wenn die im Folgenden genannten **Voraussetzungen** erfüllt sind.

Voraussetzungen für wirtschaftliches Handeln
1. Vorgabe von Zielen („Ziele müssen festgelegt sein"),
2. Festlegung der Rahmenbedingungen (personell, finanziell, rechtlich, zeitlich),
3. Auflistung der Handlungsalternativen (Lösungsmöglichkeiten)
4. Festlegung von Auswahlkriterien

Erst wenn diese Voraussetzungen erfüllt sind und offengelegt werden, kann beurteilt werden, ob tatsächlich wirtschaftlich gehandelt worden ist.

2.3   Ziele öffentlicher Betriebe und Zielbeziehungen

Menschliches Handeln wird durch Ziele bestimmt oder zumindest stark beeinflusst. Das gilt natürlich auch für das Handeln von Betrieben, gleichgültig, ob es sich um private oder öffentliche Betriebe handelt. Um Behördenhandeln erklären zu können, müssen die Ziele von Behörden bestimmt werden.

2.3.1   Sachziele und Formalziele

Ziele beschreiben **anzustrebende Ereignisse** oder **Zustände**. Alternativ kann man Ziele als **erwünschte Eigenschaften** einer Organisation in der Zukunft bezeichnen.

▶   **Ziele sind wichtig**

- zur Soll-Orientierung und Ausrichtung eines Betriebes (im Sinne von Leitbild),
- als Bewertungs- oder Vergleichsmaßstäbe(-kriterium) bei Entscheidungen,
- als Kontroll- und Steuerungsmaßstäbe (bei Erfolgskontrollen bzw. Controlling).

Aus den – meist vom Gesetzgeber vorgegebenen – Zielen eines öffentlichen Betriebes werden die **Ziele der Organisation** (modale Ziele) sowie die zu erfüllenden **Aufgaben** abgeleitet. Man unterscheidet zwei wichtige **Kategorien** von Zielen (Dincher et al. 2017, S. 52–56; Mundhenke 1995, S. Z 1 ff.).

1. **Sachziele (Hauptziele):** Sachziele betreffen die Erfüllung der übertragenen Aufgaben. Die Vorgabe von Sachzielen erfordert, Anforderungen hinsichtlich der **Art der Aufgabenerfüllung** zu konkretisieren, und zwar hinsichtlich:
   - **Qualität** der Leistung,
   - **Schnelligkeit** der Aufgabenerfüllung,
   - **Sicherheit**, dass die Leistung erbracht wird.
2. **Formalziele (Nebenziele, Maximen):** Nebenziele sind an den **Interessen des Empfängers** der Leistungen, den **Interessen des Steuerzahlers** und der **Mitarbeiter** orientiert. Dazu gehören z. B.:
   - **Bürgernähe** (Kundenzufriedenheit),
   - **geringe Kosten** („Wirtschaftlichkeit"),
   - **Mitarbeiterzufriedenheit** sowie – in neueren Quellen –
   - **soziale Verträglichkeit** und
   - **Umweltverträglichkeit** und
   - **Flexibilität** sowie **Stabilität** des Handelns.

2.3.2 Zielbeziehungen

Die **gleichzeitige,** uneingeschränkte Realisierung sämtlicher Ziele eines
öffentlichen Betriebes ist im Allgemeinen **nicht möglich.** Wenn jeweils zwei
Ziele A und B betrachtet werden, gibt es drei mögliche **Zielbeziehungen**
(Dincher et al. 2017, S. 56 ff.):

1. Zielkonkurrenz oder Zielkonflikt
Die Verwirklichung von Ziel A **reduziert** die Verwirklichung mindestens eines
anderen Zieles, z. B.:

- Bürgernähe und Sparsamkeit sind konkurrierende Ziele.
- Modische Kleidung und teure Reisen sind konkurrierende Ziele.

Dies ist der in der Praxis **häufigste Fall,** der immer einen **Kompromiss** erfordert.
Man kann versuchen, Mindestniveaus für die Mehrzahl der Ziele zu erreichen
und das verbleibende Ziel bzw. die verbleibenden Ziele zu optimieren. – Gut
geeignet sind auch die **Nutzwertanalyse** (NWA) bzw. die **Nutzen-Kosten-
Analyse.** Dabei werden aus allen Zielen Entscheidungskriterien abgeleitet und
entsprechend ihrer Bedeutung gewichtet; diese Kriterien werden gleichzeitig zur
Entscheidungsfindung verwendet. Diese Methoden werden in Abschn. 3.2 ausführlich besprochen.

2. Zielkonkordanz oder Zielübereinstimmung
Die Verfolgung eines Ziels **nützt** auch der Verfolgung eines anderen Ziels, z. B.:

- Bürgernähe fördert gleichzeitig die Mitarbeiterzufriedenheit.
- Modische Kleidung fördert den Erfolg bei der Partnersuche.
- Eine Telefonschulung fördert die Bürgernähe und die Mitarbeiterzufriedenheit.

Dies ist ein Glücksfall für den Entscheider und bedeutet, dass man „zwei Fliegen
mit einer Klappe" schlagen kann; die Entscheidung besitzt also einen „Doppel-
nutzen".

3. Zielneutralität oder Zielindifferenz
Die Verfolgung eines Zieles hat **keinen direkten Einfluss** auf die Erreichung
eines anderen Zieles, z. B.:

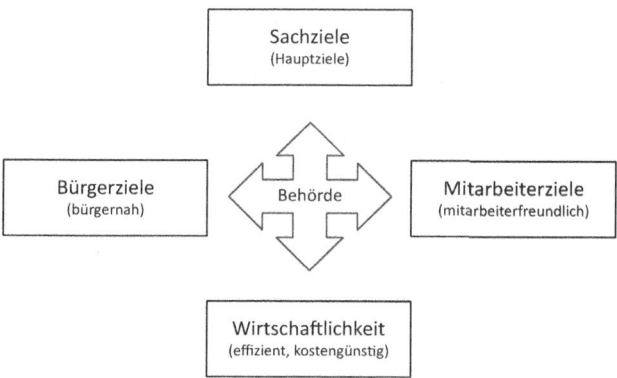

Abb. 2.2 Magisches Viereck der Betriebsziele

- Die Art der Textverarbeitung in der Verwaltung (im „Back Office") beeinflusst nicht die Bürgernähe.
- Die Methode der Beihilfeabrechnung beeinflusst nicht die Bürgernähe.

Dieser Fall ist selten und bei Entscheidungen weder störend noch von Vorteil; Entscheidungen können unabhängig von anderen Zielen getroffen werden; es genügt eine einfache Methode der Entscheidungsfindung.

Der dargestellte Zusammenhang wird als „**Magisches Viereck**" bezeichnet und ist in Abb. 2.2 dargestellt.

Der öffentliche Betrieb steht im Brennpunkt von teilweise konkurrierenden Zielen, die nicht gleichzeitig in vollem Umfang realisiert werden können. – Die Probleme nehmen noch zu, wenn zusätzliche Formalziele (Umweltverträglichkeit, Flexibilität und Stabilität, soziale Verträglichkeit) einbezogen werden.

2.4   Grundfunktionen, Managementfunktionen und Produktionsfaktoren

Die Produktion von Sachgütern, aber auch das Erbringen von Dienstleistungen unterliegt bestimmten Gesetzmäßigkeiten, dies gilt sowohl für private als auch für öffentliche Betriebe. Die wichtigsten Begriffe der betrieblichen Leistungserstellung sollen im Folgenden vorgestellt werden.

2.4.1 Betriebliche Grundfunktionen

Ein Betrieb kann als **planvoll organisierte Wirtschaftseinheit** zur zielorientierten Kombination von Produktionsfaktoren definiert werden (Mundhenke 1995, S. B 1 ff.; Steinebach 1998, S. 9; Schmidt 2009, S. 6 f.). Sie ist durch die **Grundfunktionen:**

- **Beschaffung** (Einkauf): Bereitstellung der Produktionsfaktoren,
- **Produktion** (Herstellung): Kombination der Produktionsfaktoren,
- **Absatz** (Vertrieb): Absatz der erstellten Leistungen – und –
- **Finanzierung:** Bereitstellung der notwendigen finanziellen Mittel

gekennzeichnet. Die Gesamtheit aller Vorgänge im Betrieb, die direkt mit der Erstellung der Leistungen (Güter und Dienstleistungen) zusammenhängen, nennt man den **betrieblichen Leistungsprozess.**

Man unterscheidet:

- **Leistungsfluss** oder **Güterfluss** (Beschaffung, Produktion, Absatz)
- **Geldfluss** (Finanzierung)

Hinzu kommen:

- **Informationsfluss** (Berichtswesen, Entscheidungsvorbereitung)
- Innerer **Ordnungsrahmen** (Aufbau- und Ablauforganisation)

Über dem Leistungsprozess steht das **Management** (leitende Funktion, Managementfunktion). Das Management gehört nicht mehr zu den Grundfunktionen. Management und die Grundfunktionen mit den verbindenden Güter- und Geldflüssen sind in der Abb. 2.3 dargestellt.

2.4.2 Managementfunktionen

Jeder Betrieb, auch die öffentliche Verwaltung, braucht **gestaltende Funktionen,** die sicherstellen, dass die betrieblichen Aktivitäten zielgerichtet in Gang gesetzt werden und koordiniert ablaufen. Die dafür erforderlichen Impulse kommen vom **Management.** Daraus lassen sich Managementfunktionen ableiten, und diese Funktionen werden von dafür bestimmten Personen (Institutionen) wahrgenommen.

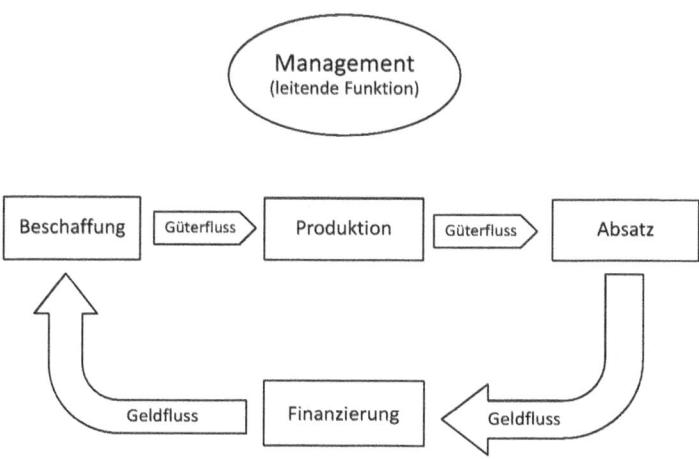

Abb. 2.3 Grundfunktionen und Managementfunktion

Somit existiert Management im funktionalen und institutionellen Sinn. Gebräuchlich ist folgende Abgrenzung:

Management im institutionellen Sinn bezieht sich auf Aufgaben- und Funktionsträger (= Manager), die mit entsprechenden Entscheidungs- und Anordnungsbefugnissen ausgestattet sind. Diese Institutionen (Personen, Stellen) gibt es nicht nur im Bereich höherer hierarchischer Ebenen, wie beispielsweise dem Top-Management, sondern überall dort, wo **dispositive Tätigkeiten** wahrgenommen werden (Staehle 1999, S. 71 ff.).

Häufig werden drei **Managementebenen** unterschieden (Schierenbeck 2016, S. 113 ff.):

- **Top-Management** (z. B. Amtsleitung, Vorstand),
- **Middle-Management** (z. B. Abteilungsleiter, Gruppenleiter),
- **Lower-Management** (z. B. Referatsleiter, Sachgebietsleiter).

Ordnet man den Managementebenen **Tätigkeitsschwerpunkte** zu, ergibt sich das in Abb. 2.4 gezeigte Bild (in Anlehnung an Grochla 1983, zitiert bei Schierenbeck 2016, S. 113).

Management im funktionalen Sinn meint alle zur Steuerung des Betriebes erforderlichen Aktivitäten, wie

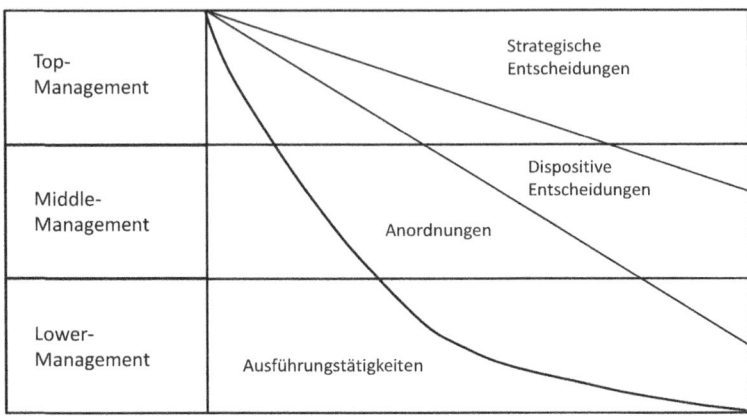

Abb. 2.4 Managementebenen und Tätigkeitsschwerpunkte. (In Anlehnung an Grochla 1983)

- **Planung,**
- **Organisation,**
- **Führung und Koordination**
- **Kontrolle.**

Daraus lassen sich **Tätigkeitsfelder** (Dimensionen) des Managements ableiten.

- Soweit es sich um Planung, Entscheidung, Durchsetzung und Kontrolle handelt, steht der Prozess (Ablauf) im Vordergrund: **Prozessuale Dimension.**
- Von einer **strukturellen Dimension** wird ausgegangen im Zusammenhang mit generellen Regelungen (Organisation) und fallweisen Regelungen (Disposition).
- Wenn es sich um Führung von Mitarbeitern handelt, wird das als **personelle Dimension** bezeichnet.

2.4.3 Produktionsfaktoren (Einsatzfaktoren)

Produktionsfaktoren (Leistungsfaktoren) sind wirtschaftliche **Einsatzgüter,** die in den Prozess der Leistungserstellung (Erstellung eines Produktes oder einer Dienstleistung) eingehen (Gutenberg 1983, zitiert bei Wöhe et al. 2016, S. 28 ff.; Bestmann 2009, S. 13 ff.; Dincher et al. 2017, S. 8 ff.).

Übersicht der Produktionsfaktoren:

1. **Menschliche ausführende Arbeit:** Sachbearbeitung, unterstützende Arbeit
2. **Betriebsmittel:** (Merkmal: längerfristig nutzbar)
   a) Einrichtungen und Anlagen (Maschinen),
   b) Grundstücke, Gebäude, Mobiliar,
   c) Geräte und Verfahren der Informationstechnik.
3. **Verbrauchsstoffe** (Werkstoffe): (Merkmal: werden bei der Leistungserstellung aufgezehrt!)
   a) Rohstoffe (Stahlblech, Holzbohlen),
   b) Hilfsstoffe (Leim, Lacke, Verpackungsmaterial, Büromaterial),
   c) Betriebsstoffe (Heizöl, Elektrizität).
4. **Information:**
   a) Daten,
   b) Arbeitsanweisungen.
5. **Dispositiver Faktor** (Management): Leitungstätigkeiten.

Die Produktionsfaktoren sind deshalb so wichtig, weil einer der am häufigsten gebrauchten Begriffe der BWL, nämlich der Begriff „Kosten", über die Nutzung von Produktionsfaktoren (Einsatzgütern) definiert wird – Grundlagen der Informationstechnik können in diesem Buch leider nicht berücksichtigt werden; eine kurze Einführung findet man bei Lamers und Leipelt (2012).

2.5 Kosten

Umgangssprachlich ist der Begriff „Unkosten" verbreitet; diesen Begriff gibt es in der Betriebswirtschaftslehre bzw. im Public Management nicht. „Kosten" spielen bei der Bewertung der Wirtschaftlichkeit von Maßnahmen eine große Rolle. Als Basis für die weiterführenden Erläuterungen und Berechnungen muss deshalb vorab der **Kostenbegriff** geklärt werden.

2.5.1 Kostenbegriff

Eine verbreitete Definition von **Kosten** lautet (Schmidt 2009, S. 332 ff.; Steinebach 1998, S. 290 f.):

▶ **Definition Kosten** Kosten sind durch den **Prozess der Leistungserstellung** verursachter, in **Geldeinheiten** bewerteter **Verzehr** an Gütern oder Leistungen (Produktionsfaktoren) in einer Periode.

Erläuterung der **Merkmale des Kostenbegriffs:**

1. Durch Leistungserstellung verursacht, **leistungsbedingt:** Der Einsatz ist zur
    Leistungserstellung notwendig, das ist bei der Wahrnehmung öffentlicher Auf-
    gaben oder bei der Erstellung eines Sachgutes in der Regel der Fall. Spenden
    an das Rote Kreuz oder Ähnliches sowie Ausgaben für eine „Liebhaberei",
    z. B. der Besuch eines Spielcasinos, gehören nicht dazu.
2. In **Geldeinheiten** bewertet (hier: in Euro oder in DM): Mengenangaben
    genügen nicht!
3. Güter- und Leistungsverzehr: **Produktionsfaktorverbrauch** bzw. **-gebrauch**
    (Abnutzung oder Nutzung von Einsatzgütern):
    – Einsatz von Material (z. B. Mehl beim Backen),
    – Abnutzung von Anlagen (Maschinen, Pkw, Informationstechnik inkl. Soft-
       ware),
    – Nutzung der Arbeitskraft von Menschen.
4. **Periodenbezogen:** Kosten werden üblicherweise für ein Abrechnungsjahr
    (z. B. Kalenderjahr), bei kurzfristiger Rechnung monatlich ausgewiesen.

2.5.2 Übersicht der Kostenarten

Abhängig davon, welcher **Produktionsfaktor** genutzt wird, unterscheidet man
verschiedene **Kostenarten**.

*   **Personalkosten** entstehen durch Nutzung des Faktors „**Menschliche Arbeit**":
    Die Arbeitskraft bleibt erhalten; kann jedoch nicht gleichzeitig für andere
    Zwecke eingesetzt werden. Wer seine Arbeitskraft zur Verfügung stellt, hat
    Anspruch auf Lohn (oder Gehalt) als Entgelt für menschliche Arbeit. – Zu den
    Kosten des Faktors Arbeit gehören:
    – Lohnkosten,
    – Arbeitgeberanteile zur Sozialversicherung,
    – Lohnnebenkosten (Beihilfe, Umzugsvergütung, Trennungsgeld)
    – ggf. Personalgemeinkosten, das sind die Kosten der Personalverwaltung in
       einer Behörde.
*   **Kosten von Betriebsmitteln** (langfristig nutzbar): Maschinen, Geräte und
    Anlagen, auch Computerprogramme verlieren durch Nutzung oder Alterung
    an Wert, werden also aufgezehrt („abnutzbare Güter"). Grundstücke dagegen
    sind „nichtabnutzbare" Güter, sie verlieren im Allgemeinen nicht an Wert
    (Ausnahme: Kiesgruben, Bergwerke, Ölfelder oder Ähnliche).

– Bei **gekauften** oder **selbst erstellten** Betriebsmitteln wird der Wertverlust
durch die sogenannte **Abschreibung** erfasst, welche die Anschaffungs-
oder Herstellungskosten auf den Zeitraum der Nutzung planmäßig aufteilt!
Dazu kommen noch die kalkulatorischen Zinsen und ggf. laufende Kosten
(siehe nachfolgend).

– Bei **gemieteten** oder **gepachteten** Betriebsmitteln wird die Nutzung durch
die jährlichen **Mietzahlungen** bzw. **Pachtzahlungen** entgolten.

In der Tab. 2.1 ist zusammengefasst, welche Kosten berücksichtigt werden.
Eine ausführliche Darstellung folgt im Abschn. 3.1.

• **Kosten von Verbrauchsstoffen** (Werkstoffen): Diese Einsatzgüter (z. B.
Energie, Leim, Lacke, Nägel) werden unmittelbar aufgezehrt, sie sind nur ein-
mal verwendbar. Die Kosten eines Jahres werden wie folgt berechnet (Das
Kreuz steht für „multipliziert mit"):

Verbrauchskosten = verbrauchte Menge × Preis einer Mengeneinheit

Die Rechnung sei an einem Beispiel erläutert: Einkaufsmengen, Preise und Ver-
brauchsmengen von **Heizöl** für einen neu gegründeten Betrieb sind in Tab. 2.2
wiedergegeben:

Man sieht, dass die **Kosten** pro Jahr deutlich von den Zahlungen bzw.
Rechnungsbeträgen abweichen; entscheidend in der Kostenrechnung ist nicht die

Tab. 2.1 Kosten bei Kauf oder Miete von Betriebsmitteln

Gegenstand	Gekauft oder selbst erstellt	Gemietet oder gepachtet
Abschreibung	Ja	Nein
Kalkulatorische Zinsen	Ja	Nein
Jahresmiete	Nein	Ja
Sonstige (laufende) Kosten	Ja	Ja

Tab. 2.2 Ausgaben für Heizöl und Heizkosten

Jahr	Einkaufsmenge (Liter)	Preis (€/Liter)	Rechnungsbetrag (€)	Verbrauch (Liter/J.)	Kosten (€/Jahr)
2015	15.000	0,60	9000,00	7000	4200,00
2016	–	–	–	7500	4500,00

Einkaufsmenge, sondern die **Verbrauchsmenge** eines Jahres. Einkauf auf Vorrat führt also nicht in gleicher Höhe zu Kosten der Periode!

Verbrauchsfolge

Wenn zu wechselnden Preisen eingekauft wird, entscheidet die sogenannte **Verbrauchsfolge** darüber, wie der Vorrat bewertet wird. Wichtige Verbrauchsfolgen sind:

- **FIFO (First In, First Out):** Die zuerst gekaufte Menge wird auch als Erstes wieder verbraucht (z. B. bei verderblichen Gütern).
- **LIFO (Last In, First Out):** Die als Letztes gekaufte Menge wird als Erstes verbraucht, z. B. bei Stapellagerung.

Es gibt noch weitere Modelle, die hier nicht genannt werden sollen. Diese Verbrauchsfolgen sind für das Grundstudium bzw. die grundlegenden Module an der Hochschule des Bundes für öffentliche Verwaltung **nicht** relevant!

- Kosten des Faktors **Information:** Wenn Informationen durch Forschungsinstitute oder aus Online-Datenbanken (z. B. Juris, Bliss, Fachinformationszentren FIZ) beschafft werden, sind die entsprechenden Honorare bzw. Online-Gebühren als Beschaffungs- und Verarbeitungskosten anzusetzen. – Auch Informationen verlieren an Aktualität und Wert, hier ist also ggf. eine Abschreibung (wie bei Betriebsmitteln) vorzunehmen.
- Kosten des **dispositiven Faktors** (Management): Diese sind grundsätzlich genauso zu bestimmen wie die Kosten des Faktors Ausführende Arbeit (siehe Abschn. 2.4.3).

2.5.3 Abgrenzung Auszahlung – Ausgabe – Aufwand – Kosten

Kosten stimmen nur manchmal mit Zahlungen überein, beispielsweise dann, wenn Verbrauchsmaterial im aktuellen Jahr beschafft, bezahlt und komplett verbraucht wird. In der Betriebswirtschaftslehre werden folgende **Begriffe** unterschieden (Schmidt 2009, S. 332 f.; Schierenbeck 2016, S. 618 ff.; Wöhe et al. 2016, S. 635 ff.):

Wichtige Begriffe

Auszahlungen	sind alle (Buch- oder Bar-)Geldabflüsse in einer Wirtschaftsperiode; also jeder Abfluss von liquiden Mitteln. Die Rückzahlung eines Kredites ist eine Auszahlung, da der Bar- oder Buchgeldbestand abnimmt.
Ausgaben	sind die Summe aller (Buch- oder Bar-)Geldabflüsse und der Verminderung von Forderungen und der Erhöhung von Schulden in einer Wirtschaftsperiode. Die Rückzahlung eines Kredites ist eine Auszahlung, aber keine Ausgabe, da dem Abfluss an liquiden Mitteln eine Abnahme der Verbindlichkeiten in gleicher Höhe entspricht!
Aufwendungen	sind derjenige Wertverzehr von Gütern, der mit Ausgaben zusammenhängt. Die Ausgaben können auch in einer anderen Periode anfallen, z. B. Abschreibung von Anlagen (Ausgabe ist schon bei Beschaffung der Anlage angefallen), Verbrauch von auf Ziel gekauften Rohstoffen (Ausgabe folgt später), Verbrauch von Vorräten.
Kosten	sind leistungsbedingter, in Geldeinheiten bewerteter Wertverzehr in einer Periode; dieser muss nicht mit Ausgaben verbunden sein. – Beispiel: Kalkulatorische Zinsen, kalkulatorischer Unternehmerlohn sind nicht mit tatsächlichen Zahlungen verbunden

Die verschiedenen Begriffe mit Übereinstimmungen und Abweichungen sind in der Abb. 2.5 anhand einiger Beispiele erläutert.

Beispiele

- Eine Spende ist Aufwand, aber keine Kosten (nicht leistungsbedingt)
- Kalkulatorische Zinsen sind Kosten, aber kein Aufwand (keine Zahlung!)

2.5.4 Einteilung (Systematisierung) der Kosten

Grundlage für viele weiterführende Verfahren ist eine **Einteilung (Systematisierung)** der Kosten nach verschiedenen Gesichtspunkten. Auf dieser Einteilung basieren die wichtigsten **Kostenrechnungssysteme** (Vollkosten-, Teilkostenrechnung), auch in der **Kostenleistungsrechnung** (KLR, vgl. Abschn. 5.3.3) sowie in der **Kostenvergleichsrechnung** (KVR, vgl.

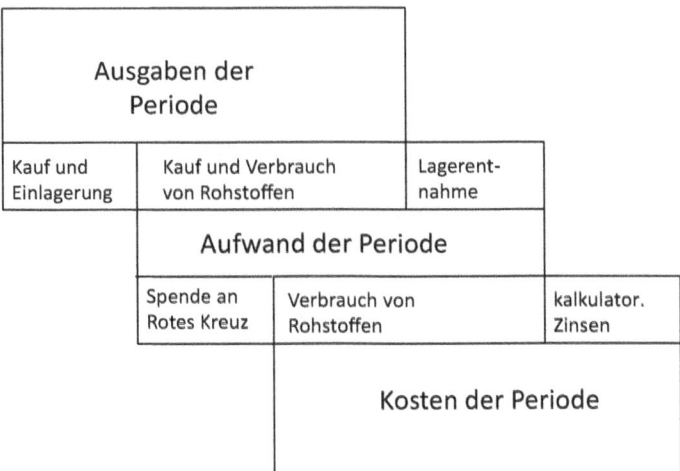

Abb. 2.5 Abgrenzung von Ausgaben, Aufwand und Kosten. (In Anlehnung an Schierenbeck 2016)

Abschn. 3.1.1) spiegelt sich diese Einteilung wider (Fischer 1991, S. 46 f.; Mundhenke 1995, S. K2–K3; Mundhenke 2003, S. 56 ff.).

1. Einteilung (Unterscheidung) der Kosten nach der Entstehungsursache (Kostenarten)
Grundlage ist die Ursache der Entstehung, d. h., man unterscheidet nach **Einsatzgütern** (Produktionsfaktoren), die genutzt werden. Man spricht dabei von **Kostenarten.**

Beispiele für Kostenarten sind:

– Lohnkosten und Lohnnebenkosten
– Mietkosten
– Abschreibungen
– Kalkulatorische Zinsen
– Verbrauchskosten (z. B. Materialkosten, Energiekosten)

2. Einteilung (Unterscheidung) der Kosten nach der Beeinflussbarkeit
Dabei wird nach dem Verhalten der Kosten bei **Änderung der Ausbringungsmenge** (Leistungsmenge) unterschieden:

a) **Fixe Kosten (Fixkosten):** werden durch eine Veränderung der Produktionsmenge **nicht** beeinflusst. Beispiele sind:
Gebäudekosten (z. B. Miete, Beleuchtung, Sicherung)
Abschreibung von Anlagen
Personalkosten des Stammpersonals (ohne Überstunden)
b) **Variable Kosten:** hängen direkt von der Produktionsmenge ab, d. h., mit steigender Menge steigen auch die Kosten. Beispiele sind:
Energiekosten und Materialkosten der Produktion
Kosten von Aushilfspersonal bzw. von Überstunden oder Akkordlohn

3. Einteilung (Unterscheidung) der Kosten nach der Bezugsgröße
Dabei unterscheidet man zwei Kategorien:

a) **Kosten pro Jahr (Gesamtkosten):** Gesamtkosten werden in der Kostenrechnung und auch in der Kostenvergleichsrechnung als **Standard** verwendet und sind Grundlage für Haushaltsplanungen und für Erfolgskontrollen.
b) **Kosten pro Stück (Stückkosten,** Kosten pro Leistungseinheit): Stückkosten werden vor allem im Controlling sowie zur Preiskalkulation, z. B. bei öffentlichen Aufträgen, oder zur Festsetzung von Gebühren verwendet.

Üblich sind die **Symbole K** (Großbuchstabe) für Gesamtkosten und **k (klein)** für Stückkosten sowie **x** für die **Leistungsmenge.** Die wichtigsten Kostenfunktionen werden in Abschn. 3.1.2 vorgestellt.

4. Einteilung (Unterscheidung) der Kosten nach der Zurechenbarkeit zu einer Leistung
Dabei unterscheidet man wiederum zwei Kategorien:

a) **Einzelkosten (Direkte Kosten):** Einzelkosten können einer bestimmten Leistung unmittelbar zugerechnet werden, z. B.:
Kosten einer Anlage, auf der nur ein Produkt hergestellt wird,
Personalkosten einer Person, die nur eine einzige Leistung erbringt,
Kosten eines Gebäudes, in dem nur eine Leistung erstellt wird.
b) **Gemeinkosten (Indirekte Kosten):** Gemeinkosten können einer Leistung **nicht** direkt zugeordnet werden, z. B.:
Kosten einer Anlage, auf der mehrere Produkte erstellt werden,
Personalkosten einer Person, die mehrere Leistungen erbringt,
Kosten eines Gebäudes, in dem mehrere Leistungen erstellt werden,
Kosten der Geschäftsführung und der inneren Verwaltung.

Diese Unterscheidung ist vor allem in der Kosten-Leistungsrechnung (KLR) wichtig, bei der den verschiedenen Leistungen die entsprechenden Kosten zugerechnet werden sollen. Die KLR setzt die Erstellung eines Produktkataloges (Leistungskataloges) voraus, wobei meist zwischen externen Produkten (mit Außenwirkung) und internen Produkten (mit Innenwirkung) unterschieden wird.

Gemeinkosten werden im Allgemeinen nach bestimmten Schlüsseln auf die einzelnen Leistungen aufgeteilt („geschlüsselt", „verrechnet"). Beispielsweise können Mietkosten nach Flächenbedarf geschlüsselt werden, Personalkosten können nach Zeitanteilen geschlüsselt werden, dies setzt eine Zeiterfassung der Mitarbeiter/–innen voraus (z. B. in der Software Mach M1®).

Die Festlegung von Schlüsseln ist immer eine wichtige „politische" Entscheidung, da sie über Kosten bzw. Erfolg verschiedener Produkte entscheidet.

Literatur

Bestmann U (2009) Kompendium der Betriebswirtschaftslehre, 11. Aufl. Oldenbourg, München

Bundesministerium für Finanzen (2017b) Arbeitsanleitung Einführung in Wirtschaftlichkeitsuntersuchungen, RdSchr. des BMF v. 12. Januar 2011, geänd. durch Rundschreiben v. 2.10.2017 (GMBl 2017 Nr. 45, S 834). http://www.verwaltungsvorschriften-im-internet.de/bsvwvbund_20122013_IIA3H1012100810004.htm. Zugegriffen: 22. Jan. 2018.

Dincher R, Müller-Godeffroy H, Scharpf M, Schuppan T (2017) Einführung in die Betriebswirtschaftslehre für die Verwaltung, 4. Aufl. Forschungsstelle f. Betriebsführg. u. Personalmanagem. e. V., Neuhofen

Eichhorn P (1985) Essentialien der öffentlichen Betriebswirtschaftslehre. In: Eichhorn P (Hrsg) Betriebswirtschaftliche Erkenntnisse für Regierung, Verwaltung und öffentliche Unternehmen. Nomos, Baden-Baden

Fischer W (1991) Informationstechnik und Organisation in öffentlichen Verwaltungen und öffentlichen Unternehmen. Carl Heymanns, Köln

Grochla E (1983) Unternehmensorganisation. Westdeutscher, Opladen

Gutenberg E (1983) Grundlagen der Betriebswirtschaftslehre: Die Produktion, 24. Aufl., Bd. 1. Springer, Berlin.

Lamers A., Leipelt D (2012) IT – Informationstechnik. Grundstudium FH Bund, Manuskript

Mundhenke E (1995) Public Management (Betriebswirtschaftslehre des öffentlichen Sektors), 25. Aufl. Selbstverlag, Lernbuch

Mundhenke E (2003) Controlling/KLR in der Bundesverwaltung, Was man dazu wissen sollte, 5. Aufl. FH Bund, Brühl

Olfert Kl, Rahn H-J (2013) Einführung in die Betriebswirtschaftslehre, Kompendium, 11. Aufl. Kiehl, Herne

Schierenbeck H, Wöhle CB (2016) Grundzüge der Betriebswirtschaftslehre, 19. Aufl. de Gruyter, Boston

Schmidt H-J (2009) Betriebswirtschaftslehre und Verwaltungsmanagement, 7. Aufl. Müller, Heidelberg

Staehle WH, Conrad P, Sydow J (1999) Management, Eine verhaltenswissenschaftliche Perspektive, 8. Aufl. Vahlen, München

Steinebach N (1998) Verwaltungsbetriebslehre, für Studium und Praxis, 5. Aufl. Walhalla u. Praetoria, Regensburg

Wöhe G, Döring U, Brösel G (2016) Einführung in die allgemeine Betriebswirtschaftslehre, 26. Aufl. Vahlen, München

Weiterführende Literatur

Bundesministerium für Finanzen (2017a) Allgemeine Verwaltungsvorschriften zur Bundeshaushaltsordnung (VV-BHO) H 05 01–2 vom 14. März 2001 (GMBl 2001 Nr. 16/17/18, S 307) in der Fassung des BMF-Rundschreibens vom 2. Oktober 2017 – II A 3 – H 1012-6/16/10003:003, DOK 2017/0808636 (GMBl 2017 Nr. 45, S 834). http://www.verwaltungsvorschriften-im-internet.de/bsvwvbund_10022016_DokNr20110981762.htm. Zugegriffen: 22. Jan. 2018.

Der Präsident des Bundesrechnungshofs (2013) Anforderungen an Wirtschaftlichkeitsuntersuchungen finanzwirtschaftlicher Maßnahmen nach § 7 Bundeshaushaltsordnung, Kohlhammer, Stuttgart. https://www.bundesrechnungshof.de/de/veroeffentlichungen/gutachten-berichte-bwv/gutachten-bwv-schriftenreihe/langfassungen/2013-bwv-band-18-anforderungen-an-wirtschaftlichkeitsuntersuchungen-finanzwirksamer-massnahmen-nach-ss-7-bundeshaushaltsordnung/view?searchterm=band+18. Zugegriffen: 05. März 2018.

Methoden des Vorteilhaftigkeitsvergleichs

3

Zusammenfassung

Das in § 7 BHO und den dazugehörigen Verwaltungsvorschriften postulierte Wirtschaftlichkeitsprinzip fordert u. a. die Durchführung von Vorteilhaftigkeitsvergleichen (Wirtschaftlichkeitsuntersuchungen, WU) für einzelwirtschaftliche Maßnahmen. Als grundlegende Methoden werden die Kostenvergleichsrechnung (KVR), die Nutzwertanalyse (NWA) und die Kapitalwertmethode (KWM) anhand von Beispielen vorgestellt. Diese Methoden werden in der Literatur zur Allgemeinen Betriebswirtschaftslehre oft unter dem Begriff „Investitionsrechnung" gefasst.

Zur Umsetzung des Wirtschaftlichkeitsprinzips bei einzelwirtschaftlichen Maßnahmen – z. B. bei der Beschaffung von Büroausstattung, Informationstechnik oder Fahrzeugen – wurden verschiedene Methoden entwickelt. Die grundlegenden Methoden sollen im Folgenden vorgestellt werden.

3.1 Kostenvergleichsrechnung

Der Begriff „Kosten" wird in Verbindung mit Wirtschaftlichkeit vermutlich am häufigsten benutzt. Die in diesem Abschnitt vorzustellende Kostenvergleichsrechnung (KVR) liefert auf der Basis der durchschnittlichen Kosten verschiedener Handlungsalternativen eine klare Handlungsempfehlung. Diese Methode ist, wenn die Ausgangsdaten bekannt sind, schnell und einfach durchzuführen, ein handelsüblicher (kaufmännischer) Taschen- oder Tischrechner genügt.

© Springer Fachmedien Wiesbaden GmbH, ein Teil von Springer Nature 2018   31
A. Lamers, *Public Management*,
https://doi.org/10.1007/978-3-658-21807-2_3

3.1.1 Grundlagen der Kostenvergleichsrechnung

Die **Kostenvergleichsrechnung** (KVR) gehört zu den bekanntesten Methoden des **Vorteilhaftigkeitsvergleichs.** Diese Methoden werden auch als Verfahren der **Investitions-** oder **Wirtschaftlichkeitsrechnung** oder der **Wirtschaftlichkeits-untersuchungen** (WU) bezeichnet. Es handelt sich um wichtige Instrumente zur Umsetzung des Grundsatzes der Wirtschaftlichkeit (Bestmann 2009, S. 436 ff.).

Konkret geht es bei der Kostenvergleichsrechnung darum, zwei oder mehrere **Handlungsalternativen,** z. B. Pkw-Typen oder Druckmaschinen, anhand der durchschnittlichen jährlichen Kosten zu vergleichen und die **kostengünstigste** Handlungsalternative zu bestimmen.

▶ Alle entscheidungsrelevanten Kosten sind einzubeziehen; die Alternative mit den **geringsten** Gesamtkosten ist zu wählen (gemäß Minimalprinzip)!

Die Kostenvergleichsrechnung soll am Beispiel zweier Druckmaschinen vorgestellt werden. Dabei sollen auch die verschiedenen Kosten von Betriebsmitteln ausführlich erläutert werden.

Beispiel 1

Eine Druckmaschine ist zu beschaffen. Zwei Angebote von Maschinen gleicher Leistung stehen zur Wahl. Der Zinssatz beträgt 4 % pro Jahr (Modellannahme). Die Daten sind in Tab. 3.1 zusammengefasst.

Das Ziel ist es, die **durchschnittlichen Kosten pro Jahr** für beide Alternativen zu ermitteln. Zur Vereinfachung seien zunächst die **Abkürzungen** vereinbart:

- **AW: Anschaffungswert** (in Euro),
- **RW: Restwert,** Restverkaufserlös (in Euro),

Tab. 3.1 Ausgangsdaten der Kostenvergleichsrechnung (2 Druckmaschinen)

Gegenstand	Typ A	Typ B
Anschaffungswert (AW)	40.000 €	33.000 €
Jährliche Sachkosten	500 €/Jahr	1000 €/Jahr
Jährliche Personalkosten	3000 €/Jahr	4500 €/Jahr
Wartung ab 2. Jahr	4 % vom AW	5 % vom AW
Restwert	4000 €	3500 €
Nutzungsdauer	6 Jahre	5 Jahre

- **ND: Nutzungsdauer** (in Jahren), manchmal auch: n (Anzahl Jahre),
- **i: Zinssatz** pro Jahr, (kalkulatorischer Zinssatz, engl. „interest").

Abschreibung
Durch Abschreibung wird der Wertverzehr auf die Jahre der Nutzung verteilt. In der Kostenrechnung wird üblicherweise die **lineare planmäßige Abschreibung** verwendet, die einen konstanten (gleichmäßigen) Wertverzehr über die geplante Nutzungsdauer unterstellt.

Am Ende der Nutzungsdauer kann eine Investition einen Restwert haben. Der gesamte **Wertverzehr** ist demnach die Differenz von Anfangswert und Restwert.

Die Abb. 3.1 veranschaulicht einen konstant abnehmenden Wertverzehr (lineare Abschreibung) über die Nutzungsdauer.

Dividiert man nun die Differenz AW − RW durch die Anzahl der Jahre der Nutzungsdauer, erhält man die (planmäßige lineare) **Abschreibung** (in Euro pro Jahr):

$$(\text{jährliche}) \text{Abschreibung} = \frac{AW - RW}{ND}$$

Beispiel 1: Für die zwei Druckmaschinen ergeben sich die in Tab. 3.2 wiedergegebenen Werte:

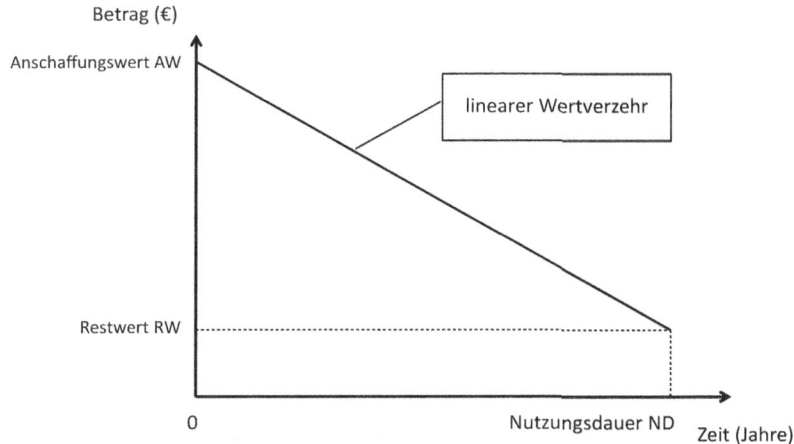

Abb. 3.1 Linearer Wertverzehr einer Anlage

Tab. 3.2 Abschreibungen
zweier Maschinen

Gegenstand	Typ A	Typ B
Wertverzehr AW − RW	36.000 €	29.500 €
Nutzungsdauer ND	6 Jahre	5 Jahre
Abschreibung	6000 €/Jahr	5900 €/Jahr

Obwohl der Anschaffungswert von Typ A wesentlich höher ist als von Typ B, unterscheiden sich die Abschreibungen nur wenig; dies ist hier vor allem durch die längere Nutzungsdauer von Typ A begründet!

Bei der Berechnung der Abschreibung und den folgenden Rechnungen sind folgende **Besonderheiten** zu beachten:

- **Anschaffungsnebenkosten,** die vor Beginn der Nutzung anfallen, z. B. Kosten für Transport und Aufstellung, Makler- oder Gerichtskosten, Überführungs- oder Zulassungskosten beim Pkw, sind dem Anschaffungswert AW zuzurechnen und werden mit abgeschrieben. Es gilt:
  Anschaffungswert AW = Kaufpreis + Anschaffungsnebenkosten
- Abschreibung fällt nur für **gekaufte** oder **selbst hergestellte** abnutzbare Güter an, z. B. für Gebäude, Maschinen, Fahrzeuge, Büromöbel. Gemietete oder gepachtete Betriebsmittel werden nicht abgeschrieben, weil hier ausschließlich der Vermieter den Wertverlust zu tragen hat.
- **Grundstücke** unterliegen im Allgemeinen **keinem** Wertverlust, sodass hier der Restwert RW gleich dem Anschaffungswert AW ist. Das bedeutet, dass **keine** Abschreibung vorzunehmen ist, die Abschreibung ist 0,00 (null) Euro. – Ausnahme: Das gilt nicht für Bergwerke, Ölfelder, Sandgruben, Diamantminen oder Ähnliches, die als Folge ihrer Ausbeutung an Wert verlieren!

Die planmäßige Abschreibung ist ein **wichtiger Baustein** des betrieblichen Rechnungswesens, beispielsweise wird sie in der Erfolgsrechnung, in der Kosten-Leistungsrechnung (KLR) und in der Kostenvergleichsrechnung (KVR) verwendet. **Funktionen** der Abschreibung sind:

- Ermittlung und Bewertung des Wertverzehrs
- Bestimmung des aktuellen Buchwertes eines Betriebsmittels
- Ermittlung des richtigen Periodenerfolges und Substanzerhaltung

Diese Funktionen sollen an einem weiteren Beispiel kurz erklärt werden:

Beispiel 2

Für einen Lkw gilt ein Anschaffungswert von 63.000 €; der Restwert nach einer Nutzungsdauer von 4 Jahren beträgt 15.000 €. Die Abschreibung (in Euro pro Jahr) beträgt also:

$$\text{Abschreibung} = \frac{63.000 - 15.000}{4}$$

$$\text{Abschreibung} = \frac{48.000}{4}$$

Damit erhält man:

$$\text{Abschreibung} = 12.000 \ \text{€/J}.$$

Wenn angenommen wird, dass die Nutzung am 1.1. eines Jahres beginnt, kann die Entwicklung des **aktuellen Wertes (Buchwertes)** wie in Tab. 3.3 bestimmt werden.

Der aktuelle Wert (Buchwert) sinkt gleichmäßig, und am Ende der Nutzungsdauer stimmt der Buchwert mit dem Restwert überein. – Mithilfe der Abschreibung kann also jeweils der aktuelle Buchwert ermittelt werden.

Unterstellt wird weiter, dass der Lkw für ein Speditionsgeschäft genutzt wird und – nach Abzug von laufenden Kosten für Treibstoff, Versicherung, Wartung etc. – einen Einnahmeüberschuss von 58.000 € pro Jahr (vor Steuern) erwirtschaftet.

Diese 58.000 € dürfen keinesfalls konsumiert werden, sondern zunächst müssen 12.000 € auf einem Bankkonto oder Ähnlichem angespart werden. Der Rest in Höhe von 58.000 – 12.000 = 46.000 € ist das Betriebsergebnis, das der Ertragssteuer unterliegt. Nur das, was nach Steuern und nach Abzug der kalkulatorischen Kosten übrig bleibt, kann ohne Nachteile für den Betrieb konsumiert werden! – Durch die Abschreibung wird also eine überhöhte Entnahme bzw. Besteuerung vermieden.

Tab. 3.3 Entwicklung des Buchwerts einer Anlage

Jahr	Wert am 1.1. (€)	Abschreibung (€)	Wert am 31.12. (€)
1	63.000	12.000	51.000
2	51.000	12.000	39.000
3	39.000	12.000	27.000
4	27.000	12.000	15.000

Nach vier Jahren weist das Sparguthaben einen Stand von 4 * 12.000 = 48.000 € auf, hinzu kommt ein Restwert von 15.000 €, d. h., es stehen jetzt wieder insgesamt 63.000 € zum Kauf eines neuen Lkws zur Verfügung. Dank des Sparguthabens ist die **Neubeschaffung** eines Lkws und „**Substanzerhaltung**" als Voraussetzung für längerfristiges Überleben der Firma sichergestellt. Falls dagegen nichts angespart wurde, ist das Risiko groß, dass die Bank einen Kredit verweigert und so die Fortführung des Betriebes unmöglich wird. – Die Substanzerhaltung ist vom Gesetzgeber gewollt; auch die Finanzämter sind an längerfristigem Geschäftserfolg interessiert. – Unterstellt wird dabei hier, dass es keine gravierenden Preissteigerungen bis zur Neubeschaffung gibt.

▶   Steuerliche Aspekte sowie Fragen der Substanzerhaltung sind in der Zwischenprüfung bzw. in den Modulprüfungen der grundlegenden Module am Zentralbereich der Hochschule des Bundes für öffentliche Verwaltung nicht relevant.

Kosten für das gebundene Kapital (kalkulatorische Zinsen)
Nehmen Sie an, Sie haben 63.000 € im Lotto gewonnen und überlegen nun, ob Sie Ihr Geld zur Bank bringen und von den Zinsen gut leben – soweit möglich – oder lieber einen Lkw kaufen und damit ein Speditionsgeschäft aufmachen. – Wenn Sie den Lkw kaufen, müssen Sie auf die Guthabenzinsen der Bank leider verzichten!

Man muss errechnen, wie viel Kapital durchschnittlich durch die Investition gebunden ist und damit also für andere Zwecke nicht mehr zur Verfügung steht. Dieses gebundene Kapital kostet Geld, bzw. bedeutet Verzicht auf anderweitige Verzinsung; man verwendet hier auch die Begriffe „**entgangener Zinsgewinn**" bzw. „**kalkulatorische Zinsen**". Dabei handelt es sich um eine Rechengröße (kalkulatorische Größe), da ja keine realen Zinszahlungen anfallen.

Durch den Wertverzehr AW – RW, der über die gesamte Nutzungsdauer verteilt wird, ist der im Folgenden angegebene durchschnittliche Betrag gebunden:

$$\text{durchschnittlicher Wertverzehr} = \frac{AW - RW}{2}$$

Der Restwert RW bleibt jedoch von Anfang an erhalten. Er ist also über die gesamte Nutzungsdauer gebunden und muss deswegen zum durchschnittlichen Wertverzehr hinzugerechnet werden. So ergibt sich für das durchschnittlich gebundene Kapital insgesamt:

$$\text{durchschnittlich gebundenes Kapital} = RW + \frac{AW - RW}{2}$$

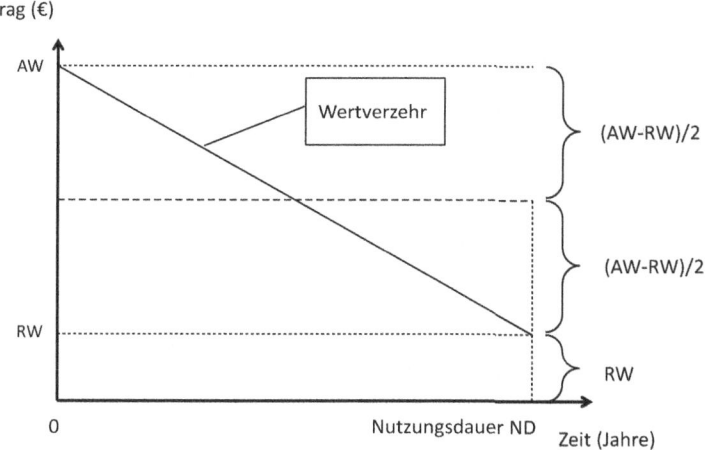

Abb. 3.2 Durchschnittlich gebundenes Kapital einer Anlage

Auch dies wird in Abb. 3.2 veranschaulicht.

Durch einfache Umformung erhält man die etwas einfacher handhabbare Formel:

$$\text{durchschnittlich gebundenes Kapital} = \frac{AW + RW}{2}$$

Die jährlichen Kosten des durchschnittlich gebundenen Kapitals („kalkulatorische Zinsen") errechnen sich aus seiner Verzinsung mit dem (kalkulatorischen) Zinssatz i. (Das Symbol i steht für den englischen Begriff „Interest" = Zinssatz).

$$\text{kalkulatorische Zinsen} = \frac{AW + RW}{2} * i$$

Für die beiden Druckmaschinen aus Beispiel 1 ergibt dies bei einem Zinssatz von 0,04 bzw. 4 % p. a. (per anno, pro Jahr) die in Tab. 3.4 angegebenen Werte.

Die Summe von Abschreibung und kalkulatorischen Zinsen wird oft als Kapitalkosten bezeichnet. Es gilt also:

$$\text{Kapitalkosten} = \text{Abschreibung} + \text{kalkulatorische Zinsen}$$

Für das Beispiel 1 erhält man also die in Tab. 3.5 wiedergegebenen Werte.

Tab. 3.4 Bestimmung der kalkulatorischen Zinsen

Gegenstand	Typ A	Typ B
Anschaffungswert AW	40.000 €	33.000 €
Restwert RW	4000 €	3500 €
(AW + RW)/2	22.000 €	18.250 €
kalkulatorische Zinsen	880 €/Jahr	730 €/Jahr

Tab. 3.5 Kapitalkosten zu Beispiel 1

Gegenstand	Typ A (€/J)	Typ B (€/J)
Jährliche Abschreibung	6000	5900
Kalkulatorische Zinsen	880	730
Kapitalkosten	6880	6630

Für das Beispiel 2 erhält man für die kalkulatorischen Zinsen (in Euro pro Jahr) bei einem Zinssatz von 4 % p. a.:

$$\text{kalkulatorische Zinsen} = \frac{63.000 + 15.000}{2} \times 0{,}04$$

$$\text{kalkulatorische Zinsen} = \frac{78.000}{2} \times 0{,}04$$

$$\text{kalkulatorische Zinsen} = 39.000 \times 0{,}04 = 1560$$

Die Kapitalkosten des Lkw (in Euro pro Jahr) betragen also:

$$\text{Kapitalkosten} = 12.000 + 1560 = 13.560$$

Man nennt die Kapitalkosten auch den **Kapitaldienst** einer Investition in Analogie zur Bedienung eines Darlehens mit Tilgung (entspricht der Abschreibung) und Zinszahlung (entspricht den jährlichen Kosten des durchschnittlich gebundenen Kapitals).

Sonstige Kosten

Auch alle sonstigen Kosten müssen im Einzelfall auf durchschnittliche jährliche Kosten umgerechnet werden. Dazu gehören beispielsweise **Sachkosten**, **Wartungskosten** und zusätzliche **Personalkosten** oder auch **Kosten für Bewachung** einer Einrichtung. – Wichtig dabei ist, dass – bei unterschiedlichen

Tab. 3.6 Wartungskosten zu Beispiel 1 (Durchschnitt)

Gegenstand	Typ A	Typ B
Wartung ab 2. Jahr	4 % vom AW	5 % vom AW
Anschaffungswert AW	40.000 €	33.000 €
Wartung ab 2. Jahr	40.000 * 4 % = 1600 €	33.000 * 5 % = 1650 €
Nutzungsdauer	6 Jahre	5 Jahre
Wartungskosten fallen an	5 Jahre	4 Jahre
Wartung insgesamt	1600 * 5 = 8.000 €	1.650 * 4 = 6600 €
Wartungskosten	8000/6 = 1.333,33 €/J	6600/5 = 1320 €/J

Werten – eine Durchschnittsbildung über die gesamte Nutzungsdauer erfolgen muss.

Wenn beispielsweise Wartung im ersten Jahr **gratis** erfolgt, muss ein **Durchschnittswert** bestimmt werden; die Ergebnisse für Beispiel 1 sind in Tab. 3.6 wiedergegeben.

Die **Gesamtkosten** setzen sich also aus Kapitalkosten (Abschreibung und kalkulatorischen Zinsen) und den sonstigen Kosten zusammen.

Ergebnis und Zusammenfassung

Alle Kosten werden nun zu durchschnittlichen Gesamtkosten pro Jahr addiert. Die Alternative mit den so errechneten geringsten Gesamtkosten ist die kostengünstigste („sparsamste") und damit nach diesem Kriterium auch günstigste.

Vorgehensweise einer Kostenvergleichsrechnung (Phasenschema)

Vorstufe: Anschaffungsausgaben und Anschaffungswert werden ermittelt.
Hauptstufe: Die durchschnittlichen jährlichen Kosten werden ermittelt.

- jährliche Abschreibung
- jährliche Kosten des durchschnittlich gebundenen Kapitals
- sonstige jährliche Kosten

Diese Kosten werden addiert. Man erhält damit die durchschnittlichen jährlichen Gesamtkosten. Ergebnis: Die Alternative mit den geringsten durchschnittlichen jährlichen Gesamtkosten ist – bei gleicher Leistung bzw. gleichem Nutzen – zu empfehlen.

Tab. 3.7 Gesamtkosten zu Beispiel 1

Gegenstand	Typ A (€/Jahr)	Typ B (€/Jahr)
Jährliche Abschreibung	6000	5900
Kalkulatorische Zinsen	880	730
Jährliche Sachkosten	500	1000
Jährliche Personalkosten	3000	4500
Jährliche Wartungskosten	1.333,33	1320
Gesamtkosten	11.713,33	13.450

Für die beiden Druckmaschinen ergibt dies abschließend die in Tab. 3.7 angegebenen Werte.

Demnach wird, wenn unterstellt wird, dass beide Maschinen die gleiche Leistung bzw. den gleichen Nutzen besitzen, die Druckmaschine des Typs A ausgewählt, da die Kosten um ca. 1737 € pro Jahr geringer sind als bei Typ B.

3.1.2   Bestimmung einer kritischen Menge

Wenn unterschiedliche Leistungen beider Alternativen berücksichtigt werden können, stellt sich in einer Kostenvergleichsrechnung eine ganz andere Frage:

Fragen

Ab welcher Leistung ist die eine Alternative günstiger als die andere?

Zum Beispiel sind bei einem Pkw die Kosten abhängig von der jährlichen Fahrleistung (km/Jahr) oder bei einem Kopierer sind die Kosten abhängig von jährlicher Kopienanzahl (Kopien/Jahr). In derartigen Fällen sind also zusätzlich noch **variable Kosten** zu berücksichtigen, die pro Leistungseinheit (Kilometer, Kopienanzahl etc.) anfallen.

1. Schritt: Aufstellung der Kostenfunktionen
Zunächst wird eine sogenannte **Kostenfunktion** für jede Maßnahme aufgestellt. Diese gibt die Gesamtkosten pro Jahr in Abhängigkeit von der Leistungsmenge an. – Grundsätzlich bestehen **Gesamtkosten** aus fixen und variablen Kosten:

$$K = K_F + K_V$$

Bei **linearer Abhängigkeit** der Gesamtkosten von der Leistungsmenge x gilt außerdem:

$$K_V = x \times k_V$$

und damit erhält man die sogenannte **lineare Gesamtkostenfunktion:**

$$K = K_F + x \times k_V$$

Dabei bedeuten

K	Gesamtkosten pro Jahr (totale Gesamtkosten)
$\mathbf{K_F}$	fixe Kosten pro Jahr (fixe Gesamtkosten)
$\mathbf{K_V}$	variable Kosten pro Jahr (variable Gesamtkosten)
x	Leistungsmenge (Ausbringungsmenge) pro Jahr
$\mathbf{k_V}$	variable Kosten pro Stück (variable Stückkosten)

In Worten ausgedrückt bedeutet diese Formel:

Gesamtkosten = fixe Gesamtkosten + Leistungsmenge × variable Stückkosten

Leistungseinheit („Stück") kann beispielsweise ein bedrucktes Blatt, ein gefahrener Kilometer oder ein Fertigteil sein.

Hat z. B. ein Kopierer des Typs 1 fixe Kosten von 400 €/Jahr (Miete, Wartung etc.) und variable Kosten von 0,02 €/Kopie (Papier, Toner etc.), so ergibt sich nach Vereinbarung einer Variablen x für die Leistung (jährliche Kopienanzahl) folgende Kostenfunktion (in Euro pro Jahr):

$$K_1(x) = 400 + x \times 0{,}02 = 400 + 0{,}02x$$

Die jährlichen Gesamtkosten sind demnach abhängig von der jährlichen Kopienanzahl, wie Tab. 3.8 zeigt.

Ein Kopierer des Typs 2 hat z. B. die Kostenfunktion (in Euro pro Jahr):

$$K_2(x) = 500 + x \times 0{,}015 = 500 + 0{,}015x$$

Wichtig zu wissen ist, ab welcher jährlichen Kopierleistung der eine Kopierer günstiger als der andere ist.

Tab. 3.8 Fixe, variable und gesamte Kosten pro Jahr

Jährliche Kopienanzahl	Fixe Kosten (€/Jahr)	Variable Kosten (€/Jahr)	Gesamtkosten (€/Jahr)
15.000 Kopien/Jahr	400	0,02 * 15.000 = 300	700
20.000 Kopien/Jahr	400	0,02 * 20.000 = 400	800
25.000 Kopien/Jahr	400	0,02 * 25.000 = 500	900

2. Schritt: Gleichsetzen der Kostenfunktionen

Wenn beide Kostenfunktionen gleichgesetzt und nach der jährlichen Leistung x aufgelöst werden, erhält man die sogenannte **kritische Menge**. Bei dieser Menge sind demnach die Kosten beider Alternativen gleich. Über und unter dieser Menge ist jeweils eine Alternative günstiger als die andere.

Für unser Beispiel gelten die Kostenfunktionen:

$$K_1(x) = 400 + 0,02x$$

$$K_2(x) = 500 + 0,015x$$

Es soll nun gelten:

$$K_1 = K_2$$

Dies ist gleichbedeutend mit:

$$400 + 0,02x = 500 + 0,015x$$

Die Gleichung ist bekanntlich so umzuformen, dass auf einer Seite nur Elemente mit x und auf der anderen Seite nur Elemente ohne x stehen; dabei sind nur „zulässige" Rechenoperationen, z. B. keine Division durch null, erlaubt. Im ersten Schritt kann man z. B. 400 auf bei Seiten subtrahieren, man erhält:

$$0,02x = 100 + 0,015x$$

Wenn man 0,015 x auf beiden Seiten subtrahiert, erhält man:

$$0,005x = 100$$

Wenn nun beide Seiten durch 0,005 dividiert werden, erhält man als Ergebnis:

$$x = 20.000$$

Die kritische Menge beträgt also 20.000 Kopien pro Jahr. Dieser Wert wird manchmal auch als „**Break Even-Punkt**" bezeichnet. Das bedeutet, dass man beim Überschreiten dieses Punktes innehalten und die Strategie wechseln sollte (engl. „break"). In dem Punkt selbst sind die Kosten beider Alternativen gleich, d. h., da ist es – aus Kostengründen – egal, welche Alternative gewählt wird.

▶   Wenn bei Auflösung des Gleichungssystems ein negativer Wert errechnet wird, gibt es **keine** kritische Menge. Dies ist dann gegeben, wenn eine der Alternativen sowohl bei kleinen als auch bei großen Leistungsmengen x kostengünstiger ist als die andere Alternative, d. h., wenn die fixen Gesamtkosten und die variablen Stückkosten nicht größer als bei der anderen Alternative sind.

3. Schritt: Auswahl der jeweils günstigeren Alternativen
Für eine konkret gegebene Leistungsmenge könnten nun die Kosten der beiden Alternativen für diese Menge berechnet und dann verglichen werden: Die Alternative mit den geringeren Gesamtkosten pro Jahr ist zu wählen. Einfacher ist es, die Ausgangsgrößen zur **Entscheidungsfindung** heranzuziehen:

- Wenn die geplante Leistungsmenge x unterhalb der kritischen Menge liegt, ist die Alternative mit den geringeren fixen Kosten die günstigere.
- Wenn die geplante Leistungsmenge x oberhalb der kritischen Menge liegt, ist die Alternative mit den höheren fixen Kosten (und den niedrigeren variablen Stückkosten) die günstigere.
- In der kritischen Menge sind beide Alternativen aus Kostengründen gleichwertig.

Demnach ist bis zu einer Anzahl von 20.000 Kopien/Jahr der Typ A zu wählen, ab 20.000 Kopien/Jahr der Typ B. Dies wird in Abb. 3.3 anschaulich dargestellt.

In den vorangegangenen Schritten ist die kritische Menge **analytisch** bestimmt, also errechnet worden. Man hätte auch in einer sogenannten **Wertetabelle** für

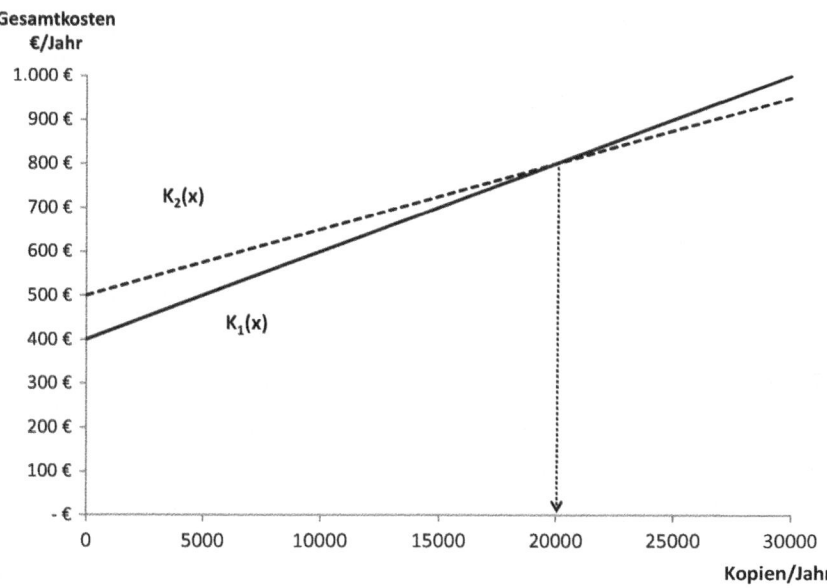

Abb. 3.3 Bestimmung der kritischen Menge

verschiedene Leistungen die Gesamtkosten der Alternativen gegenüberstellen können. Es ist jedoch reine Glückssache, wenn dabei die kritische Menge genau getroffen wird.

Schließlich wäre auch eine **grafische Lösung** möglich. Der Ausgangspunkt einer Kostenfunktion auf der senkrechten Achse wird dabei durch die fixen Kosten bestimmt; die Steigung der Geraden durch die variablen Kosten pro Leistungseinheit. Das exakte Auffinden der kritischen Menge ist dann allerdings von der Genauigkeit der Zeichnung abhängig.

3.1.3   Kritik an der Kostenvergleichsrechnung

Schwächen

Es wird streng nach dem **Sparsamkeitsprinzip (,,Minimalprinzip")** verfahren. Dies bedeutet, dass nur Alternativen mit **identischer Leistung** verglichen werden können. Hinzu kommt, dass **nur monetäre** (in Geldeinheiten erfassbare) **Größen** berücksichtigt werden können. Andere Zielkriterien sind nicht vorgesehen.

Es werden nur **Durchschnittskosten** berücksichtigt. Dies bedeutet, dass die Zeitpunkte, in denen die Kosten anfallen, unerheblich werden. Man spricht hier auch von einer **,,statischen" Methode**. Aus Sicht der Kostenvergleichsrechnung ist es irrelevant, ob Ausgaben (z. B. für Wartung einer Anlage) zu Beginn oder am Ende der Nutzungsdauer oder gleichmäßig über die Nutzungsjahre verteilt anfallen. – Eine Berücksichtigung der Zahlungszeitpunkte ist z. B. mit der Kapitalwertmethode (,,dynamische" Methode) möglich.

Außerdem wird die ,,andere" Seite, **Einnahmen** bzw. **Nutzen** einer Maßnahme, überhaupt nicht berücksichtigt; das Ergebnis der KVR ist also immer nur relativ. – Wenn ein privates Unternehmen zwar kostengünstig produziert, aber keine Einnahmen bzw. keine Gewinne erzielt, ist die Insolvenz (,,Pleite") absehbar.

Stärken

Die Kostenvergleichsrechnung ist die **einfachste Form** einer Wirtschaftlichkeitsrechnung (Wirtschaftlichkeitsuntersuchung, WU). Für einen überschlägigen Alternativenvergleich – mit ,,geringer finanzieller Bedeutung" – ist sie **rasch** und weitgehend **problemlos** durchführbar; das Ergebnis ist **objektiv** und **nachprüfbar**.

3.2 Nutzwertanalyse (NWA)

Der Begriff „**Wirtschaftlichkeit**" berücksichtigt nicht nur die Kosten, wie oft vereinfachend unterstellt wird, sondern bedeutet gemäß der zuvor gegebenen Definition immer das **Verhältnis** von **Zweckerreichung zu Mitteleinsatz** bzw. von **Nutzen zu Kosten** (vgl. Abschn. 2.2.2). Dabei ist „Nutzen" weit zu fassen: Nutzen der Beschaffung eines modernen IT-Systems kann z. B. eine höhere Zuverlässigkeit oder eine größere Flexibilität oder eine einfachere Bedienung sein. Nutzen einer Organisationsmaßnahme – vgl. dazu Kap. 4 – kann eine kürzere Durchlaufzeit von Vorgängen oder eine höhere Qualität der Ergebnisse oder eine verbesserte Kundenorientierung („Bürgernähe") sein.

3.2.1 Grundlagen der Nutzwertanalyse

Mit einer sogenannten **Nutzwertanalyse** (NWA) versucht man, den Nutzen einer Alternative hinsichtlich verschiedener Ziele und eventuell auch die zugehörigen Kosten in dimensionslosen Werten, den sogenannten Nutzwerten, auszudrücken. Die Alternative mit der größten Summe der Nutzwerte ist dann auszuwählen; hier kommt also das **Maximalprinzip** (Grundsatz der Effektivität) zur Anwendung.

Der Nutzwert wird auch als **Zielwirksamkeit** (Tauglichkeit) eines Gutes oder einer Leistung bezeichnet (Mundhenke 1995, S. N 1 ff.; Leipelt 2013, S. 38 ff.) In einer Nutzwertanalyse werden im Gegensatz zur Kostenvergleichsrechnung grundsätzlich **beliebig viele problemrelevante qualitative Zielkriterien** zugelassen.

Das Bundesministerium für Finanzen (BMF) hat in den **Verwaltungsvorschriften zur Bundeshaushaltsordnung (VV-BHO)** festgelegt, dass in die Nutzwertanalyse nur **nichtmonetäre** Größen, also keine Kosten, einzubeziehen sind. – Kosten bzw. Kapitalwerte werden allerdings in der Schlussbetrachtung bzw. abschließenden Wirtschaftlichkeitsempfehlung (siehe Abschn. 3.2.5) berücksichtigt (Bundesministerium für Finanzen 2017a).

In älterer Literatur zur Betriebswirtschaftslehre der öffentlichen Verwaltung sowie in aktueller Literatur zur Allgemeinen Betriebswirtschaftslehre wird auch die Einbeziehung quantitativer Größen, wie z. B. Kosten, in die Nutzwertanalyse zugelassen (Schmidt 2009, S. 313 ff.; Reichard 1987, S. 95 ff.; Reinermann 1974, S. 31 ff.). Wegen der Bewertungs- bzw. Manipulationsspielräume bei der „Transformation" von Geldbeträgen in „Bewertungspunkte" (vgl. Abschn. 3.2.2) wird diese Variante jedoch vom BMF strikt abgelehnt.

Das Bundesministerium für Finanzen und der Bundesrechnungshof sehen die Nutzwertanalyse als **ergänzende Methode** neben einer quantitativen Methode wie Kostenvergleichsrechnung oder Kapitalwertmethode. Die Durchführung nur einer Nutzwertanalyse – ohne quantitative Methode – wird jedoch als nicht sachgerecht angesehen: „Eine Nutzwertanalyse ohne die Verbindung mit einer monetären Bewertung ist im Regelfall nicht ausreichend" (Der Präsident des Bundesrechnungshofs 2013, S. 48). Umgekehrt wird aber auch bei „Maßnahmen von gesamtwirtschaftlicher Bedeutung" die Durchführung einer Nutzwertanalyse – neben einer quantitativen Methode – zwingend gefordert.

Abschließend empfiehlt sich eine **zusammenfassende Bewertung,** in der die Ergebnisse der Kostenvergleichsrechnung (oder der Kapitalwertmethode, vgl. Abschn. 3.3) und der Nutzwertanalyse gemeinsam betrachtet und zu einer abschließenden Handlungsempfehlung verdichtet werden (vgl. Abschn. 3.2.5).

Beispiel

Die Methode der Nutzwertanalyse soll – ohne Einbeziehung quantitativer Größen – an einem einfachen Beispiel erklärt und illustriert werden (Leipelt 2013, S. 38 ff.).

Ein vorhandenes IT-System (Altsystem) soll ggf. durch eine moderne, leistungsfähigere Lösung (Neusystem) abgelöst werden.

3.2.2   Ablauf einer Nutzwertanalyse

(1.) Auswahl der Zielkriterien

Zunächst werden **Zielkriterien** (Kriterien) aufgestellt, an denen die **Eignung** der Alternativen für den geplanten Einsatz beurteilt werden kann. Für **IT-Systeme** sind beispielsweise häufig die folgenden Kriterien zu berücksichtigen (Leipelt 2013, S. 38 ff.):

- Dringlichkeit des Projektes (z. B. rechtliche Vorgaben, Pilotprojekt)
- Leistungsqualität (Hardware- und Softwareleistung, Servicequalität, Sicherheitsstandards)
- Benutzerfreundlichkeit (Hardware- und Softwareergonomie)
- Bedeutung für den Betrieb (organisatorische Verbesserungen bzw. Imageverbesserung, höhere Informationsqualität)

Für das gewählte Beispiel hat man sich auf **drei Kriterien** (Ziele) verständigt:

- **„Sachziel":** Das neue System soll dank hoher Leistung eine schnelle, fehlerfreie Bearbeitung der Vorgänge sicherstellen.
- **„Bürgerziel":** Das neue System soll eine bürgernahe, kundenorientierte Arbeitsweise unterstützen.
- **„Mitarbeiterziel":** Das neue System soll mitarbeiterfreundlich, d. h. leicht bedienbar und ergonomisch („menschengerecht gestaltet") sein. Die betrifft z. B. die Bedieneroberfläche der Software sowie Tastatur- und Bildschirmqualität usw.

Wichtig ist, dass die Kriterien voneinander strikt **abgrenzbar** und **überschneidungsfrei** sind! Es würde keinen Sinn machen, Rechengeschwindigkeit und Zeitersparnis als getrennte Ziele zu formulieren, da sie direkt voneinander abhängen. Bei der Auswahl eines Dienst-Pkws dürfen z. B. **nicht** Reichweite, Benzinverbrauch und Tankinhalt als drei verschiedene Kriterien einbezogen werden, da jeweils eine der Größen von den anderen beiden abhängig ist.

(2.) Gewichtung der Zielkriterien
Die Kriterien werden im nächsten Schritt entsprechend ihrer Bedeutung für die geplante Verwendung gewichtet. Die Gewichte G liegen jeweils zwischen 0 und 100; die Summe der Gewichte muss 100 sein. – Die Gewichtung kann in **einem** Schritt direkt in Tab. 3.9 vorgestellten Bewertungstabelle erfolgen; wichtig ist, dass die Summe der Gewichte 100 ergibt. Bei komplexen Entscheidungen empfiehlt es sich, eine **Zielhierarchie** aufzubauen: Zunächst werden die Gewichte für die Kategorien der obersten Hierarchieebene festgelegt; anschließend die Gewichte der Teilziele in den jeweiligen Kategorien. – In dem hier gewählten einfachen Beispiel werden die Gewichte wie in Tab. 3.9 angegeben festgelegt.

Bei der Gewichtung sind folgende **Bedingungen** zu beachten:

- Das **Gewicht** eines Kriteriums muss zwischen 0 und 100 liegen.
- Die **Summe** aller Gewichte muss 100 sein.

Diese Bedingungen sind im Beispiel in Tab. 3.9 erfüllt. Die Höhe der Gewichtung macht gleichzeitig die (politischen) **Präferenzen** der Entscheidungsträger sichtbar.

Tab. 3.9 Festlegung der Zielgewichte

Zielkriterium	Zielgewicht (G)
Sachziele	60
Bürgerziel	25
Mitarbeiterziel	15

(3.) Bewertung der Alternativen
Im nächsten Schritt muss jede Handlungsalternative im Hinblick auf jedes Kriterium bewertet werden; dabei geht man am besten zeilenweise vor. Das Ergebnis ist die sogenannte **Bewertungstabelle (Gewichtungstabelle, Nutzwerttabelle).** Zunächst wird eine **Skala** für die **Zielerträge (Bewertungsfaktoren,** BF) bestimmt. Bewährt hat sich eine Skala von null bis zehn. Ein Auszug mit ausgewählten Ausprägungen ist in Tab. 3.10 angegeben.

Die nicht aufgeführten Punktwerte werden jeweils als **Abstufungen** der hier tabellierten Werte vergeben.

Eine Alternative, die in einem Zielkriterium den **Bewertungsfaktor null** hat, wird nicht weiter berücksichtigt. Man spricht dann bei diesem Zielkriterium auch von einem **K. o.-Kriterium.** Übrig bleiben nur Alternativen, die Zielerträge liefern. Aus diesen sind die besten Alternativen zu bestimmen. – Eine „neue" Lösung ist dann empfehlenswert, wenn sie einen **höheren Nutzwert** als das „Altsystem" besitzt.

(4.) Berechnung der Teilnutzwerte und des Gesamtnutzwertes
Nun werden Zielgewichte (G) und Zielerträge (Bewertungsfaktoren, Punktwerte) in einer Tabelle nach folgendem Muster zusammengefasst. Dabei ist die **Bewertung** jeweils (in Stichworten) **zu begründen.** Abschließend werden durch **Multiplikation** der Bewertungsfaktoren (Punktwerte, Zielerträge) BF mit den Zielgewichten G die **Teilnutzwerte** (NW) ermittelt, die aufsummiert die **Gesamtnutzwerte** ergeben. Die entsprechenden Werte sind in Tab. 3.11 dargestellt.

Wichtig ist, die Bewertung in Stichworten – ggf. auch in Form einer Legende – zu begründen.

(5.) Entscheidung
Die Alternative mit dem **höchsten Gesamtnutzwert** gilt aus einer resultierenden Rangfolge als die beste. Für unser Beispiel bedeutet dies, dass das Neusystem

Tab. 3.10 Ausgewählte Zielerträge (Bewertungsfaktoren)

Ausprägung	Punktwert (Bewertungsfaktor)
Kein Zielertrag; Nein, „Fehlanzeige"	0 Punkte
Mindestanforderung, gerade noch erfüllt	1 Punkt
Geringer Zielertrag	2 Punkte
Durchschnittlicher Zielertrag, unentschieden	5 Punkte
Hoher, guter Zielertrag	8 Punkte
Vollständige Zielerfüllung, Ja, „Volltreffer"	10 Punkte

Tab. 3.11 Teilnutzwerte und Gesamtnutzwerte

Zielkriterium	Gewicht	BF	Altsystem	NW	BF	Neusystem	NW
Sachziel	60	2	Gering ausgeprägt	120	8	Hoher Zielertrag	480
Bürgerziel	25	4	Knapp unterdurch-schnittlich	100	4	Knapp unterdurch-schnittlich	100
Mitarbeiterziel	15	2	Schwach ausgeprägt	30	6	Leicht über dem Durchschnitt	90
Summe	100	–		250	–		670
Rangfolge	–			(II)			(I)

einen erheblich höheren Nutzwert besitzt und deshalb – bei gleichen Kosten – zu empfehlen ist.

(6.) Empfindlichkeitsanalyse (Sensitivitäts-, Sensibilitätsanalyse; bei Bedarf)
Unter einer **Empfindlichkeitsanalyse,** auch **Sensitivitäts-** oder **Sensibilitätsanalyse** bzw. **Stabilitätsanalyse** genannt, versteht man das Variieren von Zielen, Gewichten und/oder Punktwerten und die Überprüfung der Auswirkungen auf die bestehende Reihenfolge der Alternativen. Damit kann man beispielsweise prüfen, ob:

- Die gefundene Lösung beibehalten wird; dies spricht für **Stabilität** der Lösung.
- Die Reihenfolge der Alternativen sich ändert, dies zeigt eine hohe **Empfindlichkeit** des Ergebnisses auf.

3.2.3 Zusammenfassung: Nutzwertanalyse Schritt für Schritt

Schritte einer Nutzwertanalyse
1. Bestimmung der Zielkriterien und Zielgewichte aufstellen
2. Gewichtung der Kriterien
3. Skala festlegen und Alternativen für jedes Kriterium bewerten
4. Teilnutzwerte für jede Alternative errechnen
5. Bestimmung des Gesamtnutzwertes für jede Alternative und der Rangfolge der Alternativen
6. Bei Bedarf: Empfindlichkeitsanalyse (Sensitivitätsanalyse)

3.2.4   Beurteilung der Nutzwertanalyse

Schwächen

Zugrunde liegt in der Regel eine **subjektiv** aufgestellte Kriterienliste oder eine Zielhierarchie. Zielgewichte und ermittelte Zielerträge sind ebenfalls **subjektiv** ermittelt. – **Willkür** und **Manipulation** sind nicht auszuschließen.

Stärken

Die genannten Schwächen können auch Stärken sein, denn man ist gezwungen, die subjektiven Einflüsse überzeugend zu **begründen.** Dies gilt vor allem, wenn die von der Entscheidung betroffene Gruppe die Nutzwertanalyse gemeinsam durchführt. – Die Nutzwertanalyse macht durch die Gewichtung der Kriterien auch **politische Präferenzen sichtbar.**

Da Kriterien aus verschiedenen Bereichen (z. B. Sachziele, Bürger- und Mitarbeiterziele) berücksichtigt werden können, ist die Nutzwertanalyse auch **für komplexe Entscheidungssituationen geeignet.** Ein umfassendes Entscheidungsproblem kann übersichtlich dargestellt werden, dabei gehen mehrere Ziele **simultan** in den Entscheidungsprozess ein.

Mit einer Empfindlichkeitsanalyse oder Sensitivitätsanalyse („Wie ändert sich die Rangfolge bei Änderung von Zielgewichten und Zielerträgen?") kann in einer Nutzwertanalyse relativ leicht der **Einfluss** der Subjektivität überprüft werden.

Die Nutzwertanalyse kann mit der vom Bundesministerium des Innern entwickelten Software **WiBe Kalkulator** – früher: **IT-WiBe**; WiBe steht für Wirtschaftlichkeitsbetrachtung – leicht automatisiert werden. Diese Software enthält Kataloge mit Zielkriterien, die vom Anwender nach eigenen Bedürfnissen modifiziert werden können. Die Software wird Bundesbehörden – nach Benennung eines verantwortlichen Ansprechpartners – kostenlos zur Verfügung gestellt (Der Beauftragte der Bundesregierung für Informationstechnik o. J.).

3.2.5   Abschließende Wirtschaftlichkeitsempfehlung

Wenn – gemäß Vorgabe des BMF – in der Nutzwertanalyse keine quantitativen Größen, insbesondere keine Kosten, sondern nur qualitative Kriterien erfasst wurden, ist abschließend eine **zusammenfassende Bewertung (Schlussbetrachtung,**

Gesamtabwägung) der Alternativen erforderlich. Dabei sind u. a. folgende Fälle denkbar:

- Die Alternativen sind annähernd **kostengleich** bzw. besitzen annähernd den gleichen Kapitalwert (vgl. Abschn. 3.3), aber die Nutzwerte **unterscheiden sich deutlich.**
  - – Das Ergebnis der **Nutzwertanalyse** liefert eine Handlungsempfehlung.
- Die Alternativen besitzen etwa **gleiche Nutzwerte,** unterscheiden sich aber deutlich in ihren Kosten bzw. in den Kapitalwerten.
  - – Handlungsempfehlung ist, die **kostengünstigste** Alternative bzw. die Alternative mit dem höchsten positiven Kapitalwert (bzw. dem betragsmäßig kleinsten negativen Kapitalwert) zu wählen.
- Die kostengünstigste Alternative besitzt den höchsten Nutzwert:
  - – Beide Methoden liefern **dieselbe** Empfehlung („Glücksfall").
- Die Alternativen **unterscheiden** sich sowohl in den Kosten bzw. Kapitalwerten als auch in den Nutzwerten, wobei **hohe Nutzwerte** mit **höheren Kosten** (bzw. kleineren Kapitalwerten) einhergehen.
  - – Aktuelle Arbeitsanleitungen und Handreichungen fordern in diesem Fall eine **beschreibende Begründung):**

„Um dem Entscheidungsträger eine ausreichende Grundlage für seine Entscheidung zu unterbreiten, ist das Ergebnis der monetären Betrachtung und der Nutzwertanalyse darzustellen und eine beschreibende Begründung für den Entscheidungsvorschlag damit zu verbinden. Dabei ist darauf zu achten, dass die Gewichtung der monetären Bewertung in einem angemessenen Verhältnis zu der Gewichtung der qualitativen Bewertung steht. Sofern das Ergebnis nach Nutzwerten konträr zum Ergebnis bei der monetären Bewertung ausfällt, ist ein darauf beruhender Entscheidungsvorschlag vertieft zu begründen. Eine Verrechnung der monetären Werte mit den Ergebnissen der Nutzwertanalyse der einzelnen Alternativen ist nicht zulässig." (Der Präsident des Bundesrechnungshofs 2013, S. 129).

Damit stehen die aktuellen Arbeitsanleitungen im Widerspruch zu der in älterer Literatur vorgeschlagenen Methode, das **Verhältnis** von Nutzen zu Kosten zu bilden und die Alternative mit dem größten Wert dieses Verhältnisses zu wählen. – Diese Methode wird manchmal auch als **Kosten-Wirksamkeits-Analyse** (KWA) oder **Kosten-Nutzen-Analyse** (KNA) bezeichnet.

Die geeignete Methode ist **situativ** zu wählen; dabei können die Ergebnisse einer Wirtschaftlichkeitsuntersuchung immer nur eine **Handlungsempfehlung** sein!.

3.3   Kapitalwertmethode

Die in Abschn. 3.1 vorgestellte Kostenvergleichsrechnung ist eine einfache Methode, da sie grundsätzlich mit Durchschnittswerten arbeitet („statische Methode"). In der Praxis kann es aber sehr wohl einen Unterschied machen, ob größere Auszahlungen sofort oder erst nach einigen Jahren fällig werden. Deshalb ist, wenn **Zahlungszeitpunkte** bzw. die „**zeitliche Struktur**" von Zahlungen berücksichtigt werden sollen, die Kostenvergleichsrechnung **nicht** geeignet. Stattdessen ist die Kapitalwertmethode zu verwenden; das ist eine „dynamische" Methode, die explizit nur konkrete Zahlungen und Zahlungszeitpunkte und keine Durchschnittswerte berücksichtigt.

3.3.1   Begrifflichkeiten und Grundlagen

Die Kapitalwertmethode ist eine **dynamische Investitionsrechnung,** bei welcher der Kapitalwert von Investitionsobjekten zum Beginn der Nutzungsdauer als Kriterium der Vorteilhaftigkeit herangezogen wird (Bestmann 2009, S. 445 ff.; Olfert und Rahn 2013, S. 353 ff.; Schierenbeck und Wöhle 2016, S. 410 ff.; Wöhe et al. 2016, S. 487 ff.). Die Kapitalwertmethode berücksichtigt, dass die Einzahlungen und Auszahlungen, die durch ein bestimmtes Investitionsobjekt hervorgerufen werden, **im Zeitablauf** nach Größe und zeitlichem Anfall **unterschiedlich** sein können.

Um die einzelnen Beträge, die irgendwann während der Nutzungsdauer anfallen, vergleichbar machen zu können, muss der **Zeitfaktor** in der Rechnung berücksichtigt werden. Dem folgend ist:

• Eine Einzahlung umso weniger wert, je weiter sie in der Zukunft liegt und entsprechend
• eine Auszahlung umso belastender, je näher der Zahlungszeitpunkt liegt.

Eine **Vergleichbarkeit** wird dadurch erreicht, dass alle zukünftigen Einzahlungen und Auszahlungen auf den Zeitpunkt unmittelbar vor Beginn der Investition

abgezinst werden[1]. Die auf einen Zeitpunkt abgezinste Einzahlung bzw. Auszahlung bezeichnet man als **Barwert** oder **Gegenwartswert.** Der Kapitalwert einer Investition ergibt sich als Differenz zwischen der Summe der Barwerte aller Einzahlungen und der Summe der Barwerte aller Auszahlungen, die mit dieser Investition zusammenhängen. – Alternativ kann der Kapitalwert auch als **Summe der Barwerte** aller Zahlungsdifferenzen bestimmt werden.

Für die Abzinsung wird ein Zinssatz[2] gewählt, der die gewünschte **Mindestverzinsung** (Kalkulationszinssatz oder ... -zinsfuß) einer Geldanlage angibt. Dabei wird unterstellt, dass sich die Einzahlungen wieder zum Kalkulationszinssatz verzinsen (Wiederanlageprämisse).

Folgende **Fälle** sind möglich:

- Ist der **Kapitalwert gleich null,** so wird gerade noch diese Mindestverzinsung erzielt, d. h., die Einzahlungsüberschüsse reichen aus, die Auszahlungen zu tilgen und das investierte Kapital zum Kalkulationszinssatz zu verzinsen. Man nennt diesen Zinssatz „interner Zins".
- Ist der **Kapitalwert positiv,** so gibt er die Einzahlungsüberschüsse des Investitionsobjektes an, die neben den Anschaffungsauszahlungen zur Verfügung stehen und verzinst werden können.
- Ist der **Kapitalwert negativ,** so bezeichnet er den Teil der Anschaffungsausgaben, die aus den Einzahlungsüberschüssen weder getilgt noch verzinst werden können.

Damit gilt für die **Vorteilhaftigkeit** von Investitionsobjekten:

- Eine einzelne Investition ist vorteilhaft, wenn ihr **Kapitalwert** gleich null oder **positiv** ist.
- Eine Investition mit einem Kapitalwert von **null** kann also **gerade noch** als vorteilhaft bezeichnet werden, da sie mit einer Geldanlage zum gewählten Kalkulationszinssatz gleichwertig ist. Der Investor erhält in diesem Fall sein eingesetztes Kapital zurück und eine Verzinsung der ausstehenden Beträge in Höhe des Kalkulationszinssatzes.

---

[1]Alternativ ist auch eine Aufzinsung zum Ende der Nutzungsdauer möglich; diese Variante ist allerdings in der Praxis sehr selten.
[2]Für die Bundesverwaltung wird der Zinssatz durch den Bundesminister für Finanzen festgelegt und mit den Personalkostensätzen veröffentlicht (Bundesministerium für Finanzen 2017b, S. 2).

- Bei **mehreren** alternativen Investitionsobjekten ist dasjenige am vorteilhaftesten, das den **größten positiven** (oder den betragsmäßig kleinsten negativen) Kapitalwert aufweist.

3.3.2 Symbole und Berechnungsformel

Die Berechnungsformel lautet:

$$C_0 = \sum_{t=0}^{n} (E_t - A_t)(1+i)^{-t}$$

Dabei bedeuten

C_o Kapitalwert
E_t Einzahlungen bzw. Einsparungen am Ende der Periode t
A_t Auszahlungen am Ende der Periode t
i Kalkulationszinssatz
t Periode ($t = 0$, 1, 2, 3, …, n)
n Nutzungsdauer des Investitionsobjektes

Schreibweisen für i
Der Zinssatz i (von engl. „Interest") wird in Hundertstel gemessen: So entspricht „5 Prozent" der mathematischen Schreibweise: 5 % oder 0,05 oder 5/100.

3.3.3 Zeitbezug, Valuta

Eine Zahlung wird immer auf das Ende einer Periode gesetzt (Ultimo). Banktechnisch nennt man dies auch die Wertstellung.

3.3.4 Herleitung des Abzinsungsfaktors $(1+i)^{-t}$

Welchen Endwert K_n erreicht ein Geldbetrag K_0, der für n Jahre angelegt wird, wobei die Zinsen jeweils am Jahresende dem Kapital zugeschlagen werden (Rechnung mit Zinseszinsen)?

▶   Die folgenden Herleitungen sind im Grundstudium bzw. in den grundlegenden Studienabschnitten an der Hochschule des Bundes für öffentliche Verwaltung nach dem aktuellen Curriculum (Stand: Januar 2018) nicht prüfungsrelevant.

Die Entwicklung des Endwertes ist schematisch in Abb. 3.4 wiedergegeben.

Die Entwicklung des Kontostandes über drei Jahre ist in der folgenden Tab. 3.12 dargestellt. Daraus lässt sich eine Gleichung entwickeln.

Die Tabelle zeigt, dass der Endbetrag am Ende eines beliebigen Jahres **n** angegeben werden kann durch:

$$K_n = K_0(1+i)^n$$

Diese Gleichung nennt man die **Aufzinsungsgleichung**. Der Faktor $(1+i)^n$ heißt **Aufzinsungsfaktor**.

Für die Kapitalwertmethode wird die bereits dargestellte Rechnung nun „umgekehrt"; die Frage lautet jetzt:

Fragen

Welchen Gegenwartswert (Barwert) K_0 hat ein nach n Jahren fälliger Betrag K_n bei einem Zinssatz i? Das heißt, wie viel muss ich heute anlegen, um nach n Jahren (inkl. Zinseszinsen) auf einen gewünschten Betrag von K_n zu kommen?

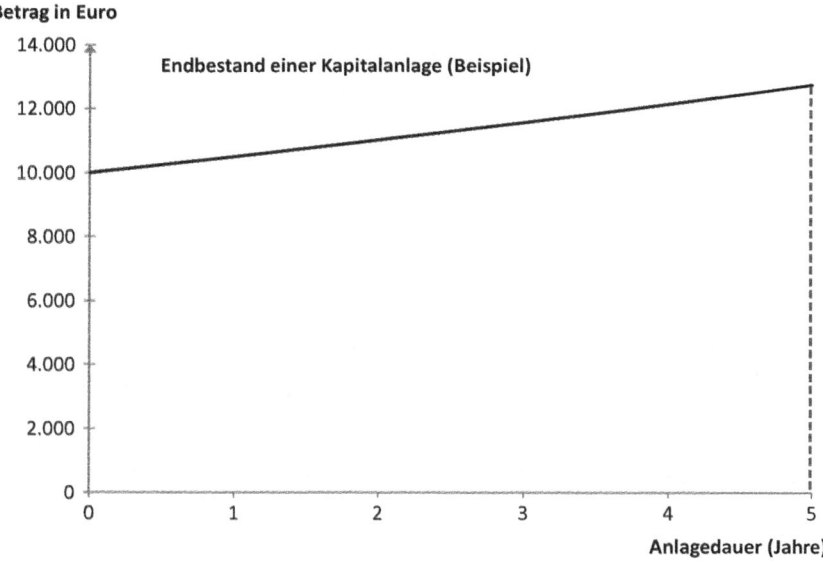

Abb. 3.4 Entwicklung des Endwertes

Tab. 3.12 Entwicklung des Kontostandes (Endwerts)

Jahr	Betrag am Jahresbeginn	Zinsen	Betrag am Jahresende
1	K_o	$K_o * i$	$K_1 = K_o + K_o * i$ $K_1 = K_o (1+i)$
2	K_1	$K_1 * i$	$K_2 = K_1 + K_1 * i$ $K_2 = K_1 (1+i)$ $K_2 = K_o (1+i)(1+i)$ $K_2 = K_o (1+i)^2$
3	K_2	$K_2 * i$	$K_3 = K_2 + K_2 * i$ $K_3 = K_2 (1+i)$ $K_3 = K_o (1+i)^2 (1+i)$ $K_3 = K_o (1+i)^3$
...	...	...	...
n	K_{n-1}	$K_{n-1} * i$	$K_n = K_{n-1} + K_{n-1} * i$ $K_n = K_{n-1} (1+i)$ $K_n = K_o (1+i)^{n-1} (1+i)$ $K_n = K_o (1+i)^n$

Die Gleichung.

$$K_n = K_0 (1+i)^n$$

ist nach dem gesuchten Wert K_0 (Gegenwartswert oder Barwert) aufzulösen. Man erhält:

$$K_0 = \frac{K_n}{(1+i)^n}$$

oder.

$$K_0 = K_n (1+i)^{-n}$$

Diese Formel heißt Abzinsungsformel. Der Faktor $(1+i)^{-n}$ ist der Abzinsungsfaktor (AZF); dieser wird im Allgemeinen in tabellierter Form vorgegeben.

3.3.5 Vorgehensweise zur Berechnung

Für jedes Nutzungsjahr werden – in tabellarischer Form – die in den einzelnen Perioden anfallenden Einzahlungen und Auszahlungen ermittelt und aufgelistet. Sodann werden zeilenweise die Differenzen ermittelt und danach die Barwerte

(Gegenwartswerte) der jeweiligen Einzahlungs- bzw. Auszahlungsüberschüsse (= Rückflüsse) berechnet. Summiert man dann die Barwerte der Rückflüsse auf, so ergibt sich der Kapitalwert, dessen Wert entscheidend von der Höhe des Kalkulationszinssatzes abhängt. Dieser kann entweder als vorgegebene bzw. angestrebte Mindestverzinsung oder als durchschnittlicher Kapitalmarktzins aufgefasst werden. – Für die Bundesverwaltung wird der jeweils aktuelle Kalkulationszinssatz jährlich vom Bundesministerium für Finanzen neu festgelegt (Bundesministerium für Finanzen 2017b, S. 2).

3.3.6 Rechenbeispiel zur Kapitalwertmethode

Für ein **Mietshaus,** das nach fünf Jahren verkauft werden soll, sind folgende Daten gegeben (in Euro, die Zahlungen fallen jeweils am Jahresende an) (Schierenbeck und Wöhle 2011, S. 110 f.).

- Anschaffungsausgabe (zum Zeitpunkt 0): 650.000 €
- Mieteinnahme/Betriebsausgaben pro Jahr: (lt. Tabelle)
- Geschätzter Verkaufserlös nach 5 Jahren: 850.000 €.

Der Kalkulationszinssatz wurde angesichts der aktuellen Situation am Kapitalmarkt (Stand Jan. 2018) von ursprünglich 8 % auf 2,5 % abgesenkt.

Die Tab. 3.13 fasst die Rechnungen übersichtlich zusammen; dabei wurden zur Vereinfachung die Abzinsungsfaktoren (AZF) auf vier Dezimale gerundet; die Barwerte wurden auf ganze Zahlen gerundet. Die Einzahlungen im 5. Jahr bestehen aus Mieteinnahmen und dem Verkaufserlös.

▶ Alternativ ist auch die Angabe der Barwerte mit zwei Dezimalstellen üblich.

Ergebnis: Der (gerundete) Kapitalwert C_0 ist positiv und beträgt 236.379 €. – Die Investition in das Mietshaus ist also vorteilhaft; die Wirkung ist vergleichbar einem Geschenk oder Lottogewinn in Höhe von 236.379 € in der Gegenwart. – Hinweis: Bei Rechnung mit voller Genauigkeit erhält man ein geringfügig abweichendes Ergebnis von 236.237,40 €; auch hier ist die Investition klar vorteilhaft.

Tab. 3.13 Rechenbeispiel zur Kapitalwertmethode

Jahr t	Einzahlungen E_t (€)	Auszahlungen A_t (€)	Rückflüsse $(E_t - A_t)$ (€)	Abzinsungs- faktor (AZF) $(1+i)^{-t}$	Barwert der Rückflüsse $(E_t-A_t)*AZF$ (€)
0	0	650.000	−650.000	1,0000	−650.000
1	30.000	6000	24.000	0,9756	23.414
2	32.000	6000	26.000	0,9518	24.747
3	36.000	6000	30.000	0,9286	27.858
4	38.000	6000	32.000	0,9060	28.992
5	890.000	6000	884.000	0,8839	781.368
C_0	–	–	–	–	236.379

3.3.7 Zusammenfassung

Das Kapitalwertkriterium ist eine Entscheidungsregel zur Trennung von vorteil-haften und unvorteilhaften Investitionen. Sie besagt: **Vorteilhaft**, monetär wirt-schaftlich oder lohnend ist die Investition, deren **Kapitalwert größer gleich null** ist ($C_0 \geq 0$). Dabei ist der Kapitalwert eines Investitionsobjektes die Summe der Barwerte aller durch dieses Objekt verursachten Zahlungsdifferenzen, d. h. der Differenzen zwischen Einzahlungen bzw. Einsparungen und Auszahlungen der verschiedenen Perioden. – Die Anschaffungsausgabe wird dabei immer der Peri-ode 0 (null) zugerechnet; die wirtschaftliche Nutzung beginnt in Periode 1.

Die Größe des Kapitalwertes und damit die Vorteilhaftigkeit hängt ab von Ein-zahlungen bzw. Auszahlungen, Zeit und Zins (Zahlungen, Zeit, Zins). Dadurch, dass alle Geldbeträge auf den Investitionsbeginn abgezinst werden, wird erreicht, dass Beträge, die erst in der Zukunft fällig werden, heute niedriger bewertet wer-den. Der Wertunterschied zwischen gegenwärtigen und zukünftigen Zahlungen kommt im Zinssatz zum Ausdruck. Der Zinssatz ist mithin ein Maß für die Zeit-präferenzen.

Gegenüber der statischen Investitionsrechnung weist die Kapitalwertmethode **(dynamisch)** erhebliche Vorteile auf, die insbesondere in der Möglichkeit liegen, Zahlungsreihen **zeitlich** und **betragsmäßig differenziert** erfassen zu können.

Probleme bei der Kapitalwertmethode sind:

- Die **Zurechenbarkeit** der Zahlungsreihen, die vielfach nicht ohne Weiteres möglich ist, wenn das Investitionsobjekt nicht im Rahmen eines isolierten Ein-satzes genutzt wird.

- Die **Ungewissheit** der Zahlungsreihen, die nach ihrer Höhe und ihrem zeitlichen Anfall prognostiziert werden müssen, was aber in der Praxis Schwierigkeiten bereiten kann.
- Annahme eines **vollständigen Kapitalmarkts,** d. h., Soll- und Habenzinsen sind identisch: Beliebige Beträge können zu demselben Zinssatz angelegt oder ausgeliehen werden.

Als Zinssatz ist der regelmäßig vom Bundesministerium der Finanzen (BMF) per Rundschreiben bekannt gegebene Zinssatz zu verwenden (Bundesministerium für Finanzen 2017b, S. 2). Dieser wird als Durchschnittswert aus der Zinsstrukturkurve der Deutschen Bundesbank bestimmt und jährlich veröffentlicht.

Literatur

Bestmann U (2009) Kompendium der Betriebswirtschaftslehre, 11. Aufl. Oldenbourg, München

Bundesministerium für Finanzen (2017a). Arbeitsanleitung Einführung in Wirtschaftlichkeitsuntersuchungen, RdSchr. des BMF v. 12. Januar 2011, geänd. durch Rundschreiben v. 2.10.2017 (GMBl 2017 Nr. 45, S 834). http://www.verwaltungsvorschriften-im-internet. de/bsvwvbund_20122013_IIA3H1012100810004.htm. Zugegriffen: 22. Jan. 2018

Bundesministerium für Finanzen (2017b) 1. Personalkosten, Sachkosten und Kalkulationszinssätze in der Bundesverwaltung für Kostenberechnungen und Wirtschaftlichkeitsuntersuchungen 2016, RdSchr. des BMF v. 21. August 2017. http://www.bundesfinanzministerium.de/Content/DE/Standardartikel/Themen/Oeffentliche_Finanzen/Bundeshaushalt/personalkostensaetze.html. Zugegriffen: 12. Jan. 2018

Der Beauftragte der Bundesregierung für Informationstechnik (o. J.) Wirtschaftlichkeitsbetrachtungen: Software WiBe Kalkulator. https://www.cio.bund.de/Web/DE/Architekturen-und-Standards/Wirtschaftlichkeitsbetrachtungen/Software/software_node.html. Zugegriffen: 30. Jan. 2018

Der Präsident des Bundesrechnungshofs (2013) Anforderungen an Wirtschaftlichkeitsuntersuchungen finanzwirtschaftlicher Maßnahmen nach § 7 Bundeshaushaltsordnung, Kohlhammer, Stuttgart. https://www.bundesrechnungshof.de/de/veroeffentlichungen/gutachten-berichte-bwv/gutachten-bwv-schriftenreihe/langfassungen/2013-bwv-band-18-anforderungen-an-wirtschaftlichkeitsuntersuchungen-finanzwirksamer-massnahmen-nach-ss-7-bundeshaushaltsordnung/view?-searchterm=band+18. Zugegriffen: 05. März 2018

Leipelt D (2013) Betriebswirtschaftliche Grundlagen. FH Bund, Grundstudium, Manuskript, Brühl

Mundhenke E (1995) Public Management (Betriebswirtschaftslehre des öffentlichen Sektors), 25. Aufl. Selbstverlag, Lernbuch

Olfert Kl, Rahn H-J (2013) Einführung in die Betriebswirtschaftslehre, Kompendium, 11. Aufl. Kiehl, Herne

Reichard C (1987) Betriebswirtschaftslehre der öffentlichen Verwaltung, 2. Aufl. de Gruyter, Berlin

Reinermann H (1974) Wirtschaftlichkeitsanalysen. In: Becker U, Thieme W (Hrsg) Hand-
buch der Verwaltung. Carl Heymanns, Köln, S 4–6
Schierenbeck H, Wöhle CB (2011) Übungsbuch Grundzüge der Betriebswirtschaftslehre,
10. Aufl. Oldenbourg, München
Schierenbeck H, Wöhle CB (2016) Grundzüge der Betriebswirtschaftslehre, 19. Aufl.
de Gruyter/Oldenbourg, Boston
Schmidt H-J (2009) Betriebswirtschaftslehre und Verwaltungsmanagement, 7. Aufl. Müller,
Heidelberg
Wöhe G, Döring U, Brösel G (2016) Einführung in die allgemeine Betriebswirtschafts-
lehre, 26. Aufl. Vahlen, München

Weiterführende Literatur

Bundesministerium für Finanzen (2017c) Allgemeine Verwaltungsvorschriften zur Bundeshaushaltsordnung (VV-BHO) H 05 01–2 vom 14. März 2001 (GMBl 2001 Nr. 16/17/18,
S 307) in der Fassung des BMF-Rundschreibens vom 2. Oktober 2017 – II A 3 – H
1012-6/16/10003 :003, DOK 2017/0808636 (GMBl 2017 Nr. 45, S 834). http://www.ver-
waltungsvorschriften-im-internet.de/bsvwvbund_10022016_DokNr20110981762.htm.
Zugegriffen: 22. Jan. 2018

Grundlagen der Organisationslehre

4

Zusammenfassung

Neben der effizienten Bearbeitung einzelwirtschaftlicher Aufgaben, beispielsweise der Auswahl von Handlungsalternativen, ist vor allem die Gestaltung der Organisation ein wichtiger Erfolgsfaktor für wirtschaftliches Behördenhandeln. Dabei ist Organisation sehr umfassend und vielschichtig: Eine wichtige Organisationsaufgabe im Rahmen der Aufbauorganisation ist die Arbeitsteilung, d. h. das Verteilen der Aufgaben einer Behörde auf verschiedene menschliche Bearbeiter. Die wichtigsten Spezialisierungsformen sowie – als Alternative – die Mengenteilung werden anhand von Beispielen vorgestellt. – Gegenpol zur Aufbauorganisation ist die Ablauforganisation, deren Ziel die Optimierung sämtlicher Arbeitsabläufe bzw. Arbeitsprozesse ist.

Die bisher vorgestellten Methoden beziehen sich auf einzelwirtschaftliche Maßnahmen, also beispielsweise die Beschaffung von Fahrzeugen oder Bürotechnik für Behörden. Eine effizient durchgeführte Maßnahme bedeutet aber noch lange nicht, dass die gesamte Behörde wirtschaftlich arbeitet. Um dies sicherzustellen, muss die Organisation einer Behörde gut funktionieren. Diese umfasst den Aufbau (die Struktur) inkl. der dadurch definierten Hierarchiebeziehungen sowie sämtliche Arbeitsabläufe in einer Behörde.

© Springer Fachmedien Wiesbaden GmbH, ein Teil von Springer Nature 2018
A. Lamers, *Public Management,*
https://doi.org/10.1007/978-3-658-21807-2_4

4.1   Einführung

Auch in diesem Kapitel sind zunächst grundlegende Begriffe zu klären. Insbesondere soll ein Überblick über verschiedene Bedeutungen des Begriffs „Organisation" gegeben und die für das Grundstudium bzw. für die grundlegenden Module wichtigen Teilgebiete der Aufbau- und Ablauforganisation dargestellt werden.

4.1.1   Grundlegende Begriffe

Der Begriff „**Organisation**" ist vielschichtig und besitzt verschiedene Bedeutungen (Kieser und Walgenbach 2010, S. 1 ff.; Mangler 2000, S. 15 ff.; Mundhenke 1995, S. O 5 ff.; Schreyögg und Geiger 2016, S. 5 ff., 11 ff.; Schulte-Zurhausen 2014, S. 1 ff.; Vahs 2012, S. 10 ff.; Weber et al. 2014, S. 108 ff.).

- Organisation kann eine **Tätigkeit** bezeichnen, nämlich die Gestaltung von Strukturen (Art der Arbeitsteilung, Über-/Unterordnungsbeziehungen) oder von Arbeitsabläufen in Betrieben.
- Organisation kann das **Ergebnis** gestaltenden Handelns bezeichnen, nämlich Kompetenzregeln und Arbeitsabläufe in einem Betrieb.
- Organisation kann ein **soziales** (oder **soziotechnisches**) **System** bezeichnen, also eine Menge von Menschen (und Maschinen), die miteinander in Beziehung stehen; z. B. das Deutsche Rote Kreuz und die UN (United Nations).
- Organisation kann auch einen **Zustand** bezeichnen, nämlich Organisation als Gegensatz zum Chaos.

Organisationsziel ist die dauerhafte Strukturierung von Arbeitsprozessen (nach Kosiol) bzw. die Schaffung von Regelungen, d. h. Festlegung der Aufgabenverteilung, Regeln der Koordination, Verfahrensrichtlinien …, Kompetenzabgrenzungen, Weisungsrechte usw. Damit sollen ein effizienter Aufgabenvollzug sichergestellt, Konflikte in geordnete Bahnen gelenkt, Pfade für neue Ideen geschaffen und ein einheitlicher Auftritt nach „außen" gesichert werden.

Gemeinsames Merkmal aller dieser Bedeutungen ist, dass „Organisation" **auf Dauer ausgelegt** ist, also ein dauerhaftes System von Regelungen umfasst.

Damit unterscheidet sich Organisation von der Improvisation oder der Disposition (vgl. z. B. Träger 2018, S. 8 ff.).

Wichtige Begriffe

Organisation	generelle Regelungen, dauerhaft wirksam; z. B. Arbeitsteilung in einem Betrieb, Fahrplan der DB (Deutsche Bahn AG)
Improvisation	provisorische Ad-hoc-Regelung, nur kurzfristig wirksam; z. B. Umleitung eines Zuges bei einer Betriebsstörung
Disposition	fallweise Regelungen (Einzelmaßnahmen), einmalig wirksam; z. B. Verteilung von Frachtgut auf Lkw; Einsatz eines Sonderzuges

Organisation ist wichtig vor allem bei wiederholbaren Vorgängen. Ein **hoher Organisationsgrad,** d. h. ein hoher Anteil genereller Regelungen, fördert die **Stabilität** der Betriebsabläufe (Olfert 2015, S. 40 ff.; Vahs 2012, S. 17 ff.; Weber et al. 2014, S. 112 ff.).

Dagegen fördert ein hoher Anteil fallweiser Regelungen, also ein **niedriger** Organisationsgrad, die **Flexibilität,** mit der ein Betrieb auf die Anforderungen von außen reagieren kann.

Der „**optimale Organisationsgrad**", der auch als „**organisatorisches Gleichgewicht**" bezeichnet wird, ist immer ein Kompromiss zwischen zwei möglichen Extremen. Diese Extreme und ihre Wirkungen sind in der Abb. 4.1 dargestellt.

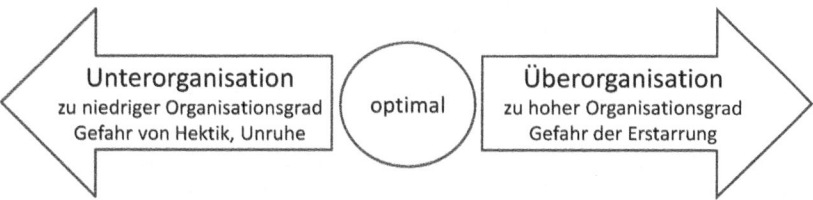

Abb. 4.1 Optimaler Organisationsgrad (organisatorisches Gleichgewicht)

4.1.2 Teilgebiete der Aufbau- und der Ablauforganisation

In der traditionellen Organisationsliteratur findet man oft eine Trennung in zwei große Gebiete, nämlich in die **Aufbau-** und die **Ablauforganisation**. Ausgewählte Gegenstände dieser Gebiete sind in Tab. 4.1 wiedergegeben.

Themenschwerpunkte und Teilgebiete der Aufbauorganisation

* **Arbeitsteilung, Aufgabenanalyse:** Wie ist die Gesamtaufgabe eines Betriebes in Teilaufgaben zu zerlegen?
* **Stellenbildung, Stellenarten:** Wie können Teilaufgaben in einer Stelle (in einem Dienstposten) zusammengefasst werden, und welche Aufgabentypen sind zu unterscheiden?
* **Personalbedarfsrechnung, Personalbedarfsermittlung** (PBE): Wie viele Mitarbeiter sind zur Sachbearbeitung notwendig?
* **Leitungsspanne:** Wie groß sollten Organisationseinheiten sein?
* **Leitungssysteme,** z. B. Stabliniensystem: Welche Über- bzw. Unterordnungsverhältnisse bestehen zwischen Organisationseinheiten einer Behörde?
* **Querschnittseinheiten** (Haushalt, Organisation, Personal, Innerer Dienst): Welche Organisationseinheiten sind neben Fachabteilungen für Aufgaben der „zentralen (inneren) Verwaltung" notwendig, und wie werden sie in das Leitungssystem eingebunden?
* **Dokumente** der Aufbauorganisation, z. B. Organigramm: Wie kann der Aufbau einer Behörde dokumentiert werden?

Themenschwerpunkte der Ablauforganisation und Führung

* **Vorgehensmodelle (Entscheidungsverfahren, Phasen des Entscheidungsprozesses),** z. B. Zielfindung, Ist-Analyse, Planung, Realisation, Kontrolle:

Tab. 4.1 Teilgebiete und Themenschwerpunkte der Organisation

Aufbauorganisation	Ablauforganisation und Führung
Verteilen der Aufgaben eines öffentlichen Betriebes auf die Mitarbeiter („Wer tut was?") Festlegung von Zuständigkeiten („Wer ist zuständig?")	Regeln und Festlegungen für Arbeitsabläufe („Wann, wo und wie geschieht etwas?") Grundsätze der Führung („Wer führt wie?")

Welche grundsätzliche Vorgehensweise der Problemlösung ist geeignet bzw. wie erfolgen Aufbau oder Umstrukturierung von Organisationseinheiten?

- **Organisationstechniken (Managementtechniken):** z. B. Ideenfindungs-, Erhebungstechniken, Darstellungstechniken: Welche Hilfsmittel stehen dem Organisator zur Verfügung?
- **Führungsaufgaben, Führungsmittel, Führungsstile*):** Welche Aufgaben haben Vorgesetzte, und wie sollen sie führen?
- **Delegation*):** Welche Aufgaben können an Untergebene übertragen werden?
- **Dienstweg, Geschäftsgang*):** Wie sieht der typische Weg eines Vorganges durch die Behörde aus?

▷ Die mit *) gekennzeichneten Themen sind aktuell **kein** Klausurschwerpunkt im Grundstudium bzw. in den grundlegenden Studienabschnitten an der Hochschule des Bundes für öffentliche Verwaltung im Studiengebiet „Public Management" bzw. „Betriebswirtschaftslehre".

Die Aufbau- und Ablauforganisation sind nicht unabhängig voneinander, sondern bedingen sich gegenseitig; es bestehen vielfältige **Interdependenzen.** So hängt eine Regelung der Arbeitsabläufe von der Arbeitsteilung ab, und umgekehrt werden unwirtschaftliche Abläufe ggf. durch eine andere Arbeitsteilung vermieden. Dieser Zusammenhang wird in Abb. 4.2 veranschaulicht.

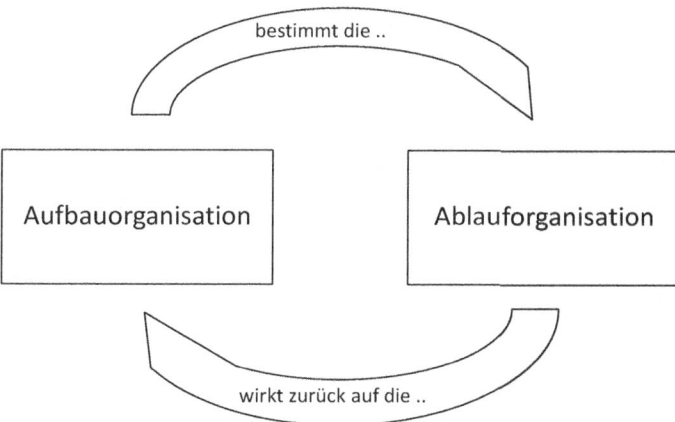

Abb. 4.2 Wechselwirkungen zwischen Aufbau- und Ablauforganisation

---

Beispiel

Vor ca. 30 Jahren durften Sachbearbeiter/-innen dienstliche Schreiben nicht selbst anfertigen, sondern mussten Schreibaufträge an den Schreibdienst (Schreibbüro) weiterleiten, beispielsweise über ein Diktat (z. B. auf Bandkassette) oder über ein Formular „Schreibauftrag". Schreibauftrag und später das fertige Schreiben wurden über den Botendienst transportiert. Das fertige Schreiben musste Korrektur gelesen werden; im Fehlerfall wurde evtl. ein neuer Auftrag auf bekanntem Wege gestartet. Gründe für diese Form der Arbeitsteilung waren das infolge ständiger Übung sehr hohe Schreibtempo der spezialisierten Kräfte und die gute Auslastung der teuren Schreibtechnik; nachteilig war vor allem der infolge von Transport- und Liegezeiten hohe Zeitbedarf. – Heute sind diese Schreibdienste fast völlig verschwunden, denn die Sachbearbeiter/-innen können dank leistungsfähiger und kostengünstiger Arbeitsplatzrechner und behördeneigener Dokumentvorlagen alle notwendigen Schreiben innerhalb weniger Minuten selbst erstellen und über zentrale Drucker zu Papier bringen (falls notwendig).

Moderne Technik führt zu geänderten Abläufen, und die dadurch „eingesparten" Schreibkräfte und Boten werden – nach entsprechender Weiterqualifikation – in anderen Aufgabengebieten eingesetzt. Somit sind sowohl Aufbau- als auch Ablauforganisation tangiert.

Aus didaktischen Gründen werden diese Gebiete nacheinander behandelt, und zwar zunächst beginnend mit der Aufbauorganisation. – Anschließend folgen die Darstellung der Ablauforganisation sowie neuere Entwicklungen der Organisation, beispielsweise die Prozessorganisation (engl. BPM: Business Process Management), die eine an Geschäftsprozessen orientierte, eher ganzheitliche Sicht der Abläufe eines Betriebes fördert.

Fragen der **„IT-gestützten Ablauforganisation (Informationstechnik)"** sind in ein eigenständiges Manuskript ausgelagert (Lamers und Leipelt 2012).

4.2   Grundlagen der Aufbauorganisation

Ein wichtiger Gegenstand der Aufbauorganisation ist die **Arbeitsteilung**, d. h. das Verteilen der Aufgaben einer Behörde auf verschiedene Bearbeiter und die **Gestaltung der Struktur** durch Bildung von Dienstposten (Stellen) und von Organisationseinheiten. Auch die Frage, wie viele Ausführungsstellen für eine bestimmte Aufgabe benötigt werden und wie **Leitungsbeziehungen** bzw.

Leitungssysteme festgelegt werden, ist Gegenstand der Aufbauorganisation (Träger 2018, S. 21 ff.).

4.2.1 Aufgabe und Aufgabenanalyse als Ausgangspunkt der Aufbauorganisation

Lernziel dieses Abschnittes ist, die verschiedenen **Arten der Arbeitsteilung,** insbesondere der Mengenteilung und ausgewählter Formen der Artenteilung (Spezialisierung) kennenzulernen und ihre Vorteile bzw. Nachteile zu diskutieren.

Zunächst sind jedoch einige **Grundbegriffe** zu klären:

Grundbegriffe der Aufbauorganisation

Aufgabe bezeichnet eine dauerhafte Handlungsanweisung. Aufgaben werden aus dem Ziel des Betriebes abgeleitet und sind zukunftsorientiert.

Auftrag bezeichnet eine einmalige, nur kurzfristig wirksame Handlungsanweisung. Der Auftrag ist ebenfalls zukunftsorientiert.

Arbeit bezeichnet eine Tätigkeit, nämlich die konkrete Umsetzung einer Aufgabe oder eines Auftrages; Arbeit ist damit gegenwartsorientiert.

Arbeitsteilung ist notwendig, weil die Aufgaben eines öffentlichen Betriebes im Allgemeinen zu umfangreich und/oder zu komplex für einen einzelnen Bearbeiter sind, eine einzelne Person wäre überfordert. Dabei unterscheidet man oft (vgl. auch Abschn. 4.2.3):

- **Vertikale Arbeitsteilung:** Aufteilung nach unterschiedlichen Tätigkeiten, dies bedeutet im Allgemeinen eine Spezialisierung. Eine wichtige Form ist die Rangspezialisierung, die eine Aufteilung zwischen **leitenden** und **nachgeordneten** Tätigkeiten vornimmt; diese legt die Hierarchie (Struktur) eines Betriebes fest.
- **Horizontale Arbeitsteilung:** Aufteilung gleichartiger Tätigkeiten auf verschiedene Aufgabenträger, beispielsweise in Form einer **Mengenteilung.** Manchmal wird auch eine beliebige Aufteilung innerhalb einer Ebene horizontale Arbeitsteilung genannt.

Zwei Fallbeispiele sind im Folgenden dargestellt:

Fall 1: Rückforderung von Förderungsdarlehen nach BAföG

Das Bundesausbildungsförderungsgesetz (BAföG) stellt Fördermittel zur Finanzierung der Ausbildung von Schülern und Studenten bereit. Die Förderung erfolgt teilweise als Darlehen, das – nach Abschluss der Ausbildung – zurückgezahlt werden muss. Zur Verwaltung und Rückforderung von Darlehen müssen u. a. die folgenden Aufgaben erfüllt werden:

- Tilgungspläne errechnen und versenden,
- Zahlungsaufforderungen erstellen und versenden, Eingänge überwachen,
- über Anträge auf Teilerlass der Darlehensschuld entscheiden,
- über Anträge auf Freistellung sowie Widersprüche entscheiden,
- Adressen- oder Namensänderungen registrieren,
- usw.

Fall 2: Kfz-Werkstatt einer großen Einrichtung

Regelmäßig müssen Fahrzeuge verschiedener Fabrikate (z. B. Audi, BMW, Daimler-Benz, Ford) einem Sicherheitscheck unterzogen werden. Dazu gehört:

- Beleuchtung prüfen, ggf. reparieren,
- Bereifung (Luftdruck, Zustand) prüfen, ggf. korrigieren,
- Bremsen (Wirkung, Belagstärke, Bremsflüssigkeit) prüfen, ggf. Instand setzen,
- Kühlflüssigkeit (Menge, Frostschutz) prüfen, ggf. ergänzen,
- Motoröl (Menge, Qualität, Alter) prüfen, ggf. ergänzen oder wechseln,
- usw.

Beiden Fällen ist gemeinsam, dass die Aufgaben von einer einzelnen Person nicht fristgerecht bearbeitet werden können, sondern dass eine Organisationsstruktur geschaffen werden muss, in der eine Vielzahl von Personen mit der Erfüllung dieser Aufgaben beauftragt wird.

Wenn die Aufteilung **konkreter,** in der Gegenwart auszuführender **Tätigkeiten** gemeint ist, spricht man von **Arbeitsteilung.** Die Zerlegung einer Aufgabe in Teilaufgaben, die sogenannte **Aufgabenanalyse,** ist dagegen ein Planungs- und Analyseinstrument und auf die Zukunft ausgerichtet.

4.2.2 Gestaltung der Aufbauorganisation

Ausgehend von Zielen eines Betriebes kann in mehreren Schritten die Aufbau-organisation neu gestaltet bzw. umgestaltet werden. Gründe hierfür können sein:

- **Neugründung** einer Organisation, in der neu zugewiesene Aufgaben und/oder Aufgaben, die bisher von anderen Behörden wahrgenommen wurden, zusammengefasst werden. Beispiele hierfür sind die Gründung der **Bundesstelle für Informationstechnik** (BIT), die im Januar 2006 als ressort-übergreifend tätiger IT-Dienstleister mit Zugehörigkeit zum Ressort des Bundesministeriums des Innern im Bundesverwaltungsamt, Köln, gegründet wurde (Bundesstelle für Informationstechnik o. J.). Ein zweites Beispiel ist die Gründung des **Zentrums für Informationsverarbeitung und Informations-technik** (ZIVIT) der Bundesfinanzverwaltung, das zum 1. Januar 2006 aus dem Zentrum für Informations- und Datentechnik (ZID) und einem Teil des Bundesamtes für Finanzen hervorgegangen war (Zentrum für Informations-verarbeitung und Informationstechnik o. J.). – Dieselbe Organisations-aufgabe stellte sich erneut im Januar 2016, als beide genannten Behörden in das neu gegründete **Informatikzentrum Bund** (ITZ Bund) überführt wurden (Bundesministerium des Innern 2015; Bundesverwaltungsamt 2015; Informatikzentrum Bund o. J.).
- **Organisationsentwicklung,** d. h. Umgestaltung einer bestehenden Organisation, beispielsweise als Folge einer Organisationsuntersuchung. Gründe hierfür können offensichtliche Defizite in der Aufgabenerfüllung einer Behörde oder auch aktuelle Sparzwänge sein.

Die typischen **Schritte der Gestaltung der Aufbauorganisation** sollen an den zuvor vorgestellten Fällen erläutert werden (Olfert 2015, S. 116 ff.; Vahs 2012, S. 52 ff.).

1. Schritt: Ableitung der Aufgaben aus den Zielen eines Betriebes
Beispiele für Aufgaben, die aus dem vom Gesetzgeber vorgegebenen Ziel eines öffentlichen Betriebes abgeleitet werden, sind bereits erläutert worden. Als „Auf-hänger" für die Darstellung der verschiedenen Schritte zur Gestaltung der Auf-bauorganisation sollen die zuvor vorgestellten Fälle dienen.

**2. Schritt: Zerlegung der Aufgaben in Teilaufgaben („Aufgabenanalyse")
nach den Grundsätzen der Arbeitsteilung**

Die aus den Zielen abgeleiteten Aufgaben, z. B. „Zahlungsaufforderungen erstellen und versenden, Eingänge überwachen", sollen nach den Grundsätzen der Arbeitsteilung weiter aufgeteilt werden. Diese Grundsätze sollen im Abschn. 4.2.3 ausführlich vorgestellt werden. Je feiner dabei die Untergliederung der Teilaufgaben ist, desto mehr Möglichkeiten hat der Organisator zur Gestaltung der Aufbauorganisation.

3. Schritt: Reduzierung des Umfangs der Aufgaben („Aufgabenkritik")

Die gefundenen Teilaufgaben müssen gemäß § 7 BHO kritisch hinsichtlich ihrer Wirtschaftlichkeit überprüft und – soweit möglich – in ihrer Zahl oder in ihrem Umfang reduziert werden. Dabei kann man zwei verschiedene Fragestellungen unterscheiden:

- Soll die Aufgabe überhaupt **im Betrieb erfüllt** werden? (**„Zweckkritik"**): Unter Umständen kann die Aufgabe ganz entfallen oder außerhalb des Betriebes erfüllt werden. Eine Möglichkeit kann hier die **Auslagerung („Outsourcing")** von Aufgaben an Externe bzw. eine **„Privatisierung"** sein[1].
- Kann die Aufgabe **wirtschaftlicher erfüllt** werden? (**„Vollzugskritik"**): Diese Frage zielt auf mögliche **„Rationalisierungen"** ab, beispielsweise kann eventuell durch IT-gestützte Aufgabenerfüllung und/oder durch Prozessoptimierung der Kosten- und Zeitbedarf für eine Teilaufgabe gesenkt werden.

Häufig findet man im Bereich der Informations- und Kommunikationstechnik (IT bzw. IuK) die **Auslagerung** typischer IT-Leistungen (**IuK-Outsourcing**) wie z. B. **Benutzerbetreuung** oder **Wartung und Pflege**[2]. Bei größeren Projekten, z. B. bei Baumaßnahmen, kann auch eine **Öffentlich-Private-Partnerschaft** (ÖPP) bzw. **„public private partnership"** (PPP) wirtschaftlich sinnvoll sein. – Eine Vertiefung dieser Themen ist in diesem Rahmen nicht möglich; hier muss

---

[1]§ 7 (2) Satz 2 BHO fordert hierbei, dass die Behörde selbst aktiv wird und Angebote einholt: „In geeigneten Fällen ist privaten Anbietern die Möglichkeit zu geben darzulegen, ob und inwieweit sie staatliche Aufgaben oder öffentlichen Zwecken dienende wirtschaftliche Tätigkeiten nicht ebenso gut oder besser erbringen könnten (Interessenbekundungsverfahren)".

[2]Empfehlungen hierzu gibt der Bundesrechnungshof (o. J.).

auf entsprechende Veröffentlichungen verwiesen werden (Gemeinsame Arbeitsgruppe des Bundes und der Finanzministerkonferenz der Länder 2006).

4. Schritt: Zusammenfassung von Teilaufgaben und Zuordnung zu Stellen („Aufgabensynthese", „Stellenbildung")
Der nächste Schritt ist, Teilaufgaben, die nicht zu umfangreich sind und die sich möglichst gut ergänzen sollten, jeweils zu **Stellen (Dienstposten, Aufgabenbündeln** für eine fiktive Person) zusammenzufassen (Wöhe et al. 2016, S. 105 ff.).

Diese ersten Schritte bei der Gestaltung der Aufbauorganisation sind in der Abb. 4.3 veranschaulicht worden. – Die Grundsätze der Stellenbildung und die Stellenarten werden in Abschn. 4.2.4 vorgestellt.

5. Schritt: Bestimmung des Bedarfs an Ausführungsstellen („Personalbemessung", „Personalbedarfsermittlung")
Zur Personalbedarfsermittlung (PBE) sind grundsätzliche verschiedene Methoden von Bedeutung:

1. **Abschätzung** auf der Grundlage von Erfahrungswerten, z. B. aus benachbarten Arbeitsgebieten,
2. Personalbemessung mithilfe **konzeptioneller Schlüsselzahlen,** z. B. im Bildungs- oder Gesundheitswesen,
3. **Berechnung** des Personalbedarfs anhand von Fallzahlen und mittleren Bearbeitungszeiten (quantitative Personalbemessung, analytisches Verfahren).

Die verschiedenen Methoden werden im Abschn. 4.2.5 ausführlich vorgestellt.

Abb. 4.3 Ziele, Aufgaben und Teilaufgaben eines Betriebes

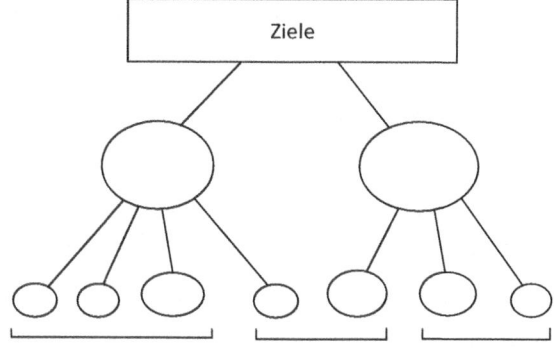

6. Schritt: Bestimmung der optimalen Leitungsspanne und der Zahl von notwendigen Leitungsstellen

Aufbauend auf verschiedenen Kriterien soll festgestellt werden, wie viele Mitarbeiter/-innen einem Vorgesetzten **unmittelbar unterstellt** werden können.

Die Zahl der direkt unterstellten Mitarbeiter wird auch als **Leitungsspanne** oder **Kontrollspanne** bezeichnet; diese Zahl ist stets **situationsabhängig** (situativ) nach genauer Prüfung des Einzelfalls festzulegen. Eine ausführliche Darstellung erfolgt im Abschn. 4.2.6.

7. Schritt: Festlegung der Führungsorganisation (des Leitungssystems, Liniensystems bzw. Strukturtyps)

Zu klären ist hier, welche **Über- bzw. Unterordnungsverhältnisse** zwischen Instanzen (Leitungsstellen) und Ausführungsstellen zu installieren sind.

In Abschn. 4.2.7 werden u. a. **Einlinien- und Mehrliniensysteme** vorgestellt und hinsichtlich ihrer Eignung für die öffentliche Verwaltung bewertet.

8. Schritt: Dokumentation der Aufbauorganisation (Struktur)

Der letzte Schritt befasst sich mit den **Möglichkeiten der Dokumentation;** diese werden in Abschn. 4.2.8 ausführlich behandelt.

▶ Die hier genannten acht Schritte sind sowohl bei einer **Neugründung** einer Behörde zu durchlaufen als auch im Rahmen einer **Organisationsentwicklung** (OE), aufbauend auf den Ergebnissen einer **Organisationsuntersuchung** (OU), bei der die Struktur einer bestehenden Behörde überprüft wird. – Die wichtigsten Schritte werden in den folgenden Abschnitten vertieft dargestellt.

4.2.3 Arten und Auswirkungen der Arbeitsteilung

Grundformen der Arbeitsteilung

Am Beispiel der zuvor vorgestellten Fälle sollen die **grundlegenden Formen** der Arbeitsteilung erläutert werden, nämlich die **Mengenteilung** und die **Artteilung** oder **Artenteilung** oder **Spezialisierung** (Mangler 2006, S. 34 ff.; Schmidt 2000, S. 84 ff.; Schreyögg 2016, S. 26 ff.; Schreyögg und Geiger 2016, S. 29 ff., 42 ff.).

Man unterscheidet also die in Tab. 4.2 dargestellten **zwei Grundformen** der Arbeitsteilung:

Mengenteilung bedeutet, dass jeder Bearbeiter für einen Teil der Vorgänge sämtliche Teilaufgaben ausführen kann. Im Fall der BAföG-Rückforderung

Tab. 4.2 Grundformen der Arbeitsteilung

Mengenteilung	Art(en)teilung (Spezialisierung)
Jeder Aufgabenträger kann alle Teilaufgaben erfüllen	Jeder Aufgabenträger ist auf eine Teilaufgabe spezialisiert

könnten beispielsweise die Vorgänge nach **Anfangsbuchstaben** oder **Geburtsjahr** des Darlehensnehmers oder auch nach Kontonummer auf die Bearbeiter/-innen aufgeteilt werden. Dabei muss jede Person sämtliche anfallenden Tätigkeiten selbstständig und eigenverantwortlich erledigen (**ganzheitliche Vorgangsbearbeitung**).

Formen der Artenteilung (Spezialisierung)
Eine **Art(en)teilung** oder **Spezialisierung** bedeutet immer eine **Auswahl** aus der Menge der möglichen Teilaufgaben.

• Die Auswahl kann beispielsweise so erfolgen, dass jeder Bearbeiter nur eine **einzige Teilaufgabe (Tätigkeit)**, dann allerdings für alle eingehenden Fälle, bearbeiten muss. Beispielsweise könnte der erste Bearbeiter für jeden neuen Vorgang eine (elektronische) Akte anlegen; der Zweite prüft für jeden Vorgang die Unterlagen auf Vollständigkeit, der Dritte erfasst wesentliche Angaben zum Vorgang in einer Datenbank oder EDV-Datei, usw. In diesem Fall spricht man auch von **Verrichtungsspezialisierung** oder von **Verrichtungszentralisation**. Bekanntestes Beispiel ist die sogenannte Fließfertigung („Fließbandarbeit") in der Industrie, die von Henry Ford erstmals in der Automobilproduktion eingesetzt wurde. – Zur Gesamtbearbeitung ist in einem Betrieb immer eine sogenannte **Vorgangskette** erforderlich.
• Eine andere Möglichkeit ist die Aufteilung nach dem **Gegenstand (Objekt)** der Bearbeitung. Im BAföG-Fall wäre beispielsweise eine Aufteilung nach **Studiengebiet** (Medizin, Naturwissenschaften, Geisteswissenschaften, Wirtschafts- und Rechtswissenschaften, Theologie) möglich. Eine solche Aufteilung kann bei der Beurteilung der Studiendauer und der Durchschnittsnoten hilfreich sein. – Im Kfz-Fall wäre eine Spezialisierung jeweils auf ein bestimmtes **Fabrikat** oder einen bestimmten **Fahrzeugtyp** möglich. In der Personalstelle einer beliebigen Behörde ist eine Aufteilung nach Art des Beschäftigungsverhältnisses in **Beamte** und **Tarifbeschäftigte** denkbar. – Diese Form der Artenteilung wird als **Objektspezialisierung** oder **Objektzentralisation** bezeichnet.

Neben den bisher genannten gibt es **drei andere** wichtige **Spezialisierungs-formen,** die im Folgenden kurz vorgestellt werden sollen. – Die wichtigsten Formen der Art(en)teilung (Spezialisierung) sind in Tab. 4.3 zusammenfassend dargestellt.

Die **Spezialisierung nach Rang (Rangspezialisierung, Rangzentralisation)** sieht eine Aufteilung der Teilaufgaben nach dem Rang des Bearbeiters in zwei Kategorien vor, nämlich in:

- **leitende** („dispositive") Tätigkeit bzw. **Management** („Vorgesetzte") sowie in
- **ausführende** Tätigkeit, z. B. bzw. **Sachbearbeitung** oder **Kontroll- und Streifendienst** bei der Polizei.

Diese Einteilung ist in praktisch **jedem** Betrieb gegeben.

Die **Spezialisierung nach Phase (Phasenspezialisierung, Phasen-zentralisation)** stellt darauf ab, zu welcher Entscheidungsphase die auszu-führende Tätigkeit gehört. Hierbei unterscheidet man meist zwischen mindestens drei Phasen:

- **Planende** Tätigkeiten (Planungsaufgaben), z. B. Grundsatzfragen
- **Ausführende** Tätigkeiten (Realisation, Operation), und
- **Kontrollaufgaben** (Analyse der Soll-Ist-Abweichungen), z. B. Innenrevision.

Diese Spezialisierung ist im Allgemeinen nur in sehr großen Betrieben, z. B. in Großbanken und großen Industrieunternehmen oder in Ministerien mit eigener „Grundsatzabteilung" nachvollziehbar.

Tab. 4.3 Wichtige Formen der Artenteilung (Spezialisierung)

Verrichtungs-spezialisierung (Verrichtungs-zentralisation)	Objekt-spezialisierung (Objekt-zentralisation)	Spezialisierung nach *Rang* (Rang-zentralisation)	Spezialisierung nach *Phase* (Phasen-zentralisation)	Spezialisierung nach *Zweck* (Zweck-zentralisation)
Jeder bearbeitet eine Tätigkeit bzw. ein Tätig-keitsbündel	Jeder bearbeitet einen Gegen-stand bzw. ein Sachgebiet	Trennung nach Leitungs- u. aus-führenden Tätig-keiten	Trennung nach den drei Phasen des Planungs-prozesses	Trennung nach unmittelbaren u. mittelbaren Aufgaben

Die **Spezialisierung nach Zweck (Zweckspezialisierung, Zweck-zentralisation)** unterscheidet zwischen zwei Aufgabentypen:

- **unmittelbare Aufgaben (Fachaufgaben):** werden aus dem Ziel des Betriebes abgeleitet und wirken nach außen (Aufgaben mit Außenwirkung),
- **mittelbare Aufgaben (Querschnittsaufgaben, „Serviceaufgaben"):** sind zur Erfüllung der unmittelbaren Aufgaben notwendig und wirken nach innen; das sind beispielsweise alle Funktionen der **Inneren Verwaltung (Zentralverwaltung, zentrale Einheiten, Z-Einheiten)**, deren Aufgabe die Versorgung des Betriebes mit Infrastruktur ist. Zu den mittelbaren Aufgaben gehören Aufgaben des **Haushaltsreferates**, des **Organisationsreferates**, der **Personalstelle** und des **Inneren Dienstes** usw. (**„HOPI"**) (vgl. Abschn. 4.2.7).

Auch die Spezialisierung nach Zweck ist in praktisch jedem selbstständigen Betrieb gegeben, da jeder Betrieb eine Verwaltung benötigt. – Eine Ausnahme bilden Behörden in einer sogenannten **Verwaltungsgemeinschaft:** Hier nutzen die kleineren Behörden die Zentralabteilung der aufnehmenden Behörde und besitzen deshalb keine eigenen Z-Einheiten.

Auswirkungen der Arbeitsteilung

In der Praxis der privaten wie auch der öffentlichen Betriebe ist in der Regel eine **Kombination** verschiedener Formen der Arbeitsteilung notwendig. Dabei wird im Allgemeinen eine **Spezialisierung nach Rang** sowie eine **Spezialisierung nach Zweck** als sinnvoll unterstellt. Welche weitere Form der Arbeitsteilung – Mengenteilung, Verrichtungs- oder Objektspezialisierung – berücksichtigt wird, hängt von der Situation des Einzelfalles ab und ist unter Abwägung der Vor- und Nachteile dieser genannten Formen der Arbeitsteilung sorgfältig abzuwägen.

Vorteile der Mengenteilung:

- Die **Flexibilität** ist sehr hoch, da jede Person sämtliche Aufgaben ausführen kann („ganzheitliche Vorgangsbearbeitung", „Rundum-Sachbearbeitung"). Eine wegen Krankheit oder Urlaub fehlende Person kann leicht von einer anderen vertreten werden.
- Die **Durchlaufzeiten** sind relativ gering, da Wegezeiten und Liegezeiten praktisch nicht ins Gewicht fallen.
- Der **Koordinationsbedarf** vonseiten der/des Vorgesetzten ist gering, da eine hohe Selbstkoordination stattfindet.

- Die **Motivation** und die **Identifikation** mit der Arbeit sind hoch, da die Arbeit abwechslungsreich ist und die Mitarbeiter/-innen das Ergebnis unmittelbar vor Augen haben.

Nachteile der Mengenteilung:

- Die **Anforderungen** an die Qualifikation der Mitarbeiter/-innen sind sehr hoch, dies erfordert eine hohe Bewertung der Stelle und bewirkt hohe Personalkosten.
- Die **Ausbildung** der Mitarbeiter/-innen ist langwierig und teuer, ausscheidende Mitarbeiter/-innen können nicht kurzfristig ersetzt werden.
- Wegen der sehr unterschiedlichen Tätigkeiten sind Lerneffekte kaum zu erwarten.
- Für **Sachmittel** entstehen **hohe Kosten,** da jeder Arbeitsplatz mit allen Sachmitteln ausgestattet werden muss; dabei ist die Auslastung oft relativ gering.

Vorteile der Verrichtungszentralisation:
Die **Verrichtungsspezialisierung,** die sich in der Form der Fließfertigung in der Industrialisierung schnell verbreitet hat, stellt einen Gegenpol der Mengenteilung dar. Die **Vorteile** der Verrichtungsspezialisierung sind:

- starke **Arbeitsvereinfachung** durch Beschränkung auf eine Tätigkeit,
- hohe **Arbeitsgeschwindigkeit** durch „Trainingseffekte",
- **geringere Anforderungen** an Können und Einarbeitungszeit und damit geringere Bezahlung,
- größere **Automatisierungsmöglichkeiten,**
- **geringe Kosten** für Sachmittel bei guter Ausnutzung der Sachmittel,
- **Einheitlichkeit** der Ausführung, da eine Tätigkeit jeweils nur von einem Bearbeiter wahrgenommen wird.

Nachteile der Verrichtungszentralisation:

- sehr hoher **Koordinationsbedarf,**
- sehr **störanfällig:** Bei Ausfall eines Bearbeiters kann, wenn kein Ersatz existiert, kein Vorgang mehr abgeschlossen werden,
- **hohe Durchlaufzeiten** als Folge erhöhter Wege- und Liegezeiten,
- **Verlust** an organisatorischer **Flexibilität,**
- Gefahr von **Langeweile** und **Monotonie,**
- **Unterforderung** der Mitarbeiter,
- **Entfremdung** vom Arbeitsergebnis.

Die durch Verrichtungsspezialisierung mögliche hohe Arbeitsgeschwindigkeit wurde oft durch negative Auswirkungen wieder zunichte gemacht und teilweise überkompensiert, wobei vor allem **Stress durch Monotonie** der Arbeit und **Entfremdung vom Arbeitsergebnis** zu nennen sind. Dieser Stress kann beispielsweise zu einer hohen Fluktuationsquote oder auch einem hohen Krankenstand führen.

Zur Vermeidung dieser Nachteile werden vier mögliche Maßnahmen genannt (Siepmann und Siepmann 2004, S. 89 ff.):

1. **Arbeitserweiterung (engl. Job Enlargement):** Anstelle einer einzelnen Tätigkeit sind mehrere Tätigkeiten auszuführen.
2. **Arbeitsbereicherung (engl. Job Enrichment):** Die auszuführenden Tätigkeiten werden durch anspruchsvollere Aufgaben, z. B. Planungs- oder Kontrollaufgaben, ergänzt.
3. Systematischer **Wechsel der Tätigkeiten (engl. Job Rotation),** beispielsweise in wöchentlichem Turnus.
4. Übergang zu einer mehr **ganzheitlichen Vorgangsbearbeitung,** beispielsweise in **Form von Gruppenfertigung** oder Fertigungsinseln.

Vorteile der Objektzentralisation:

Die Objektzentralisation hat mit der Mengenteilung den Grundsatz der **ganzheitlichen Vorgangsbearbeitung** (Rundum-Sachbearbeitung) gemeinsam, allerdings nicht für eine „beliebige" Auswahl aller Fälle, sondern nur für ein bestimmtes Objekt. Die Vorteile der Objektzentralisation sind deshalb mit den entsprechenden Argumenten für die Mengenteilung weitgehend identisch:

- Die **Flexibilität** ist hoch.
- Die **Durchlaufzeiten** sind relativ gering.
- Der **Koordinationsbedarf** ist gering.
- Die **Motivation** und die **Identifikation** mit der Arbeit sind hoch.

Nachteile der Objektzentralisation:

- Die **Anforderungen** an die Qualifikation der Mitarbeiter sind **hoch.**
- Die **Ausbildung** der Mitarbeiter ist relativ langwierig.
- **Lerneffekte** sind nur **begrenzt** zu erwarten.
- Für Sachmittel entstehen relativ **hohe Kosten.**

Die Nachteile der Objektspezialisierung sind **nicht so extrem** wie bei der reinen Mengenteilung, da bei einer Objektspezialisierung beispielsweise im Personalbüro ein Mitarbeiter nur die für Beamte geltenden Regelungen kennen muss, ein anderer nur die für Tarifbeschäftigte.

4.2.4 Aufgabensynthese (Stellenbildung)

Stellenbegriff und Stellenbildung
Der Begriff der **Stelle** (des **Dienstpostens**) kann durch eine Reihe von Definitionen umschrieben werden (Mangler 2000, S. 95 f.; Schmidt 2000, S. 71 ff.; Schulte-Zurhausen 2014, S. 163 ff.; Vahs 2012, S. 63 ff.).

- Eine Stelle ist ein **Aufgabenbündel** für eine gedachte (fiktive) Person.
- Eine Stelle ist ein abstrakter, personenunabhängig gebildeter **Zuständigkeits- und Verantwortungsbereich.**
- Eine Stelle ist die **kleinste organisatorische Einheit** der Aufbauorganisation.

Bei der Stellenbildung (Aufgabensynthese) sind einige **Grundsätze** zu beachten, die im Folgenden erläutert werden sollen.

Grundsätze der Stellenbildung
1. Die Stellenbildung erfolgt im Allgemeinen **ad rem** nach rein **sachlichen** (inhaltlichen) Gesichtspunkten, also „unpersönlich" für eine beliebige, noch einzustellende („fiktive") Person (Vahs 2012, S. 68 ff.). Nur in **Ausnahme-fällen** erfolgt eine Stellenbildung „ad personam" (personenbezogen):
   - für Schwerbehinderte,
   - für Personen mit sehr spezieller Qualifikation.
2. Die in einer Stelle zusammenzufassenden Teilaufgaben sind so zu bestimmen, dass die **Kapazität** eines fiktiven Aufgabenträgers **nicht überschritten** wird. Dabei sind zu berücksichtigen:
   a) **Quantitative Kapazität:** Stellen werden so gebildet, dass die Aufgaben von einer Person mit **durchschnittlicher Arbeitsleistung** erledigt werden können.
   b) **Qualitative Kapazität:** Stellen werden so gebildet, dass die fachlichen Anforderungen von einer Person mit **typischer,** auf dem Arbeitsmarkt verfügbarer **Qualifikation** wahrgenommen werden können.
3. Die Stellenbildung hat so zu erfolgen, dass
   - Aufgaben,
   - Kompetenzen und
   - Verantwortung

richtig:

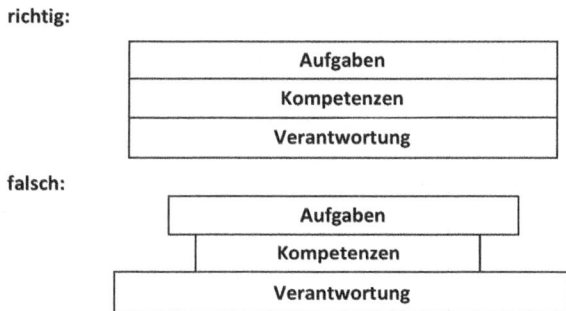

falsch:

Abb. 4.4 Umsetzung des AKV-Prinzips (Kongruenzprinzip)

des fiktiven Stelleninhabers **deckungsgleich (kongruent)** sind. Diese Forderung wird auch als **Kongruenzprinzip** oder als **AKV-Prinzip** (Mangler 2006, S. 63 ff.) bezeichnet; seine Umsetzung ist in Abb. 4.4 dargestellt.

Nur bei Beachtung der hier genannten Grundsätze ist eine **dauerhafte, nachhaltige und reibungslose Aufgabenerfüllung** in einem (öffentlichen) Betrieb zu erwarten.

Stellenarten
Man unterscheidet die in Tab. 4.4 wiedergegebenen **Stellenarten** (Wöhe et al. 2016, S. 107 f.; Schulte-Zurhausen 2014, S. 172 ff.; Träger 2018, S. 44 ff.; Vahs 2012, S. 72 ff.).

Arten von Stabsstellen
Die Fachliteratur unterscheidet zwei **Arten von Stabstellen** (Stäben) mit sehr unterschiedlichen Aufgaben und deshalb auch unterschiedlichem Anforderungsprofil (Mangler 2006, S. 86 f.).

Tab. 4.4 Übersicht der Stellenarten

Ausführungsstellen	Instanzen (= Leitungsstellen)	Stabsstellen (= Leitungshilfsstellen)
„normale" Stellen ohne Weisungsbefugnis	Stellen mit Weisungsbefugnis gegenüber nachgeordneten Stellen	Beraten und unterstützen die Instanzen, ohne eigene Weisungsbefugnis

1. **Stabsgeneralist:** für viele Tätigkeiten einsetzbar, z. B. **persönlicher Referent** bzw. **persönliche Referentin** (in der Industrie: **Assistent(in) der Geschäftsführung, Vorstandsassistent(in))**: Die Stelleninhaber müssen flexibel, kreativ und vielseitig interessiert und belastbar sein.

2. **Stabsspezialist:** auf eine bestimmte Aufgabe spezialisiert, z. B. **Pressesprecher(in)** oder **Medienreferent(in), Rechtsberater(in), Planungsstab, IT-Stab:** Die Stelleninhaber müssen in ihrem Aufgabengebiet kompetent und hoch spezialisiert sein.

Vorteile von Stäben (Stabsstellen)

- oft hohe fachliche **Kompetenz,**
- hohe **Kontinuität** durch meist längere Betriebszugehörigkeit,
- kurze und **schnelle Wege** zwischen Stab und Instanz.

Nachteile von Stäben (Stabsstellen)

- starke **Abhängigkeit** der Instanz vom Stab,
- Möglichkeit von **Leitungskonflikten,**
- Gefahr der **heimlichen Steuerung** (Manipulation) durch den Stab („graue Eminenz").

Zu beachten ist, dass der Stab keinesfalls – auch nicht bei einer Überlastung der Instanz – selbst Entscheidungen treffen darf. Der Stab ist nicht weisungs- oder entscheidungsbefugt, sondern er darf nur beratend und unterstützend tätig werden; die **Entscheidung** selbst muss immer der **Instanz** überlassen bleiben.

▷   Eine Entscheidung durch den Stab würde dem Kongruenzprinzip (AKV-Prinzip) widersprechen!

4.2.5   Grundsätze der Personalbedarfsermittlung

Einführung
Lernziel dieses Abschnittes ist das Kennenlernen verschiedener grundsätzlicher **Methoden zur Bestimmung des Personalbedarfs** (Stellenbedarfs) für Ausführungsstellen. Zu den bekanntesten Methoden gehört die sogenannte

analytische Methode, die eine nachprüfbare Berechnung des Stellenbedarfs gestattet. Die Ergebnisse dieser Methode sind jedoch nur dann brauchbar, wenn es gelingt, Nebenzeiten (sachliche und persönliche Verteilzeiten) korrekt zu erfassen. Bei der Berücksichtigung der Verteilzeiten sind drei verschiedene Ansätze gebräuchlich, die in diesem Abschnitt vorgestellt werden.

Methoden der Personalbedarfsermittlung
Man unterscheidet im Wesentlichen drei **verschiedene Verfahren** der Personalbedarfsermittlung (Personalbemessung, Personalbedarfsrechnung, PBE o. PBR) (vgl. z. B. Bundesministerium des Innern und Bundesverwaltungsamt 2018):

1. **Schätzung** auf der Grundlage von Erfahrungswerten, beispielsweise auf der Grundlage des Personalbestandes einer anderen Behörde mit vergleichbaren Aufgaben.
2. Personalbemessung mithilfe **konzeptioneller Schlüsselzahlen,** beispielsweise im medizinischen Bereich durch Vorgabe der Anzahl von Patienten pro Pfleger bzw. pro Arzt. Auch im Bildungsbereich und im Bereich der öffentlichen Sicherheit werden solche Schlüsselzahlen eingesetzt.
3. **Quantitative Personalbemessung (analytisches Verfahren):** Berechnung des Bedarfs an Ausführungsstellen abhängig vom Zeitbedarf der Aufgabe und von der durchschnittlichen Kapazität des Stelleninhabers.

Ziel dieser drei grundlegenden Methoden der Personalbemessung ist die Bestimmung der **Zahl der benötigten Ausführungsstellen;** die Zahl der notwendigen Leitungsstellen (Instanzen) wird zunächst nicht beachtet, sondern erst später ermittelt. Ebenso unbeachtet bleibt auch die Frage, ob die ausgewiesenen Stellen in der Praxis alle besetzt werden können. Beispielsweise können bei Pflegeberufen nicht immer alle Stellen mit qualifizierten Mitarbeitern bzw. Mitarbeiterinnen besetzt werden.

Diese drei Methoden können **kombiniert** eingesetzt werden; besonderes Gewicht ist dabei der sogenannten **analytischen Methode** beizumessen, die einerseits objektiv nachprüfbare Ergebnisse liefert und die andererseits auch bei Fehlen von Erfahrungswerten oder konzeptionellen Schlüsselzahlen anwendbar ist.

Quantitative Personalbemessung (Analytisches Verfahren)
Übersicht der verwendeten Symbole:

Wichtige Symbole bei der Personalbedarfsrechnung

S   Stellenbedarf (Anzahl der benötigten Ausführungsstellen)
V   Anzahl der Vorgänge im Jahr (manchmal auch: F: Anzahl der Fälle im Jahr)
mBZ   mittlere Bearbeitungszeit eines Vorgangs in Minuten
NAZ   Normalarbeitszeit (auch: JAM: Kapazität in Jahresarbeitsminuten)

Wenn die **gesamte Arbeitszeit** ausschließlich zur **Erfüllung der Sachaufgaben** verwendet werden könnte, ergäbe sich der Stellenbedarf bei nur einer Teilaufgabe als:

$$S = \frac{\text{Zeitbedarf insgesamt}}{\text{Normalarbeitszeit}}$$

bzw.

$$S = \frac{V \times mBZ}{NAZ}$$

Die Annahme, dass 100 % der Dienstzeit für die Aufgabenerfüllung der Sachaufgaben zur Verfügung steht, ist jedoch unrealistisch, denn in der Betriebspraxis gibt es immer **Arbeitsunterbrechungen (unproduktive Tätigkeiten, Nebenzeiten).** Diese Arbeitsunterbrechungen werden im Allgemeinen als **Verteilzeiten** bezeichnet, dabei unterscheidet man:

- **sachliche Verteilzeiten,** z. B.:
  - dienstliche Besprechungen,
  - Telefonate (dienstlich),
  - Wegezeiten,
  - dienstliche Umkleidezeiten, beispielsweise im Krankenhaus,
  - Lesen von Erlassen, Verordnungen, Arbeitsanweisungen,
  - Personalversammlungen,
  - Aktensuche.
- **persönliche Verteilzeiten,** z. B.:
  - Telefonate (privat),
  - Gang zur Toilette,
  - Arztbesuche,
  - private Umkleidezeiten,
  - Behördengänge (z. B. Gang zum Finanzamt).

Der Umfang der Verteilzeiten bzw. der Anteil der Verteilzeiten an der gesamten Dienstzeit muss vorab für die betreffende Behörde ermittelt werden, weil eine Nichtberücksichtigung der Verteilzeiten zu gravierenden Fehlergebnissen führt. Die persönlichen bzw. sachlichen Verteilzeiten können auf **verschiedene Arten** bei der analytischen Methode der Personalbedarfsermittlung berücksichtigt werden:

1. durch **Erhöhung der benötigten Bearbeitungszeit:** Die mittleren Bearbeitungszeiten werden um **Zuschläge** für Verteilzeiten erhöht.
2. durch **Reduzierung der Kapazität:** Nur die nach Abzug der Verteilzeiten verfügbare Kapazität NAZ bzw. JAM geht in die Berechnung ein.
3. durch eine **Kombination** aus Zuschlägen und einer Reduzierung der Kapazität NAZ (JAM).

Da in der Praxis alle drei Verfahren ihre Bedeutung haben, sollen hier auch alle drei Varianten der analytischen Methode vorgestellt werden.

Variante 1: Zuschlagsfaktor für Verteilzeiten
Bei dieser in der Praxis wohl **meistgebrauchten Variante** werden die Verteilzeiten durch eine **prozentuale Erhöhung** des Zeitbedarfs berücksichtigt; dieser erhöhte Zeitbedarf wird durch einen **Zuschlagsfaktor Z** für Verteilzeiten erfasst.

Der **Zuschlagsfaktor Z für sachliche und persönliche Verteilzeiten** wird aus dem Zuschlagssatz wie folgt bestimmt:

$$\text{Zuschlagsfaktor } Z = 1 + \frac{\text{Zuschlagssatz}}{100\%}$$

Beispiele für die Bestimmung des Zuschlagsfaktors Z findet man in Tab. 4.5.
Damit ergibt sich, wenn nur eine Teilaufgabe zu erfüllen ist, die folgende Formel:

$$S = \frac{\text{Zeitbedar } f_{\text{insgesamt}} \times Z}{\text{Normalarbeitszeit}}$$

bzw.

Tab. 4.5 Zuschlagssätze und -faktoren

Zuschlagssatz (%)	Zuschlagsfaktor	Anmerkungen
10	1,10	Für „normale" Verwaltungstätigkeiten
12	1,12	
15	1,15	

$$S = \frac{V \times mBZ \times Z}{NAZ}$$

Bei **mehreren Teilaufgaben** können jeweils unterschiedliche Zuschlagsfaktoren verwendet werden, beispielsweise für Schreibtätigkeiten kleinere Zuschlagssätze (z. B. 7 %) als für Sachbearbeiter-Tätigkeiten (z. B. 10 %). Für drei Teilaufgaben mit verschiedenen Zuschlagsfaktoren würde sich folgende Formel ergeben:

$$S = \frac{V_1 \times mBZ_1 \times Z_1 + V_2 \times mBZ_2 \times Z_2 + V_3 \times mBZ_3 \times Z_3}{NAZ}$$

Wenn die Zuschlagsfaktoren Z identisch sind, sollten sie – zur Rechenvereinfachung – ausgeklammert werden.

Die Berechnung der **Bruttoarbeitszeit** einer Normalarbeitskraft in Jahresarbeitsminuten (**Normalarbeitszeit,** Bruttokapazität) erfordert zunächst die Bestimmung der **Arbeitstage pro Jahr;** diese erfolgt nach dem in Tab. 4.6 wiedergegebenen Rechenschema.

Die hier berechnete Anzahl von 205 Arbeitstagen im Jahr ist ein Durchschnitt, der in anderen Bundesländern oder Einsatzgebieten abweichen kann. Durch empirische Untersuchungen in verschiedenen Bundesbehörden wurde die hier verwendete Zahl von durchschnittlich 45 Ausfalltagen (Urlaub und Krankheit, Kur, Dienstbefreiung) pro Jahr gefunden[3].

Die Normalarbeitszeit (NAZ) in Minuten pro Jahr wird nun für eine 5-Tage-Woche berechnet als:

$$NAZ = Arbeitstage \times \frac{Wochenstunden}{5} \times 60$$

Das Ergebnis (NAZ) stellt die Bruttoarbeitszeit einer Normalarbeitskraft (in Minuten pro Jahr) dar; manchmal wird auch die Bezeichnung Jahresarbeitsminuten (JAM) verwendet.

Beispielaufgabe zur Stellenbedarfsrechnung

Einer Behörde wird eine neue Aufgabe übertragen, die jährlich 50.000 gleichartige Bearbeitungsfälle erfordert. Die mittlere Bearbeitungszeit (mBZ) liegt, wie Beobachtungen ergeben haben, bei 15 min pro Vorgang. Für **sachliche**

---

[3]Zur Berechnung der Arbeitsstunden pro Monat aufgrund empirischer Ergebnisse für beamtete oder tarifbeschäftigte Mitarbeiter/-innen der Bundesverwaltung vgl. Bundesministerium für Finanzen (2012).

Tab. 4.6 Berechnung der Arbeitstage pro Jahr

Gegenstand	Wert	Bemerkung
Kalendertage	365	„Schaltjahre" werden ignoriert
– Wochenenden	–104	Bei 5-Tage-Woche
– Feiertage, z. B.	–11	Je nach Bundesland
Zwischenergebnis: Betriebstage, z. B.	250	
– Urlaub, z. B.	–30	
– Sonstige Ausfalltage, z. B.	–15	Krankheit, Kur, Dienstbefreiung
Endergebnis: Arbeitstage pro Jahr, z. B.	205	

Verteilzeiten (Studium von Vorschriften, Besprechungen) sowie **persönliche** **Verteilzeiten** (Pausen etc.) ist ein Zuschlag von insgesamt 15 % vorzusehen. Die Zahl der Arbeitstage einer Normalarbeitskraft (nach Abzug von Wochenenden, Feiertagen, Urlaubs- und Krankheitstagen) wird mit 205 Tagen pro Jahr angenommen. – Bestimmen Sie bei Annahme von 41 Arbeitsstunden pro Woche (Beamte) den Stellenbedarf für die Bearbeitung dieser Aufgabe.

▶ Um die Rechnung übersichtlich zu gestalten, empfiehlt sich eine Aufteilung in Nebenrechnung und Hauptrechnung.

Nebenrechnung:
Bestimmung des Zeitbedarfs:

$$V \times mBZ \times Z = 50.000 \times 15 \times 1,15 = 862.500 \text{ (Min. pro Jahr)}$$

Bestimmung der Bruttoarbeitszeit in NAZ (Formel siehe zuvor):

$$NAZ = 205 \times \frac{41,0}{5} \times 60 = 205 \times 492 = 100.860 \text{ (Min. pro Jahr)}$$

Hauptrechnung:

$$S = \frac{V \times mBZ \times Z}{NAZ} = \frac{862.500 \text{ Min. p. J.}}{100.860 \text{ Min. p. J.}} = 8,551 \gg 8,6$$

Der Stellenbedarf ist – auf eine Dezimalstelle gerundet – 8,6 Ausführungsstellen! Grundsätzlich ist auch eine Rechnung in Stunden pro Jahr denkbar; dann müssen sowohl der Zähler als auch der Nenner in Stunden pro Jahr angegeben werden. Eine **Vermischung** von Minuten- und Stundenangaben ist zu **vermeiden,** da sie in der Regel zu **grob fehlerhaften** Ergebnissen führt!

▶   Es ist üblich, das Ergebnis auf **eine Nachkommastelle (eine Dezimale)** genau zu runden, da durch Einstellung von Teilzeitkräften oder durch organisatorische Maßnahmen, beispielsweise Zuordnung bestimmter Teilaufgaben zu einer bestehenden Stelle, eine relativ feine Anpassung möglich ist. – Auch eine **Aufteilung** von Stellen ist möglich, z. B. „80 % der Arbeitszeit sind in Referat X, 20 % in Referat Y" zu leisten.

Variante 2: Abzug der Verteilzeiten von der Kapazität
Bei dieser Variante werden die **sachlichen und persönlichen Verteilzeiten** nicht durch Zuschläge auf die Bearbeitungszeiten erfasst, sondern von der Bruttokapazität, also der Gesamtzahl der Jahresarbeitsminuten (NAZ) **abgezogen.** Hierbei sind wieder zwei Rechenwege möglich.

a) Die täglich oder wöchentlich zu berücksichtigenden sachlichen und persönlichen Verteilzeiten werden bestimmt. Das Ergebnis muss von der täglichen bzw. wöchentlichen Arbeitszeit (im Normalfall 8,2 bzw. 41,0 Stunden) **subtrahiert** werden.

b) Die **nach Abzug** von sachlichen und persönlichen Verteilzeiten **verbleibende (verfügbare)** tägliche oder wöchentliche (Netto-)Arbeitszeit wird bestimmt. Dieser Wert kann in die Formel zur Bestimmung der (Netto-)Kapazität unmittelbar eingesetzt werden.

Beispiel

Der Sachverhalt ist, wie zuvor genannt, aber der Hinweis auf einen Zuschlag für sachliche und persönliche Verteilzeiten fehlt. Stattdessen findet sich die Formulierung:
„Nach Abzug der sachlichen und persönlichen Verteilzeiten sind täglich 7,2 Stunden zur Sachbearbeitung verfügbar."

Die Nettokapazität (verfügbare Kapazität) berechnet sich also als:

$$NAZ_{verfügbar} = \text{Arbeitstage} \times 7,2 \times 60 = 205 \times 432 = 88.560 \text{ Min.p.J.}$$

Wenn die Nettokapazität in Jahresarbeitsminuten ($NAZ_{verfügbar}$) bekannt ist, kann der Stellenbedarf leicht bestimmt werden; dabei darf natürlich – wenn persönliche und sachliche Verteilzeiten berücksichtigt worden sind – **kein weiterer Zuschlag** auf die Bearbeitungszeiten eingerechnet werden. – Im einfachsten Fall (nur eine Teilaufgabe) erhält man:

$$S = \frac{Zeitbedarf_{insgesamt}}{NAZ_{verfügbar}}$$

bzw.

$$S = \frac{V \times mBZ}{NAZ_{verfügbar}}$$

Für drei Teilaufgaben würde sich folgende Formel ergeben:

$$S = \frac{V_1 \times mBZ_1 + V_2 \times mBZ_2 + V_3 \times mBZ_3}{NAZ_{verfügbar}}$$

Bei dieser Rechnung wird implizit unterstellt, dass sämtliche Teilaufgaben in **gleichem Maß** mit Nebenzeiten (Verteilzeiten) belastet sind. – Für das genannte Beispiel resultiert bei dieser Rechenvariante ein Stellenbedarf von 8,5 Stellen.

Variante 3: Mischform: Zuschlag und Abzug von der Kapazität
Bei der Variante 3 werden die **persönlichen** Verteilzeiten durch **Zuschläge** auf die Bearbeitungszeiten erfasst, während die **sachlichen** Verteilzeiten von der Kapazität (NAZ) **abgezogen** werden (oder umgekehrt). Die Zuschläge sind dabei entsprechend kleiner als bei der Variante 1; umgekehrt ist die verfügbare Kapazität größer als bei Variante 2, da jeweils nur ein Teil der Verteilzeiten im Zuschlag bzw. Abzug berücksichtigt wird.

Man erhält jetzt – bei einer Teilaufgabe – für den **Stellenbedarf** S die Formel:

$$S = \frac{Zeitbedarf_{insgesamt} \times Z}{NAZ_{verfügbar}}$$

bzw.

$$S = \frac{V \times mBZ \times Z}{NAZ_{verfügbar}}$$

Bei mehreren Teilaufgaben können eventuell, wie bei Variante 1, jeweils unterschiedliche Zuschlagsfaktoren verwendet werden.

Die Stellenbedarfsrechnung kann mit Tabellenkalkulationsprogrammen (z. B. Microsoft Excel, Libre Office Calc) oder mit integrierten Paketen (z. B. Microsoft

Works) leicht **automatisiert** werden. Die Entwicklung einer solchen Anwendung ist auch für Sachbearbeiter mit fundierten Kenntnissen des verwendeten Programmsystems möglich. Ein wichtiger Vorteil solcher Kalkulationsanwendungen ist, dass nach Änderungen von Eingabedaten augenblicklich das neue Ergebnis abgelesen werden kann.

Grenzen der quantitativen Personalbemessung
Die analytische Personalbedarfsrechnung (Personalbemessung) ist nur anwendbar, wenn die folgenden **Voraussetzungen** erfüllt sind:

- Nur anwendbar bei sich **häufig wiederholenden** Tätigkeiten,
- größere **Aufgabenverschiebungen** müssen **ausgeschlossen** sein,
- es darf **keine** starken **Saisoneinflüsse** geben,
- die **Zahl der Fälle** pro Jahr muss bekannt sein,
- die **mittleren Bearbeitungszeiten** „bei optimaler Aufgabenerfüllung" müssen durch Organisationsuntersuchungen bestimmt worden sein,
- die **Zuschlagssätze** für Verteilzeiten bzw. die nach Abzug der Verteilzeiten **verfügbaren** täglichen **Arbeitszeiten** müssen vorab geschätzt werden.

Bei der Bewertung des analytischen Verfahrens der Personalbedarfsermittlung sind Vorteile und Nachteile gegeneinander abzuwägen. Die **Vorteile** sind:

- Die analytische Methode liefert **einfache** und **schnelle Ergebnisse**;
- der errechnete Stellenbedarf ist – im Gegensatz zu Schätzungen –- eine **objektive**, nachprüfbare Größe;
- die analytische Methode ist eine große **Hilfe bei der Planung** der Aufbauorganisation;
- die Berechnungen sind mit Kalkulations-Software leicht **automatisierbar.**

Diesen Vorteilen stehen folgende **Nachteile** bzw. **Probleme** gegenüber:

- Die **Datenerhebung** ist sehr **aufwendig** und teilweise problematisch, z. B., wenn man auf „Selbstaufschreibung" von Mitarbeitern angewiesen ist (vgl. Abschn. 4.3.5);
- die **Mitarbeiter** sind an möglichst **hohen** mittleren Bearbeitungszeiten interessiert (dies ermöglicht, eine „ruhige Kugel zu schieben" ohne Stress);
- erhobene Daten sind stets **vergangenheitsorientiert** und oftmals unvollständig; meist kann nur ein Teil der Tätigkeiten erfasst werden;

- insbesondere „**kreative**" oder „**konzeptionelle**" Tätigkeiten können kaum berücksichtigt werden; weil eine mittlere Bearbeitungszeit meist nicht sinnvoll bestimmt werden kann;
- durch die Berechnung wird eine „**Scheinobjektivität**" vorgetäuscht: Die Genauigkeit der Lösung wird durch die **Qualität** der Ausgangsdaten bestimmt.

Trotz dieser Schwächen ist die analytische Methode, teilweise in Kombination mit den anderen Methoden der Personalbemessung, ein **wichtiges Instrument** bei der Planung der Aufbauorganisation.

4.2.6 Bestimmung der optimalen Leitungsspanne

Einführung
Lernziele dieses Abschnittes sind, die verschiedenen Kriterien kennenzulernen, von denen abhängt, wie viele Mitarbeiter einem Vorgesetzten unmittelbar unterstellt werden können. Die **Zahl der direkt unterstellten Mitarbeiter** wird auch als **Leitungsspanne** oder **Kontrollspanne** bezeichnet; diese Zahl ist stets **situationsabhängig** (situativ) nach genauer Prüfung des Einzelfalls festzulegen. Bei der Planung der Aufbauorganisation eines Betriebes folgt die Bestimmung der optimalen Leitungsspanne (abgekürzt: LS) auf die Personalbemessung, bei welcher die Anzahl der notwendigen Ausführungsstellen ermittelt worden ist. Von der Leitungsspanne hängt die **Gliederungstiefe** ab, also die **Anzahl der Hierarchieebenen** eines Betriebes.

Begriff der Leitungsspanne
Die **Leitungsspanne** (Kontrollspanne, engl. „span of control") ist das Zahlenverhältnis zwischen der Zahl der Instanzen und der Zahl der **direkt** untergeordneten Stellen (Kieser und Walgenbach 2010, S. 175 ff.; Mangler 2000, S. 181 ff.; Olfert 2015, S. 154 ff.; Schreyögg und Geiger 2016, S. 70 f., 140 f., 223 f.; Schmidt 2009, S. 234 ff.; Steinebach 1998, S. 158 f.). Dabei bedeutet eine Leitungsspanne von 7 (bzw. 1 : 7), dass einer Instanz genau 7 Stellen (z. B. Ausführungsstellen) unmittelbar unterstellt sind. Die Leitungsspanne hat unmittelbare **Auswirkungen auf die Gliederungstiefe**, also auf die Anzahl der notwendigen Hierarchieebenen, wie durch folgendes Modellbeispiel erläutert werden soll.

Gegeben seien acht Ausführungsstellen, deren Arbeit geplant, koordiniert und beaufsichtigt werden muss. – Bei einer Leitungsspanne von 8 (bzw. 1 : 8) erhält man die in Abb. 4.5 dargestellte Struktur. Man sieht, dass nur eine Instanz (Leitungsstelle) notwendig ist.

Die folgende Abb. 4.6 geht ebenfalls von acht Ausführungsstellen aus, allerdings wird hier die extrem kleine Leitungsspanne von 2 (bzw. 1 : 2) unterstellt. Jetzt sind vier Instanzen zur Beaufsichtigung der acht Ausführungsstellen notwendig. Da aber die Instanzen selbst koordiniert und beaufsichtigt werden müssen, sind

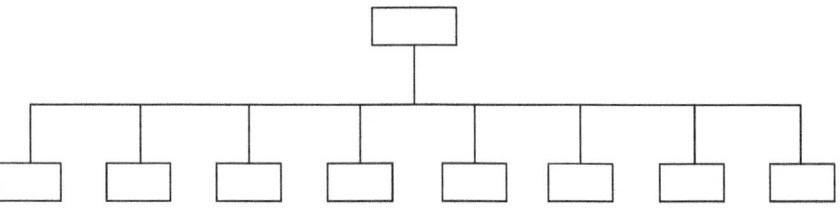

Abb. 4.5 Beispiel für eine mittlere Leitungsspanne

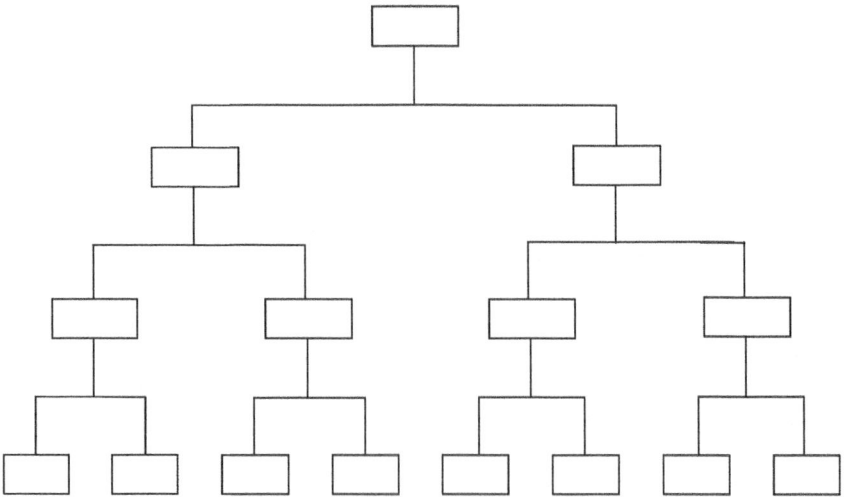

Abb. 4.6 Beispiel einer extrem kleinen Leitungsspanne

noch zwei weitere Leitungsebenen mit insgesamt drei Instanzen notwendig. Insgesamt werden also sieben (!) Instanzen benötigt; das resultierende Hierarchiesystem ist in der Abb. 4.6 dargestellt.

Man erkennt, dass **große Leitungsspannen** tendenziell in **breiten, flachen Hierarchien, kleine** Leitungsspannen dagegen in **schmalen, steilen Hierarchien** resultieren.

Eine **große Leitungsspanne** und infolgedessen ein flacher hierarchischer Aufbau besitzen einige wichtige **Vorteile:**

- Die geringe Zahl von Leitungsstellen resultiert in entsprechend **niedrigen Personalkosten;**
- die geringe Zahl von Hierarchieebenen führt zu durchweg **kurzen Dienstwegen;**
- breite Hierarchien **fördern und fordern selbstständiges Arbeiten** der Untergebenen.

Allerdings darf die Leitungsspanne nicht zu groß gewählt werden, da eine **zu große Leitungsspanne** mit gewichtigen **Nachteilen** verbunden ist:

- Eine zu große Leitungsspanne führt zur **Überlastung der Instanz;** dies gefährdet die Koordinations- und die Kontrollfunktion des Vorgesetzten;
- für **anspruchsvolle** Tätigkeiten, z. B. Führungsaufgaben, sind im Allgemeinen nur **kleine** Leitungsspannen möglich;
- eine geringe Zahl von Hierarchieebenen **reduziert** die Anzahl prestigeträchtiger **Leitungsstellen** einer Behörde und erschwert so die Gewinnung qualifizierter Führungskräfte.

Angesichts der Vor- bzw. Nachteile einer großen Leitungsspanne wird deutlich, dass die Leitungsspanne jeweils **situativ,** unter Berücksichtigung der Umstände des konkreten Einzelfalls, für jede Hierarchieebene separat festgelegt werden muss. Eine **einheitliche Regelung** für alle Hierarchieebenen oder Betriebsbereiche ist dabei in der Regel **nicht sinnvoll!** Vielmehr ist es erfahrungsgemäß so, dass von unten nach oben – wegen der zunehmend anspruchsvolleren Tätigkeiten – die Leitungsspanne immer kleiner wird.

Aus diesem Grund ist auch die oft genannte **Faustregel** „Die Leitungsspanne sollte 1 : 7 betragen." mit großer **Skepsis** zu betrachten: Auf Sachbearbeiterebene ist eine Leitungsspanne von 7 oftmals zu klein und damit unwirtschaftlich, während für die Behördenleitung eine Leitungsspanne von 7 im Allgemeinen zu groß sein und in einer Überforderung des Behördenleiters resultieren dürfte.

Bisherige Erfahrungen zeigen, dass Referats-Leitungsspannen meist zwischen 1 : 5 und 1 : 20 liegen. Bei Behördenleitungen und Abteilungsleitungen in Einliniensystemen sind Leitungsspannen bis 1 : 6 üblich (Leipelt 2013, S. 32 f.).

▶ Eine **optimale Leitungsspanne** ist dann gegeben, wenn die Leitungsspanne möglichst groß, aber nur so groß ist, dass die Instanz **nicht überfordert** wird. Die optimale Leitungsspanne ist stets situativ (situationsabhängig) zu bestimmen.

Determinanten der optimalen Leitungsspanne
Die **optimale Leitungsspanne** hängt von einer Vielzahl von Kriterien ab (Mundhenke 1995, S. L–1 f.; Fuß und Morawe 2002, S. 73 ff.). In der Abb. 4.7 sind diese Kriterien und entsprechende Empfehlungen für die optimale Leitungsspanne schematisch wiedergegeben. Zusätzlich sind die wichtigsten Kriterien und ihre Wirkungen im Folgenden kurz erläutert.

Die optimale Leitungsspanne hängt ab …

- vom **Schwierigkeitsgrad** und der **Art der Aufgabe:** Komplexe oder innovative Aufgaben erfordern im Allgemeinen eine kleinere Leitungsspanne als einfache Routineaufgaben.
- vom **Regelungsgrad** und der **Standardisierung** der Aufgabe: Ein hoher Regelungsgrad in Form genauer Arbeitsanweisungen oder Dienstvorschriften oder eine Standardisierung z. B. durch detaillierte Formblätter oder Bildschirmmasken reduziert den Kontrollbedarf im Vergleich zu Aufgaben, die einen hohen Ermessensspielraum der Bearbeitung lassen.
- vom **Ermessensspielraum** bei Entscheidungen: Je größer der Ermessensspielraum, desto größer ist auch das Fehlerrisiko und damit der Kontrollbedarf.
- von der **Berufserfahrung** und der **Qualifikation** der Mitarbeiter: Hoch qualifizierte, erfahrene Mitarbeiter ermöglichen eine größere Leitungsspanne als weniger qualifizierte Mitarbeiter. Da beispielsweise Angehörige des gehobenen Dienstes eine (Fach-)Hochschulausbildung absolviert haben, kann hier die Leitungsspanne im Allgemeinen größer sein als bei Mitarbeitern aus dem mittleren Dienst.
- von der **Art der Mitarbeiter:** Bei unselbstständigen, risikoscheuen Mitarbeitern muss die Leitungsspanne kleiner sein als bei Mitarbeitern, die selbstständig und eigenverantwortlich arbeiten.
- von der **Unterstützung** der Aufgabe durch Informationstechnik: Bei Tätigkeiten mit hoher Technikunterstützung kann die Leitungsspanne höher sein als bei weitgehend manuellen Tätigkeiten, da einige Fehlerquellen (z. B. Rechen- oder Übertragungsfehler) ausgeschlossen werden.

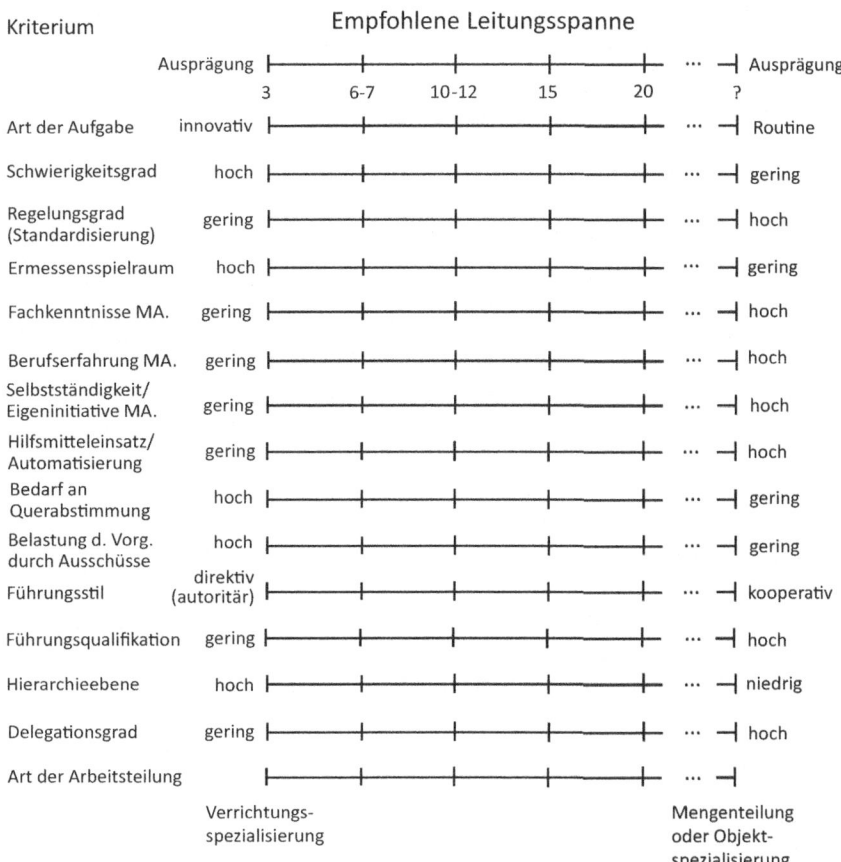

Abb. 4.7 Kriterien der optimalen Leitungsspanne. (In Anlehnung an Fuß und Morawe 2002, S. 75)

- von der **Qualifikation des Vorgesetzten** selbst: Ein Vorgesetzter mit hoher Qualifikation kann eine größere Anzahl von Mitarbeitern verantwortlich führen als ein weniger qualifizierter Vorgesetzter.
- vom **Bedarf an Querabstimmung:** Notwendige Abstimmungen mit anderen Organisationseinheiten kosten Zeit und reduzieren die mögliche Leitungsspanne.
- von der **Belastung des Vorgesetzten** durch Ausschüsse und Gremien: Wenn ein Vorgesetzter viel Zeit in Ausschüssen, Kommissionen oder anderen Gremien

zubringt, verbleibt nur wenig Zeit für Führungsaufgaben. Deshalb ist eine eher kleine Leitungsspanne vorzusehen.

- von **Führungsstil** und **Führungsqualität** des Vorgesetzten: Ein „guter" Vorgesetzter und ein **kooperativer Führungsstil,** bei dem die Mitarbeiter/-innen in die Entscheidungsvorbereitung einbezogen werden, resultieren meist in motivierten, engagierten Mitarbeitern und einer hohen Selbstkontrolle; dies vergrößert die mögliche Leitungsspanne.
- von der **Position** in der Hierarchie: In höheren Leistungsebenen sind im Allgemeinen komplexere Entscheidungssituationen zu bewältigen; dies reduziert die Leitungsspanne.
- vom **Delegationsgrad:** Durch Delegation, d. h. durch **Übertragung von Aufgaben** und Kompetenzen auf qualifizierte Mitarbeiter/-innen, kann die Instanz spürbar entlastet werden. Dabei werden gemäß Kongruenzprinzip (AKV-Prinzip) (begrenzte) Entscheidungsbefugnisse sowie die Verantwortung dafür übertragen; die Führungsverantwortung verbleibt bei der Instanz. Ein hoher Delegationsgrad entlastet die Instanz von Routineentscheidungen und ermöglicht so eine große Leitungsspanne.
- von der **Art der Arbeitsteilung: Verrichtungsspezialisierung** erfordert eine intensive Kontrolle durch den Vorgesetzten; dies führt zu einer relativ kleinen Leitungsspanne. Dagegen zeichnen sich **Mengenteilung** oder **Objektspezialisierung** dank ganzheitlicher Vorgangsbearbeitung durch hohe Selbstorganisation und Selbstkontrolle aus; dies ermöglicht eine größere Leitungsspanne.

Diese Kriterien sind in Abb. 4.7 zusammengefasst; dabei werden jeweils zwei extreme Ausprägungen angegeben. Durch Bewertung der in der konkreten Situation vorliegenden Ausprägung findet man am oberen Rand der Grafik eine Empfehlung für die optimale Leitungsspanne. Wenn – wie in der Betriebspraxis häufig – verschiedene Kriterien zu widersprüchlichen Empfehlungen führen, ist eine **sorgfältige Abwägung** der Argumente vorzunehmen. – Die optimale Leitungsspanne ist dann erreicht, wenn möglichst viele Mitarbeiter einem Vorgesetzten untergeordnet sind, aber der Vorgesetzte nicht überlastet ist, sodass keine Beeinträchtigung der Koordinierungs- und Kontrollaufgaben des Vorgesetzten stattfindet.

Wichtig ist, dass nicht eine Faustregel wie „Die Leitungsspanne soll 7 sein" kritiklos übernommen, sondern die Leitungsspanne **situationsgerecht (,,situativ")** festgelegt wird! – Unter günstigen Voraussetzungen, beispielsweise im Briefabgang der Deutschen Bundespost-Postdienst, sind dabei Leitungsspannen von 130 oder mehr möglich!

▶ Die Leitungsspanne umfasst immer nur **direkt** unterstellte Mitarbeiter! Wenn eine Behörde mit ca. 400 Beschäftigten in vier Abteilungen gegliedert ist, beträgt die Leitungsspanne der Behördenleitung 4 bzw. 1 : 4 und nicht 1 : 400! – Die Leitungsspannen der folgenden Hierarchieebenen, also der Abteilungsleitungen und der Referatsleitungen, müssen nach Maßgabe der zuvor erläuterten Kriterien jeweils situativ festgelegt werden!

4.2.7 Leitungssysteme (Strukturtypen)

Einführung

Mit der Bestimmung der Anzahl notwendiger Ausführungsstellen und – abhängig von der optimalen Leitungsspanne – der Anzahl notwendiger Leitungsstellen ist die Gestaltung der Aufbauorganisation noch nicht abgeschlossen. Zu klären ist, welche **Über- bzw. Unterordnungsverhältnisse** zwischen Instanzen und Ausführungsstellen zu installieren sind. Lernziele dieses Abschnittes sind, die wichtigsten **Leitungssysteme (Strukturtypen, Liniensysteme)** kennenzulernen und deren Eignung für öffentliche Betriebe beurteilen zu können (Bühner 2004, S. 125 ff.; Kieser und Walgenbach 2010, S. 128 ff.; Schreyögg und Geiger 2016, S. 68 ff.; Schmidt 2009, S. 238 ff.; Siepmann und Siepmann 2004, S. 58 ff.; Träger 2018, S. 51 ff.; Weber et al. 2014, S. 120 ff.; Wöhe et al. 2016, S. 109 ff.).

Einliniensysteme (Ein-Linien-Organisationen)

Einliniensysteme (Ein-Linien-Organisationen) sind dadurch gekennzeichnet, dass jeder Mitarbeiter – von der obersten Führungsspitze abgesehen – genau **einen direkten Vorgesetzten** hat. Kontakte zwischen verschiedenen Organisationseinheiten sind nach Fayol (1841–1925), nur über die jeweiligen Instanzen bis hin zur niedrigsten gemeinsamen Instanz zulässig, um die Einheit des Auftragsempfangs nicht zu verletzen (Kieser und Walgenbach 2010, S. 128 ff.; Picot et al. 2015, S. 317 ff., Schulte-Zurhausen 2014, S. 255 ff., Staehle et al. 1999, S. 704 f., Henry Fayol o. J.). Ein typisches Einliniensystem ist in der Abb. 4.8 dargestellt.

Vorteile dieser Einliniensysteme sind:

- Übersichtliche und klare Hierarchiebeziehungen,
- Einheitlichkeit des Auftragsempfangs, da jeder Mitarbeiter genau einen direkten Vorgesetzten besitzt, der ihm gegenüber weisungsbefugt ist;
- klare Verantwortlichkeiten: Entscheidungen werden von einer/einem Vorgesetzten getroffen.

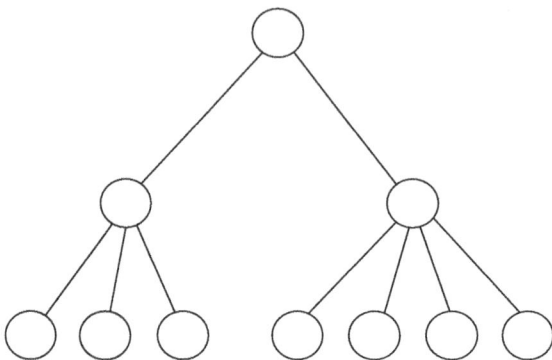

Abb. 4.8 Einliniensystem (schematische Darstellung)

Diesen Vorteilen stehen auf der anderen Seite charakteristische **Nachteile** bzw. **Probleme** gegenüber:

- Gefahr der **Überlastung** der Instanzen, vor allem der Leitungsspitze, da die Instanz Entscheidungen treffen und verantworten muss.
- Der sogenannte **Dienstweg** ist, vor allem bei einer großen Zahl von beteiligten Instanzen, oft sehr lang und damit zeitraubend.
- Einliniensysteme können auf überraschende Ereignisse oft **nicht flexibel** genug reagieren, sondern tendieren zu Starrheit.
- Die für Einliniensysteme typische starke **Betonung von Hierarchie und Amtsautorität** kann auf kreative Mitarbeiter demotivierend wirken.

Neben dem „klassischen" Einliniensystem, das ausschließlich Ausführungs- und Leitungsstellen (Instanzen) umfasst, ist auch das **Stabliniensystem (Stablinienorganisation, Einliniensystem mit Stäben)** verbreitet. Stabsstellen (Stäbe) sind, wie bereits in Abschn. 4.2.4 erläutert, als Leitungshilfsstellen einer bestimmten Instanz zugeordnet. Stäbe werden nicht in die Linie eingebunden, sondern direkt der Instanz zugeordnet, um kurze, schnelle Informationswege zu realisieren.

Stäbe haben die Aufgabe, **Entscheidungen vorzubereiten** und dadurch die Instanzen zu entlasten; Stäbe sind jedoch nicht selbst entscheidungsbefugt. In einer grafischen Darstellung der Aufbauorganisation werden Stäbe im Allgemeinen neben der Instanz dargestellt; ein Beispiel ist in der Abb. 4.9 wiedergegeben.

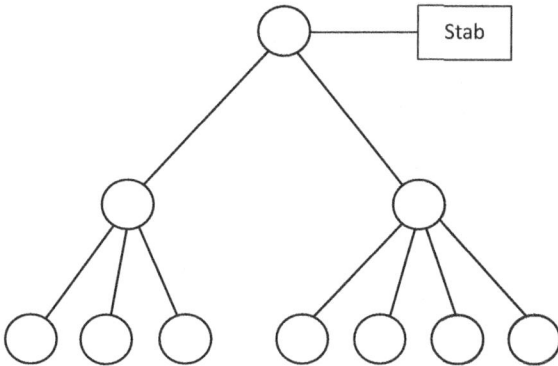

Abb. 4.9 Einliniensystem mit Stab (Stabliniensystem)

Vorteile einer Stablinienorganisation sind:

- Stäbe beraten und unterstützen die Instanz, dadurch wird die Instanz entlastet und kann sich so stärker ihren Leitungsaufgaben widmen.
- Stäbe sind im Allgemeinen durch hohe Sachkompetenz und Kontinuität gekennzeichnet.

Demgegenüber bestehen die folgenden **Nachteile** einer Stablinienorganisation:

- Stäbe besitzen keine Weisungsbefugnis, können jedoch unter Umständen die Entscheidung der Instanz manipulieren, z. B. durch bewusst einseitige Informationsauswahl. Dadurch wird der Stab zur „grauen Eminenz", die aus dem Hintergrund die Fäden zieht.
- Stäbe werden manchmal nur gebildet, um der Instanz zu mehr Prestige zu verhelfen.

Die bereits genannten **Nachteile** der Einliniensysteme, z. B. lange Dienstwege, geringe Flexibilität und Gefahr der Überlastung der Instanz, gelten natürlich auch für das Stabliniensystem.

Mehrliniensysteme (Mehrlinienorganisation)
Kennzeichen der Einliniensysteme ist, wie erwähnt, dass jeder Mitarbeiter außer der obersten Leitungsspitze genau einen direkten Vorgesetzten besitzt, daraus resultiert die Einheitlichkeit des Auftragsempfangs. Analog sind **Mehrliniensysteme** dadurch

gekennzeichnet, dass – von der Leitungsspitze abgesehen – jeder Mitarbeiter mehr als einen direkten Vorgesetzten besitzt und deshalb auch von mehreren Stellen Weisungen erhalten kann.

Hier sind vor allem vier verschiedene Formen von Mehrliniensystemen von Bedeutung:

a) Kollegiale Hierarchien
Wichtiges Kennzeichen der **kollegialen Hierarchien** (kollegialen Organisation) ist, dass nicht ein einzelner Vorgesetzte, sondern ein Kollegium, also eine Gruppe von beispielsweise drei Vorgesetzten, weisungsbefugt ist. Solche Systeme sind beispielsweise in Gemeinschaftsarztpraxen oder in Rechtsanwaltskanzleien verbreitet. Die **Gefahr** ist jedoch groß, dass hier **unkoordinierte** Weisungen gegeben werden und dass so die Ausführungskräfte überlastet werden. Ein weiterer wesentlicher **Nachteil,** der dieses System für den Einsatz in den meisten öffentlichen Betrieben disqualifizieren dürfte, ist das **Fehlen klarer Verantwortlichkeiten!** Eine schematische Darstellung findet sich in Abb. 4.10.

b) Patriarchalische Organisation
Die **patriarchalische Organisation** ist dadurch gekennzeichnet, dass ein Vorgesetzter an den Zwischeninstanzen vorbei direkt auf die unterste Ebene zugreifen kann. Dies kann z. B. der **Firmeninhaber** sein, der an den Managern vorbei direkte Weisungen an Ausführungskräfte gibt oder deren Arbeit kontrolliert. Eine schematische Darstellung zeigt Abb. 4.11.

Abb. 4.10 Kollegiale
Hierarchie (schematisch)

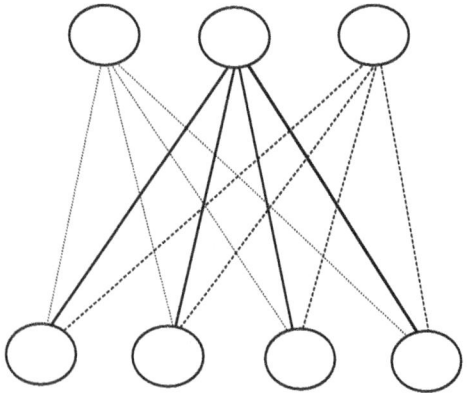

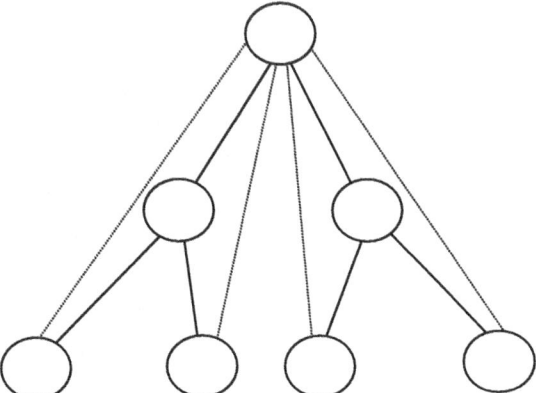

Abb. 4.11 Patriarchalische Organisation

Eine solche Organisationsform wirkt auf die übergangenen Zwischenvor-
gesetzten oft **demotivierend,** sodass die Gefahr besteht, dass diese nach außen
hin oder innerlich „kündigen". Zudem besteht die Gefahr, dass der „Patriarch"
durch Routineaufgaben **überlastet** wird und seine eigentlichen Führungsaufgaben und strategisch wichtige Entscheidungen vernachlässigt. Außerdem besteht
die Möglichkeit, dass die Ausführungsstellen die verschiedenen Leitungsebenen
gegeneinander ausspielen. Auch dieses in Abb. 4.11 dargestellte System ist deshalb für öffentliche Betriebe im Allgemeinen **nicht** geeignet.

c) Funktionale Organisation
Ein Beispiel für eine **funktionale Organisation** ist das **Funktionsmeistersystem**
nach F. Taylor (1865–1915) (Kieser und Walgenbach 2010, S. 128 ff.; Picot
et al. 2015, S. 321 ff.; Schulte-Zurhausen 2014, S. 255 ff.; Staehle et al. 1999,
S. 705 ff.; Funktionsmeistersystem o. J.). Dieses System ist dadurch gekenn-
zeichnet, dass für jede Tätigkeit oder Gruppe von Tätigkeiten ein **spezialisierter
Meister** weisungsbefugt und mit Kontrollaufgaben beauftragt ist. Wenn man als
Beispiel die Herstellung hölzerner Gartenmöbel betrachtet, könnte ein Meister für
Sägen und Hobeln, einer für Bohren und Schleifen, einer für Befestigungs- und
Verbindungstechnik und einer für Imprägnierung und Lackierung zuständig sein.
Die Ausführungskräfte müssten in der Lage sein, sämtliche Arbeiten auszuführen,
und dabei immer von dem jeweils zuständigen Meister Weisungen entgegen-
nehmen. Eine schematische Darstellung ist in Abb. 4.12 enthalten.

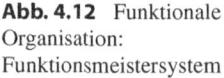

Abb. 4.12 Funktionale
Organisation:
Funktionsmeistersystem

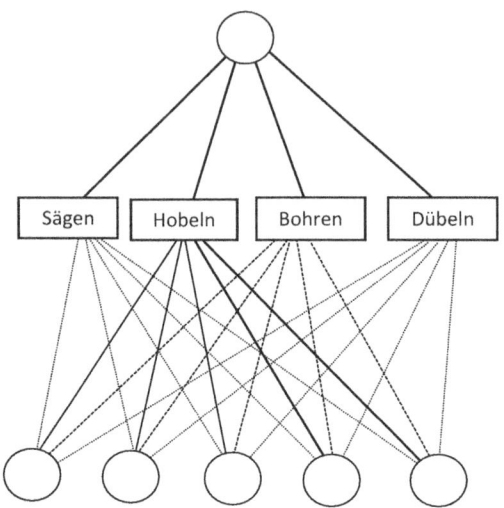

    Auch die funktionale Organisation ist durch **unklare Verantwortlichkeiten**
und die Gefahr von **Kompetenzstreitigkeiten** gekennzeichnet. Außerdem besteht
die Gefahr, dass die Ausführungskräfte entweder überlastet oder zu wenig eingesetzt werden. Deshalb ist dieses System für öffentliche Betriebe im Allgemeinen **nicht** geeignet.

d) Matrixorganisation
Die in der Literatur wohl meistgenannte Form der Mehrlinienorganisation ist die
Matrixorganisation („echte Matrix") (Schreyögg 2016, S. 50 ff.; Schreyögg
und Geiger 2016, S. 86 ff.; Schmidt 2009, S. 247 ff.; Steinebach 1998, S. 151 f.;
Wöhe et al. 2016, S. 112 ff.). Dabei besitzt jeder Mitarbeiter in der Regel genau
zwei gleichberechtigte Vorgesetzte, von denen einer beispielsweise für ein
bestimmtes Produkt und der andere beispielsweise für eine betriebliche Funktion,
z. B. Produktion oder Absatz zuständig ist. Beide Vorgesetzte sind gleichermaßen
weisungsbefugt, wobei die **Koordination** der Anforderungen durch den Inhaber
der Ausführungsstelle selbst vorgenommen werden muss. Dieser **„kreative
Konflikt"** soll nach Meinung einiger Autoren sowohl die Leistung als auch
die Kreativität der Mitarbeiter und die Flexibilität des Betriebes fördern. Diese
Organisationsform ist in Abb. 4.13 dargestellt.
    Die Matrixorganisation („echte Matrix") ist beispielsweise im Bereich
der chemischen Industrie der Bundesrepublik Deutschland und in der

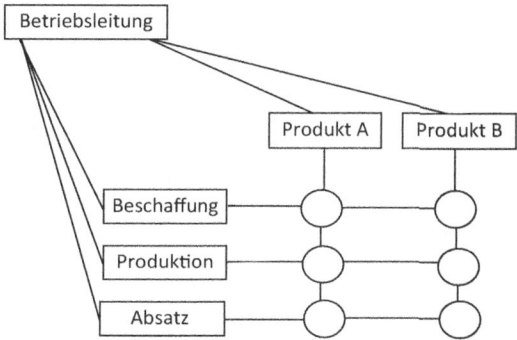

Abb. 4.13 Matrixorganisation („echte Matrix")

Süßwarenindustrie mit Erfolg eingesetzt worden; Versuche mit dieser Organisationsform im Bereich der öffentlichen Verwaltung sind jedoch **fehlgeschlagen.** Gründe hierfür mögen die im Folgenden genannten Probleme der Matrixorganisation sein:

• Die Matrixorganisation ist durch **ständige Konflikte** zwischen Vorgesetzten und das **Fehlen klarer Verantwortlichkeiten** gekennzeichnet;
• die ständigen „kreativen Konflikte" erfordern einen sehr **hohen Koordinationsaufwand,** der oftmals leistungshemmend wirkt;
• die **Gefahr endloser Machtkämpfe** zwischen verschiedenen Vorgesetzten ist sehr hoch.

Unechte Funktionalisierung (Liniensysteme mit Querschnittseinheiten, unechte Matrix)
Bei der Bewertung der bereits vorgestellten Leitungssysteme stellt sich die Frage: „Wie können die Vorteile einer funktionalen Spezialisierung genutzt werden, ohne die Nachteile eines Mehrliniensystems in Kauf zu nehmen?" – Dieses Ziel kann erreicht werden durch **Zusammenfassung zentraler Funktionen** in sogenannten **Querschnittseinheiten.** Man spricht dabei auch von einer „**Unechten Funktionalisierung**", da die grundsätzlichen Über- und Unterordnungsbeziehungen bestehen bleiben, allerdings werden **mittelbare Aufgaben,** die in den verschiedenen Fachabteilungen gleichermaßen anfallen, in speziellen Organisationseinheiten, den Querschnittseinheiten oder **Zentraleinheiten,** zusammengefasst („zentralisiert"); diese zusammen bilden die Zentralabteilung (Abteilung Z).

▶ Die Trennung zwischen Fach- und Querschnitteinheiten entspricht der
Zweckspezialisierung (Zweckzentralisation).

Verbreitet ist die Bildung von **vier Querschnittseinheiten: Haushalt,
Organisation, Personal** und **Innerer Dienst** (Innendienst); als Gedankenstütze
dient das Wort **HOPI,** das aus den Anfangsbuchstaben der vier Referate gebildet ist.
Die Aufgaben der vier wichtigsten Querschnittseinheiten HOPI sollen im
Folgenden kurz vorgestellt werden.
Aufgaben der Querschnittseinheit „**Haushalt**":

- mittelfristige Finanzplanung,
- Aufstellung des Haushaltsplanes,
- Mitwirkung bei Strukturentscheidungen,
- Zahlstelle (mit Trennung von Anordnung und Ausführung).

Aufgaben der Querschnittseinheit „**Organisation**":

- Beratung der Behördenleitung,
- Analyse der Aufbau- und Ablauforganisation,
- Durchführung von Organisationsuntersuchungen,
- Planung des Informationstechnik-Einsatzes (IT-Einsatzes),
- Installation, Betrieb und Wartung der IT-Ausstattung.

Aufgaben der Querschnittseinheit „**Personal**"[4]:

- Beratungs- und Planungsaufgaben,
- Personalbemessung und Personaleinsatz,
- Personalführung und Personalentwicklung,
- Personalverwaltung (Ernennung, Beförderung, Versorgung, …),

---

[4]In der modernen Literatur wird für das Personalmanagement auch die Bezeichnung
„**Human Resources Management**" oder kurz „**HR-Management**" bzw. „**HRM**" verwendet.

Aufgaben der Querschnitteinheit **„Innerer Dienst"** („Innendienst", „Innere Verwaltung"):

* Liegenschaftsverwaltung („Facility Management"), Materialverwaltung,
* Bereitstellung von Kommunikationsdiensten (Telefon, Fax, Schreibdienst),
* Druckerei, Registratur, Fahr- und Botendienst.

Bei Bedarf können **weitere Querschnitteinheiten,** z. B. **Recht** („Justitiariat") oder **Planung** oder **Informationsverarbeitung** (IV) hinzugefügt werden. – Auch **Öffentlichkeitsarbeit** (Medienarbeit) kann als Querschnitteinheit realisiert werden; häufiger wird jedoch diese als Stab („Medienreferent" bzw. „Pressesprecher") unmittelbar der Behördenleitung zugeordnet. Die Behördenleitung entscheidet kraft ihrer Organisationskompetenz (Organisationsgewalt) über die konkrete organisatorische Einbindung.

Mit der Bildung von Querschnitteinheiten sind **wichtige Vorteile** verbunden:

* **Entlastung der Fachabteilungen** von mittelbaren Aufgaben, dadurch ist eine **Konzentration** auf die Fachaufgaben möglich;
* **fachliche Spezialisierung** der Aufgabenträger in den Querschnitteinheiten ermöglicht hohe Fachkompetenz und wirtschaftliche Aufgabenerfüllung;
* **einheitliche Aufgabenerfüllung** der mittelbaren Aufgaben für sämtliche Abteilungen;
* **schnelle Entscheidungen** durch kurze Dienstwege zwischen den Querschnitteinheiten und den beteiligten Fachreferaten.

Diesen Vorteilen stehen allerdings auch einige **Nachteile** der Zentralisation von mittelbaren Aufgaben in Querschnitteinheiten gegenüber:

* Da viele Aufgaben das **Zusammenwirken** von Fach- und Querschnitteinheiten erfordern, **fehlen klare Verantwortlichkeiten;**
* die notwendige Zusammenarbeit birgt die **Gefahr von Konflikten und Kompetenzstreitigkeiten;** Beispiel: Die Anforderung von Haushaltsmitteln durch den Leiter einer Fachabteilung kann zum Streit zwischen Fachvorgesetztem und dem Leiter des Haushaltsreferats führen;
* der **Koordinationsbedarf** (z. B. bei Verteilung von Haushaltsmitteln) ist im Allgemeinen sehr hoch.

Aktuell erfolgt in der Bundesverwaltung eine **weitere Zentralisierung** von Serviceaufgaben durch sogenannte **Dienstleistungszentren** (DLZ) bzw. **Verwaltungsservice-Zentren** (VSZ), diese werden manchmal auch als **Shared Service Center** (SSC) bezeichnet (Krüger 2017, S. 106 ff.).

In solchen Zentren werden z. B. Beihilfeabrechnung, Reisemanagement und -abrechnung, Personalgewinnung bzw. Personalinformation sowie andere Querschnittaufgaben, beispielsweise Betrieb und Weiterentwicklung von IT-Systemen, für eine Vielzahl von Behörden zusammengefasst. Ziele sind auch hier **Kostensenkung** sowie **Qualitätsverbesserung** der entsprechenden Serviceleistungen. – Zu berücksichtigen ist jedoch immer der evtl. höhere Kommunikations- sowie Koordinationsaufwand.

Projektorganisation/Projektmanagement
Neben den bisher vorgestellten, auf Dauer angelegten Leitungssystemen existieren als Sonderform sogenannte **Projektorganisationen** oder **teamorientierte Strukturen.** Solche Organisationsformen sind für **komplexe, bereichsübergreifende, zeitlich befristete** Aufgaben sinnvoll, beispielsweise für die Vorbereitung eines Umzuges oder einer Jubiläumsfeier oder zur Vorbereitung der Einführung eines neuen Informationsverarbeitungssystems (Bundesministerium des Innern 2013; Krüger 2017, S. 92 ff.; Mundhenke 1995, S. O 14 f.; Olfert 2015, S. 126, 323 ff.; Schmidt 2009, S. 249 ff.; Schulte-Zurhausen 2014, S. 291 ff., 425 ff.; Siepmann und Siepmann 2004, S. 66–67; Steinebach 1998, S. 152 ff.).

Als **Mitglieder** eines Projektteams werden im Allgemeinen qualifizierte Mitarbeiter/-innen verschiedener Facheinheiten und eine Person aus dem **Organisationsreferat** ausgewählt; alternativ kann auch die/der jeweils vorgesetzte Referatsleiter(in) Mitglied eines Projektteams werden. Man unterscheidet zwei wichtige Formen teamorientierter Strukturen:

1. **Projektgruppen mit Leiter(in) (Hierarchische Projektteams):** Ein(e) Vorgesetzte(r) wird als Leiter(in) der Projektgruppe (Projektleiter, PL) eingesetzt. Der/die Vorgesetzte ist für die Steuerung der Arbeit der Projektgruppe und die Qualität der erzielten Ergebnisse verantwortlich. Da die Präsenz eines/einer Vorgesetzten oft hemmend wirkt, sind selten ungewöhnlich kreative Lösungen zu erwarten. Vorteile sind jedoch die im Allgemeinen stärker ausgeprägte Zielorientierung und die klare Projektverantwortung der Projektleitung.
2. **Projektgruppen ohne Leiter(in) (Hierarchiefreie Projektteams):** Die Mitglieder einer Projektgruppe wählen einen Sprecher bzw. eine Sprecherin, welche(r) die Ergebnisse des Projektes nach außen präsentiert und vertritt. Eine solche Projektgruppe zeichnet sich oft durch außergewöhnlich **kreative**

Lösungen aus; allerdings ist auch die Gefahr groß, dass die Projektgruppe zu einem plan- und ziellosen „Debattierclub" ausartet.

▶ In der Behördenpraxis dominieren eindeutig die hierarchischen Projektgruppen, vermutlich wegen der klaren Projektverantwortung und der zu erwartenden höheren Zielorientierung.

Die **Einbindung der Projektgruppe** in das Liniensystem erfolgt in vielen Fällen durch eine **Lenkungsgruppe** (LG), deren Mitglieder aus der nächsthöheren oder übernächsten hierarchischen Ebene stammen. Die Lenkungsgruppe – auch **Lenkungsausschuss** (LA) genannt – steuert und koordiniert die Arbeit der Projektgruppe und stellt die Ergebnisse der Behördenleitung vor.

Unter den genannten Voraussetzungen – für komplexe, bereichsübergreifende, zeitlich befristete Aufgaben – sind teamorientierte Strukturen ein **wichtiger Bestandteil** der Aufbauorganisation. Organisatorisch sind folgende Varianten möglich (Bundesministerium des Innern 2013, S. 12, 29 f.; Krüger 2017, S. 95 ff.):

- **Reine Projektorganisation (Task Force):** Die Projektmitglieder werden in einer neuen, temporären Organisationseinheit zusammengefasst und von ihren Linienfunktionen bis zum Projektabschluss freigestellt.
- **Matrix-Projektorganisation:** Die Projektmitglieder verbleiben in ihren bisherigen Unterstellungen („in der Linie"). Die Führung des Projektes erfolgt durch eine temporär die Linie überlagernde Matrixorganisation.
- **Einflussprojektorganisation:** Die Projektmitglieder verbleiben in der Linie in ihren bisherigen Unterstellungen. Ein Projektkoordinator/eine Projekt-koordinatorin – vergleichbar einem Stab – **koordiniert** die Projektarbeit.
- **Arbeitsgruppe:** Bei Kleinprojekten genügt eine nebenamtlich besetzte, informelle Arbeitsgruppe oder ggf. sogar eine „Mitzeichnungslösung".

Um qualitativ hochwertige Ergebnisse zu erhalten, sind jedoch folgende **Bedingungen** zu beachten:

- Die beteiligten Mitarbeiter/-innen sollten hoch **qualifiziert, kreativ** und **motiviert** sein.
- Die Projektmitglieder müssen von ihren „normalen" Aufgaben im Linien-system wenigstens teilweise **freigestellt** werden.

Die zeitweise Freistellung der Mitarbeiter/-innen ist ein wichtiger „**Erfolgs-faktor**", d. h. eine wichtige Voraussetzung für den Erfolg des Projektes. Noch wichtiger ist jedoch ein wirksames **Projektmanagement**. Dies umfasst vor allem das Zeit-, Ressourcen-, Kosten-, Qualitäts- und Risikomanagement (Bundes-ministerium des Innern 2013, S. 12 ff., 23 ff.; Boy et al. 2006; Kraus und Westermann 2004; Madauss 1994; 2015; Schelle 2014; Steinbuch 1998). Dabei ist erfahrungsgemäß das „**Magische Dreieck des Projektmanagements**" zu berücksichtigen; dieses ist in Abb. 4.14 dargestellt.

Sachziel, Zeitziel und Kostenziel stehen in **Konkurrenz** zueinander und müssen jeweils gleichzeitig berücksichtigt werden; das geht nur mit Kompromissen. Wenn ein Ziel verändert wird, müssen in der Regel die übrigen Ziele angepasst werden. Der typische Ablauf eines Projektes wird durch Projekt-leitfäden und Projekthandbücher strukturiert, weitere Hilfen findet die Projekt-leitung in Projektchecklisten.

Für komplexe Aufgaben ist der Einsatz spezialisierter **Projektplanungs-software** (z. B. Microsoft Project, Ganttproject u. a.) unbedingt zu empfehlen, die eine systematische Termin-, Ressourcen- und Kostenplanung wesentlich erleichtert (Schelle 2014, S. 281 ff.). – Eine vertiefende Darstellung der Projekt-management-Methoden (PM-Methoden) ist im Rahmen dieses Buches leider nicht möglich.

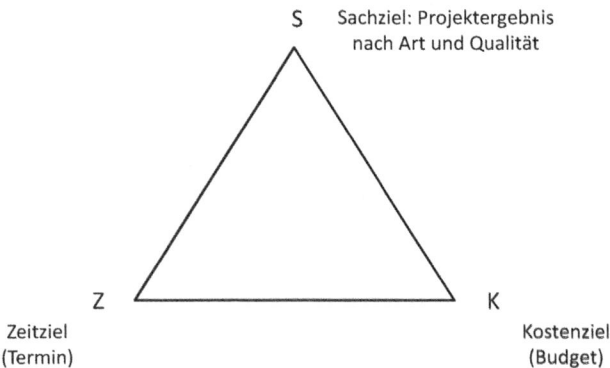

Abb. 4.14 „Magisches Dreieck" des Projektmanagements

4.2.8 Dokumente der Aufbauorganisation

Einführung
Die gewählte Form der **Aufbauorganisation** sollte im Allgemeinen **schriftlich dokumentiert** werden. Gründe für eine Dokumentation sind:

- **Information der Öffentlichkeit** und der Medien
- Information **vorgesetzter** oder **nachgeordneter Behörden**
- Information vorhandener und neu eingestellter **Mitarbeiter/-innen**

Informationen werden auf Papier oder in elektronischer Form, z. B. im Internet bzw. im Intranet (internen Netz der Behörde bzw. Behördengruppe) bereitgestellt. Dazu gibt es **drei wichtige Typen** von Dokumenten:

1. **Organigramm:** Grafische Darstellung der Aufbauorganisation
2. **Geschäftsverteilungsplan:** Auflistung der Aufgabengebiete und der zuständigen Bearbeiter/-innen
3. **Stellenbeschreibung:** ausführliche Beschreibung einer Stelle

Diese drei Formen werden im Allgemeinen **kombiniert** eingesetzt, da jede von ihnen spezielle Vorzüge bzw. Nachteile besitzt.

Organigramm (Organisationsplan)
Ein **Organigramm (Organisationsplan)** ist eine **grafische Darstellung** der Aufbauorganisation, es gibt eine Übersicht der Aufgabenverteilung und Hierarchie (Eilsberger und Leipelt 1994, S. 235 f.; Mundhenke 1995, S. O 1 ff.; Träger 2018, S. 76 ff.). – **Elemente** des Organigramms sind:

- Darstellung der **Organisationseinheiten** (Leitung, Abteilungen, ggf. Unterabteilungen, Referate) durch Rechtecke;
- Darstellung der **Hierarchiebeziehungen** (Über-/Unterordnungsverhältnisse) durch Verbindungslinien;
- **Kurzbezeichnung** der Organisationseinheiten durch:
  - Ziffernkombination,
  - Abkürzungen;
- falls gewünscht: **Angabe** von Name und Durchwahl (Nebenanschluss, NA) **des Aufgabenträgers** (Stelleninhabers);

- falls gewünscht: Angabe des **Vertreters,** z. B. des Behördenleiters durch waagerechte Teilung eines Rechtecks;
- falls nötig: Angabe von **Gremien** und **Beiräten** und anderen unabhängigen Einrichtungen (z. B. Personalrat) (**ohne** Verbindungslinien!).

Darstellungsformen des Organigramms:
1. **Vertikale Darstellung:** stehende Pyramide, wird von oben nach unten breiter, dies ist in Abb. 4.15 schematisch dargestellt.
2. **Horizontale Darstellung:** liegende Pyramide, wird von links nach rechts breiter (ohne Abb.).
3. **Mischform:** Kombination aus vertikaler und horizontaler Darstellung: Diese ist auch für große Behörden geeignet und sehr übersichtlich (siehe Abb. 4.16)!

Merkmale eines Organigramms

- Die **kleinste** im Organigramm dargestellte **Organisationseinheit** ist im Allgemeinen das **Referat;** Sachbearbeiter-Arbeitsplätze werden nicht dargestellt.
- **Stäbe** werden i. d. R. neben der Instanz, der sie zugeordnet sind, als Rechteck dargestellt; der Stab wird durch eine Linie mit der Instanz verbunden.
- **Selbstständige Organisationseinheiten,** Ausschlüsse oder Kommissionen, die nicht in die Hierarchie eingebunden sind, werden als Rechteck – ohne Verbindungslinien – dargestellt.
- **Vertretungsverhältnisse** (z. B. Präsident/Vizepräsident) werden häufig durch die Teilung eines Rechtecks bezeichnet.

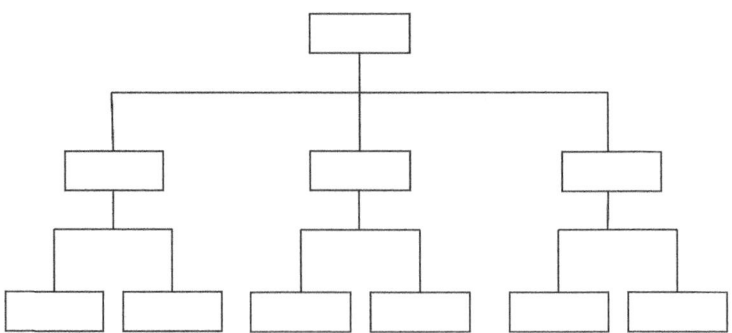

Abb. 4.15 Organigramm, vertikale Darstellung

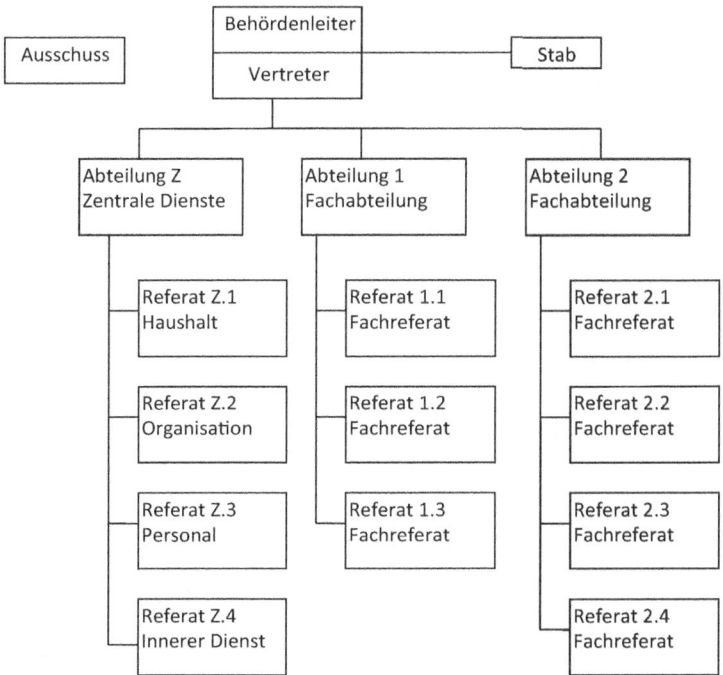

Abb. 4.16 Organigramm, Mischform („Harkendarstellung")

Häufige Fehler in Organigrammen
1. **Fehlerhafte Darstellung** des (ständigen) **Vertreters** bzw. **Vizepräsidenten:** Richtig ist – wie zuvor zu sehen – die Verwendung eines durch eine waagerechte Linie geteilten Rechteckes: Oberhalb der Linie steht die Instanz, darunter der ständige Vertreter (z. B. Vizepräsident). – Ein gesondertes Symbol ist nicht erforderlich, wenn ein Abteilungsleiter, z. B. der Abteilungsleiter der Zentralabteilung (AL Z), die Vertretung des Behördenleiters im Abwesenheitsfalle übernimmt.
2. **Unklare Über-/Unterordnungsbeziehungen:** Richtig ist die sogenannte „Harkenform" (siehe Abb. 4.16), deren „Zinken" bei Verwendung der Mischform nach links oder nach rechts zeigen können. Falsch ist, die nachgeordneten Einheiten an einer durchgehenden Linie aufzureihen wie Perlen auf einer Kette („Perlenschnur"). Diese Aufreihung ist zwar oftmals zu sehen. sollte aber durch eine Harke ersetzt werden.

3. **Fehlen der Querschnittseinheiten:** Die Querschnittseinheiten, also die Abteilung Z mit den zugehörigen Querschnittsreferaten (mindestens HOPI: Haushalt, Organisation, Personal, Innerer Dienst) werden meist in der ersten oder letzten Spalte eines Organigramms (bei Verwendung der sogenannten Mischform) dargestellt. In seltenen Fällen werden die Querschnittseinheiten inmitten der Facheinheiten dargestellt. Falsch ist, auf die Darstellung der Querschnittseinheiten zu verzichten.

Geschäftsverteilungsplan

Der **Geschäftsverteilungsplan** einer Behörde nennt für alle Aufgabengebiete den jeweils zuständigen Bearbeiter sowie ggf. den Vertreter. Neben dem Namen des Bearbeiters werden meist auch die Bewertung der Stelle sowie teilweise auch die Vergütungsgruppe genannt (vgl. z. B. Mundhenke 1995, S. G 3). – Geschäftsverteilungspläne sind **interne Dokumente** und werden deshalb in der Regel nicht veröffentlicht; sie sind aber im **Intranet** einer Behörde oder Behördengruppe, beispielsweise im Intranet des Bundes, einsehbar.

Stellenbeschreibung

Die **Stellenbeschreibung** ist eine **verbindliche, schriftliche Abbildung** einer Stelle, in der die vom Stelleninhaber zu erfüllenden Aufgaben festgelegt sind. Die Stellenbeschreibung ist gleichzeitig **Arbeitsplatz-, Funktions-** und **Positionsbeschreibung** (Bühner 2004, S. 45 ff.).

Ziele der Stellenbeschreibung sind:

- Sicherung der **Qualität** der Aufgabenerfüllung,
- klare und eindeutige **Regelung der Zuständigkeiten,**
- **Unterstützung** bei der **Planung** personeller Maßnahmen,
- Hilfe bei der **Durchführung von Stellenbewertungen.**

Elemente der Stellenbeschreibung:

1. **Instanzenbild:**
    - Bezeichnung und Nummer der Stelle,
    - Nummer der Organisationseinheit, zur der die Stelle gehört,
    - Über- und Unterordnungsverhältnisse,
    - ggf. Vertretung;
2. **Aufgabenbild:**
    - Ziel der Stelle,
    - der Stelle zugeordnete Einzelaufgaben (mit Zeitanteilen),

- Befugnisse (Kompetenz) des fiktiven Stelleninhabers,
- Verantwortung des Stelleninhabers;
3. **Kommunikationsbild:**
   - Informationsbeziehungen,
   - Einbindung der Stelle in Gremien und Ausschüsse;
4. **Besetzungsbild:**
   - persönliche und fachliche Anforderungen an den fiktiven Stelleninhaber, z. B. Ausbildung, Berufserfahrung,
   - Leistungsstandards.

Voraussetzungen für die Verwendung einer Stellenbeschreibung:

- Die Stellenbeschreibung sollte für die gesamte Behörde **einheitlich** erstellt werden!
- Die Stellenbeschreibung darf **nicht zu alt** sein, etwa alle ein bis zwei Jahre ist eine Aktualisierung notwendig!

▷ Persönliche Angaben über den aktuellen Stelleninhaber, z. B. Familienstand, Beurteilungen, besuchte Fortbildungen, etc. haben in der Stellenbeschreibung nichts zu suchen!

Vorteile einer Stellenbeschreibung sind:

- Die Mitarbeiter/-innen kennen ihre Aufgaben und Befugnisse.
- Eine Vorgesetzte/ein Vorgesetzter weiß, was sie/er von den Mitarbeitern/-innen erwarten kann.
- Die Stellenbeschreibung hilft bei der Stellenbesetzung, z. B. bei der Formulierung einer Ausschreibung.
- Die Stellenbeschreibung unterstützt bei der Mitarbeiterbeurteilung und bei Personalentwicklungsmaßnahmen.

Nachteile einer Stellenbeschreibung sind:

- Hoher Aufwand für Erstellung und Aktualisierung (ungefähr ein Tag pro Stelle),
- Gefahr der organisatorischen Erstarrung,
- Abnahme der Bereitschaft, neue Aufgaben zu übernehmen, und der Initiative der Mitarbeiter: „Das brauche ich nicht zu tun, das gehört nicht zu meinen Aufgaben!"

Wegen des hohen Aufwandes der Erstellung und der ständigen Aktualisierung einer Stellenbeschreibung sollte **sorgfältig geprüft** werden, ob dieser Aufwand vertretbar ist oder ob die anderen Dokumente (Organigramm und Geschäftsverteilungsplan) nicht zur Dokumentation des Aufbaus des (öffentlichen) Betriebes ausreichen!

Ausblick: Produktkatalog neuer Steuerungsmodelle
Im Rahmen der neuen Steuerungsmodelle (New Public Management, NSM bzw. NPM, vgl. Kap. 5) werden die aufbauorganisatorischen **Dokumente ergänzt** durch einen sogenannten **Produktkatalog.** und ggf. einen **Kostenstellenplan.**

Der Produktkatalog nennt und beschreibt alle **Leistungen** („Produkte") einer Behörde bzw. eines Betriebes.

Dabei unterscheidet man meist:

• **Externe Produkte** (Produkte mit Außenwirkung): Abgeleitet aus den Hauptaufgaben eines Betriebes, z. B. Erstellung eines Verwaltungsaktes; Ausbildung eines Kurses an der HS Bund.

• **Interne Produkte** (Produkte mit Innenwirkung): Werden im Allgemeinen von zentralen Einheiten („Serviceeinheiten") produziert und sind zur Aufgabenerfüllung notwendig, z. B. Abwicklung eines Druckauftrages, Betrieb der Telefonzentrale; Gebäudemanagement.

Ein solcher Produktkatalog wird u. a. für die **Kosten-Leistungsrechnung** (KLR) benötigt, durch die die anfallenden Kosten zunächst den Arbeitseinheiten („Kostenstellen", z. B. Druckerei) und anschließend den Produkten („Kostenträgern") zugerechnet werden. – Der **Kostenstellenplan** ist eine übersichtliche Darstellung der Kostenstellen (Arbeitseinheiten, Orte der Leistungserstellung) und oft an das Organigramm angelehnt.

Produktorientierung (Output-Orientierung), Kosten-Leitungsrechnung und Controlling sind wichtige Elemente neuer Steuerungsmodelle (NSM) bzw. des „New Public Management" (NPM), deren Grundzüge im Kap. 5 näher vorgestellt werden sollen.

4.3   Grundlagen der Ablauforganisation

Gegenstand der **Ablauforganisation** oder der – in neueren Quellen – **Prozessorganisation** ist die Gestaltung und Optimierung sämtlicher Abläufe bzw. Prozesse in Hinblick auf die betrieblichen Ziele.

4.3.1 Einführung

Im letzten Abschnitt wurde erwähnt, dass in der Betriebswirtschaftslehre die Unterscheidung in Aufbau- und Ablauforganisation gebräuchlich ist. Ziel der **Organisation** ist, für eine möglichst **zweckmäßige Arbeitsteilung und Koordination in Betrieben** zu sorgen. Die Aufbauorganisation schafft dauerhafte Regelungen für Aufgabenerledigung, Zuständigkeiten, Verantwortlichkeiten, Kompetenzen und Informationswege. Die **Ablauforganisation** behandelt die Festlegung des räumlichen und zeitlichen Ablaufs einzelner Handlungen und ist damit prozessorientiert. Schierenbeck wählt zur Veranschaulichung ein treffendes Bild und vergleicht die Aufbaubeziehungen mit den **Straßen** einer Stadt, während die Ablaufbeziehungen die **zeitliche und räumliche Nutzung** dieser Straßen regeln (Schierenbeck und Wöhle 2016, S. 124 f.).

Die neuere Betriebswirtschaftslehre wird vielfach als **Managementlehre** angesehen, in der wirtschaftliche Aspekte und Verhaltensaspekte in gleicher Weise Beachtung finden (Reichard 1987, S. 138; Staehle et al. 1999, S. 71 ff., 149 ff.). Neben grundlegenden **Entscheidungsmodellen** (Vorgehensmodellen) werden im Folgenden ausgewählte **Managementtechniken** und Regelungen zum Geschäftsgang vorgestellt.

4.3.2 Reorganisationsprozesse (Entscheidungsmodelle, Vorgehensmodelle)

Einführung
Reorganisationsprozesse laufen oft in typischen Phasen ab. In einer frühen Veröffentlichung unterscheidet Grochla die folgenden **acht Phasen** (Grochla 1982, S. 44, zit. bei Reichel 1990, S. 119):

1. Problemerkennung
2. Initiierung und Förderung der Entscheidung
3. Aufnahme und Analyse des Problemfeldes
4. Problemdiagnose und Vorgabe von Gestaltungszielen
5. Generierung von Gestaltungsalternativen
6. Bewertung und Auswahl von Gestaltungsalternativen
7. Einführung und Durchsetzung der gewählten Alternative
8. Kontrolle und Weiterentwicklung der eingeführten Organisation

Aktuell verbreitet sind **einfachere Modelle,** die z. B. **sechs Phasen** unterscheiden. Diese werden auch als **Entscheidungsmodelle (Vorgehensmodelle)** bezeichnet, da sie die grundsätzliche (systematische) **Vorgehensweise der Problemlösung** bzw. den grundsätzlichen **Ablauf von Organisationsmaßnahmen** beschreiben (Fischer 1991, Abschn. 3.3; Mundhenke 1995, S. V 1 ff.). Die wichtigsten Modelle (modellhafte Vorgehensweisen) sollen anhand zweier einfacher Fälle vorgestellt werden.

Beispiel

1. Fall: HS Bund (ab 2016): Die Hochschule des Bundes (HS Bund) beabsichtigt, neue Räumlichkeiten im Raum Köln/Bonn zu beziehen, da der bisher benutzte Campus im Westen der Stadt Brühl als Folge steigender Studierendenzahlen den räumlichen Anforderungen nicht mehr genügt. – Beschreiben Sie die grundsätzliche Vorgehensweise!

Beispiel

2. Fall: IT-Umstellung: Aufgrund hoher Energie- und Wartungskosten beabsichtigt eine Behörde, das bisher genutzte Zentralrechnersystem durch eine moderne IT-Lösung zu ersetzen. – Beschreiben Sie die grundsätzliche Vorgehensweise!

Zur Bearbeitung einer solchen Fragestellung eignen sich vor allem die im Folgenden vorzustellenden Entscheidungsverfahren (Vorgehensmodelle):

Einfaches Vorgehensmodell (Lineares Phasenmodell)
Das einfache Vorgehensmodell umfasst die Phasen:

1. Problemanalyse/Zielvorgabe
2. Ist-Analyse
3. Planung
4. Entscheidung
5. Realisation (Durchführung)
6. Kontrolle

Diese Phasen werden **der Reihe nach** (streng **sequenziell**) durchlaufen, und eine neue Phase wird erst begonnen, wenn die vorhergehende Phase abgeschlossen ist. Die verschiedenen Phasen können durch geeignete **Organisationstechniken (Managementtechniken)** wirksam unterstützt werden. Diese Techniken (Methoden) werden in den darauffolgenden Abschnitten vorgestellt.

Die Phasen des einfachen Vorgehensmodells (lineares Phasenmodell) sind:

Phase 1: Problemanalyse/Zielvorgabe (Zielfindung)
Diese Phase umfasst ggf. die **Problembeschreibung** (Motivation) sowie vor allem die **Ableitung von Zielen** aus dem Oberziel des Betriebes. Dabei kann zwischen Sachzielen (Hauptzielen) und Formalzielen (Nebenzielen) unterschieden werden (vgl. Abschn. 2.3.1).
Geeignete Organisationstechniken (Managementtechniken, Methoden) sind:

- **Ideenfindungstechniken** (Kreativitätstechniken), z. B. Brainstorming,
- **Kennzahlen** (vgl. Abschn. 5.4),
- **Strukturierungstechniken**, z. B. Mind-Mapping.

Eine mögliche Umsetzung dieser Phase soll für den Fall 1 („Erweiterung bzw. Umzug der HS Bund") erläutert werden. – **Oberziel** der HS Bund ist die Ausbildung von Beamten/-innen des gehobenen nichttechnischen Dienstes der Bundesverwaltung. Aus diesem Oberziel lassen sich die folgenden **Ziele** ableiten:

- Bereitstellung moderner Unterrichtsräume,
- Einrichtung einer Bibliothek,
- Bereitstellung von Wohnheimplätzen,
- Einrichtung einer Mensa und einer Cafeteria,
- Bereitstellung von Büros für die Verwaltung und für Dozenten/-innen,
- Sicherung einer guten Verkehrsanbindung,
- Förderung von Freizeitaktivitäten,
- geringe Kosten der Ausbildung.

Phase 2: Ist-Analyse
Diese Phase beinhaltet die **Erfassung, Darstellung und Bewertung** wichtiger Teile des **bestehenden Zustandes** (des **Ist-Zustandes**, der **Ist-Situation**). Man unterscheidet:

a. **Ist-Aufnahme:** Erhebung und Darstellung des Ist-Zustandes;
b. **Schwachstellenanalyse:** Kritische Würdigung des Ist-Zustandes, Suche nach Schwachstellen, d. h. nach Fehlern in der Aufbau- oder Ablauforganisation.

In dieser Phase sind die folgenden **Organisationstechniken** (Managementtechniken, Methoden) geeignet:

- **Erhebungstechniken,** z. B. Dokumentenanalyse, Beobachtung,
- **Darstellungstechniken,** z. B. Flussdiagramm,
- **Kennzahlen.**

Phase 3: Planung

Die Phase 3 bedeutet die **Entwicklung und Bewertung von Handlungsalternativen** (Lösungsvorschlägen). Dabei unterscheidet man:

a. **Grobplanung,**
b. **Feinplanung.**

Geeignete **Organisationstechniken** (Methoden) sind jetzt:

- **Ideenfindungstechniken** (Kreativitätstechniken), z. B. Brainstorming,
- **Darstellungstechniken,** z. B. Flussdiagramm,
- **Kennzahlen,**
- **Bewertungstechniken** (vgl. Kap. 3):
  - – Kostenvergleichsrechnung (KVR),
  - – Kapitalwertmethode (KWM),
  - – Nutzwertanalyse (NWA).

Im Fall 1 „HS Bund" bieten sich beispielsweise folgende Handlungsalternativen an:

- Anmietung zusätzlicher Räume in der Nähe des bisherigen Standorts
- Errichtung eines Erweiterungsbaues in der Nähe des bisherigen Standorts
- Anmietung einer größeren Liegenschaft in 50 km-Umkreis
- Errichtung von Modul- bzw. Systembauten am bisherigen Standort

Im Fall 2 „IT-Umstellung" sind Angebote von Systemherstellern oder Dienstleistern einzuholen. Diese sollten nicht nur die notwendige Hardware- und Softwarekonfiguration, sondern auch Unterstützungsleistungen z. B. bei der Übernahme von vorhandenen Daten (sofern erforderlich) und der Schulung der Mitarbeiter/-innen umfassen.

Phase 4: Entscheidung

Dies bedeutet die Auswahl der besten Handlungsalternative(n). Dabei sind oft neben wirtschaftlichen auch politische Aspekte zu berücksichtigen.

Da im Fall 1 „HS Bund" der zusätzliche Raumbedarf voraussichtlich nur wenige Jahren bestehen und dann wieder deutlich sinken wird, entschied man sich für die Anmietung zusätzlicher Räumlichkeiten in einem bestehenden Gebäudekomplex in Brühl sowie für die Anmietung von derzeit nicht genutzten Modulbauten, die für die Aufnahme von Flüchtlingen errichtet worden waren.

Phase 5: Realisation, Durchführung
Gegenstand dieser Phase ist die **Umsetzung der getroffenen Entscheidung** und **Einführung (Implementierung) der Lösung;** die dabei anzuwendenden Methoden sind situationsabhängig festzulegen!

Im Fall 1 „HS Bund" mussten für die infrage kommenden Räume Mietverträge geschlossen werden. Darin enthalten waren auch Vereinbarungen zur Modernisierung der technischen Ausstattung sowie ggf. Renovierung der Räume. Nach Fertigstellung der Maßnahmen wurde mit Eigenmitteln der Umzug einiger Organisationseinheiten in die neuen Räume durchgeführt; die neuen Räume wurden in Betrieb genommen.

Im Fall 2 „IT-Umstellung" umfasst Phase 5 die Lieferung, Installation und Inbetriebnahme sämtlicher Hardware- und Softwarekomponenten, die Übernahme vorhandener Daten (soweit notwendig), Schulung der Mitarbeiter/-innen und dann die Freigabe (Übergabe) des Gesamtsystems.

Phase 6: Kontrolle
Die Phase 6 bedeutet den **Vergleich** des erreichten Ist-Zustandes mit dem geplanten Soll-Zustand einschließlich **Abweichungsanalyse.**

Geeignete **Organisationstechniken** (Methoden) sind:

- **Soll-Ist-Vergleich,**
- **Kennzahlen.**

Falls sich **gravierende Abweichungen** ergeben, ist das Phasenmodell erneut zu durchlaufen, dabei können unter Umständen die Phasen 1 und 2 übersprungen werden.

Vorteile des linearen Phasenmodells:

- einfache und übersichtliche Vorgehensweise,
- klare Abgrenzung der Phasen.

Nachteile des linearen Phasenmodells:

- Fehler in der Planung werden erst zum Schluss erkannt,
- Zeitdauer bis zum Abschluss ist sehr hoch,

* komplexe Probleme sind kaum beherrschbar,
* oftmals geringe Akzeptanz der Lösung durch Mitarbeiter.

Ein gravierendes Problem ist, dass in den meisten Fällen **Fehler erst am Schluss erkannt** werden, denn erfahrungsgemäß steigen die **Kosten der Fehlerbeseitigung** mit der Zeit überproportional an, unter Umständen können zu spät erkannte Fehler gar nicht mehr korrigiert werden.

Auch die **fehlende Akzeptanz, d. h.** die Ablehnung einer „am grünen Tisch" (ohne Beteiligung der Mitarbeiter/-innen) entwickelten Lösung stellt ein häufiges Problem dar. Zudem darf auch die Gefahr, dass eine Lösung bei zu langer Verfahrensdauer **technisch oder politisch überholt** ist, nicht unterschätzt werden. – Angesichts dieser Probleme sind verschiedene alternative Vorgehensmodelle entwickelt worden; die wichtigsten Weiterentwicklungen des linearen Phasenmodells sind im Folgenden kurz dargestellt.

Vorgehensmodell mit Gliederung in Teilphasen
Um Fehler zu vermeiden bzw. früher erkennen zu können, wird jede der sechs Phasen des einfachen Vorgehensmodells (linearen Phasenmodells) in **drei Teilphasen** aufgeteilt:

a. **Vorbereitung** der Phase
b. **Durchführung** der Phase
c. **Kontrolle** der Phase

Beispielsweise wird die **Phase 2** (Ist-Analyse) aufgeteilt in:

a) Vorbereitung der Ist-Analyse
b) Durchführung der Ist-Analyse
c) Kontrolle der Ist-Analyse

Ein wichtiger **Vorteil** gegenüber dem einfachen Vorgehensmodell ist, dass **Fehler** in der Regel schon **sehr früh erkannt** und kostengünstig beseitigt werden können, dadurch ist **höhere Qualität** möglich. Ein gravierender **Nachteil** ist jedoch, dass der **Zeitbedarf** insgesamt im Allgemeinen sehr hoch ist, das bedeutet, dass schon sehr früh vor dem geplanten Fertigstellungstermin begonnen werden muss.

Konzeptionelles Entscheidungsmodell

Das konzeptionelle Entscheidungsmodell wurde aus dem einfachen Vorgehensmodell (linearen Phasenmodell) entwickelt. Allerdings wird die Ist-Analyse **(Phase 2)** durch die **Entwicklung von Lösungshypothesen** (Soll-Vorschlägen) in Zusammenarbeit mit qualifizierten Mitarbeitern bzw. Mitarbeiterinnen ersetzt. Die Prüffrage lautet: „Wie könnte eine ideale Lösung aussehen?" – Die Planung (Phase 3) erfolgt ebenfalls unter Beteiligung der in Phase 2 einbezogenen Personen; durch diese Gespräche kann die Kreativität der Mitarbeiter/-innen genutzt („abgeschöpft") werden.

Vorteile des konzeptionellen Entscheidungsmodells:

- Der hohe Aufwand der Ist-Analyse wird vermieden; der **Zeitbedarf** ist deutlich **geringer** als beim linearen Phasenmodell.
- Die Planung basiert auf theoretischen („idealen") Lösungen und nicht auf dem bestehenden Schlendrian.
- Die **Lösungsqualität** ist oft recht hoch.
- Aus der Einbeziehung der Mitarbeiter/-innen folgt eine **meist gute Akzeptanz** der Lösung.
- Die Phasen sind klar **abgegrenzt**.

Nachteile des konzeptionellen Entscheidungsmodells:

- **Fehler** in der Planung werden **erst zum Schluss erkannt,**
- Das Ergebnis hängt von Qualifikation und Motivation der Mitarbeiter ab!

Lernendes System (Rapid Prototyping)

Eine Vorgehensweise nach dem „Lernenden System" bedeutet, dass ein komplexes Vorhaben **nicht** als Ganzes geplant und realisiert, sondern **in kleine Teilprojekte zerlegt** wird. Ziel ist, zunächst ein Teilprojekt möglichst schnell abzuschließen, damit die **Erfahrungen der Praxis** schnell in die Planung des nächsten Teilprojektes einfließen können. Durch die Einbeziehung der Erfahrungen mit abgeschlossenen Teilprojekten **steigt die Qualität der Lösung** kontinuierlich an. – Dazu passt das Zitat von Churchill (1874–1965): „Es ist von großem Vorteil, die Fehler, aus denen man lernen kann, recht früh zu machen."

Im Fall 1 „HS Bund" wären die folgenden Teilprojekte denkbar:

- Einrichtung und Test eines Muster-Kursraumes mit Unterrichtsbetrieb:
  - Möbel,
  - Medienausstattung,

- Beleuchtung,
- Belüftung,
- Farbgebung, ...
- Einrichtung eines Muster-Appartements, das bewohnt wird; inkl. „Evaluation" durch die Studierenden.
- Einrichtung eines Musterbüros, das von verschiedenen Personen „getestet" wird.

Vorteile dieser Vorgehensweise sind:

- Denkfehler werden sehr früh erkannt.
- Durchweg hohe Qualität der Lösung.
- Meist sehr hohe Akzeptanz der Mitarbeiter.

Nachteile sind:

- Die Integration der Teilprojekte zu einem „abgerundeten" Ganzen ist häufig schwierig.
- Der Bearbeitungsstatus kann nicht angegeben werden.

Im Einzelfall kann eine **Kombination** der hier genannten Entscheidungsmodelle sinnvoll sein. Zu klären ist, ob evtl. eine **Projektgruppe** oder ein **Planungsstab** eingerichtet werden sollte. Für eine Projektgruppe, die aus qualifizierten Mitarbeitern und mindestens einem Organisationsfachmann besteht, spricht die oft hohe Lösungsqualität bei komplexen, fachübergreifenden Aufgaben.

4.3.3 Managementtechniken (Organisationstechniken) – Übersicht

Managementtechniken sind **Instrumente, Methoden, Modelle** und **Verfahren,** die bei der Wahrnehmung von Managementfunktionen als Hilfen eingesetzt werden. In vielen Fällen dienen diese Techniken dazu, wirtschaftliche Sachverhalte quantifizierbar zu machen (Olfert 2015, S. 72 ff.; Schierenbeck und Wöhle 2016, S. 188 ff.).

Neben dem betrieblichen Rechnungswesen, das traditionell zum umfassendsten quantifizierten Informationssystem des Managements gehört, gibt es eine Vielzahl von Managementtechniken, die in jüngerer Zeit Eingang in die Betriebe gefunden haben. Verbreitet ist folgende **Systematisierung:**

- **Erhebungstechniken,**
- Analysetechniken,
- **Kreativitätstechniken** (Ideenfindungstechniken), z. B. Brainstorming,
- Prognosetechniken,
- **Bewertungstechniken,**
- Entscheidungstechniken,
- **Darstellungstechniken,** z. B. Flussdiagramm,
- Strukturierungstechniken, z. B. Mind-Mapping,
- Argumentationstechniken,
- **Bewertung** durch Experten (**Peer Review**).

Aus der Vielzahl der Managementtechniken werden Folgende näher erläutert:

- **Brainstorming** als Beispiel für **Kreativitätstechniken** (Schmidt 2009, S. 327 ff.),
- verschiedene **Erhebungstechniken**, z. B. Dokumentenanalyse, Befragung, Beobachtung,
- **Flussdiagramm** und andere Beispiele für Darstellungstechniken.

4.3.4 Brainstorming (Kreativitätstechnik)

Die **Leistungsfähigkeit** von Betrieben wird wesentlich von der Fähigkeit bestimmt, neuartige Anforderungen zu bewältigen, für die keine Lösungsrezepte unmittelbar zur Verfügung stehen. Kreatives, schöpferisches Denken gewinnt in diesem Zusammenhang große Bedeutung, was – rein äußerlich betrachtet – deutlichen Niederschlag in den Stellenanzeigen der überregionalen Zeitungen findet. Dort gibt es kaum einen Anforderungskatalog für Führungskräfte, in dem nicht **Kreativität** als unverzichtbare Eigenschaft gefordert wäre. Kreativität steht für die Fähigkeit, bei Problemlösungsvorgängen **neue gedankliche Beziehungen** zu finden und **neuartige Einfälle** zu originellen Lösungen zu verknüpfen. Dazu zählt auch die Fähigkeit, Probleme überhaupt erst einmal zu erkennen und darstellen zu können.

Kreativitätstechniken (Ideenfindungstechniken) sollen den Prozess der Ideenfindung fördern und unterstützen, wobei viele von ihnen auf sehr ähnlichen Grundvorstellungen beruhen. Diese bestehen im Wesentlichen darin (Schierenbeck und Wöhle 2016, S. 191 ff.),

- **Lösungen im Team** zu suchen: Es wird davon ausgegangen, dass das Ergebnis der Gruppenaktivität besser ist als der Durchschnitt der Einzelergebnisse. Dies beruht auf dem „**synergetischen Effekt**", der dadurch zustande kommt, dass durch Verknüpfung individueller Lösungsansätze (Assoziationen) neue kreative Ideen entstehen, die eine einzelne Person nicht hätte finden können.
- eine strikte **Trennung der Phase der Ideengewinnung** von der **Phase der Ideenbewertung** vorzunehmen. Das ist erforderlich, um der Fantasie bei der Problemlösung zu freiem Lauf zu verhelfen. Dadurch soll den Teilnehmern die Sicherheit vermittelt werden, dass jeder Beitrag, auch wenn er noch so „unfertig" erscheint oder erst angedacht ist, willkommen ist. „Killerfragen", wie die nach Finanzierung, Machbarkeit, Termindruck u. ä. sind ebenso wenig erlaubt, wie das Ausüben von Druck durch nonverbale Signale, also Abwinken, spöttisches Lächeln etc.

Auf diesen Grundlagen baut die **Methode des Brainstormings** auf, die 1939 von Osborne entwickelt wurde. Die Vorgehensweise lässt sich wie folgt beschreiben, dabei kann man **drei Phasen** unterscheiden:

1. **Vorbereitung:** Man lädt eine – durchaus heterogene – Gruppe der Mitarbeiter/-innen zu einer Brainstorming-Sitzung ein. Über das Problem muss vorab in geeigneter Weise unterrichtet werden; genauso ist es wichtig, über das Verfahren des Brainstormings vorab zu informieren. Beides kann schriftlich erfolgen. Feste Angaben zur Gruppengröße gibt es nicht, jedoch finden sich Hinweise darauf, dass **Gruppen von 5 bis 20 Teilnehmern** gut geeignet sind. – Außerdem müssen zwei weitere Personen, die eine als Moderator/-in, die andere als Protokollführer/-in, an der Sitzung teilnehmen.
2. **Durchführung:** Der Moderator/die Moderatorin eröffnet und lenkt die Sitzung und sorgt für die Einhaltung der Spielregeln. Die Beiträge der Teilnehmer/-innen werden durch die mit dem Protokoll beauftragte Person visualisiert, z. B. über Overhead-Projektor, Flipchart, Pinnwand oder Wandtafel. Das wirkt stimulierend, es führt auch dazu, dass alle Beiträge immer sichtbar sind und übergreifende Assoziationen gefördert werden. Die eingesetzten Medien können nach Beendigung einer Brainstorming-Sitzung für die Auswertungsphase weiter verwendet werden. Die eigentliche Ideensammlung sollte zwischen 10 und 30 min dauern.
3. **Auswertung:** Die Auswertung wird **nicht** von den in der Sitzung anwesenden Personen, sondern von anderen durchgeführt; diese können als **Experten** näher am Problem sein. Ergebnis der Auswertungen können Vorschläge sein, die sich nach folgenden **Kategorien** einordnen lassen:

- **direkt umsetzbare** Vorschläge,
- Vorschläge, die **weitere Prüfungen** erfordern,
- **vermutlich unbrauchbare** Vorschläge,
- **zweifelsfrei unbrauchbare** Vorschläge.

Die Vorschlagsliste dient den Entscheidungsträgern als Entscheidungshilfe.
Die Darstellung eines Brainstorming-Prozesses in Form eines Flussdiagramms
(vgl. Abschn. 4.3.6) in Anlehnung an Reichard (1987, S. 86) ist in Abb. 4.17
wiedergegeben.
Vorteile des Brainstormings sind (Reichard 1987, S. 86 f.; Schierenbeck und
Wöhle 2016, S. 191 ff.):

- „Superlösungen" sind möglich.
- Motivation und Kreativität der Mitwirkenden werden gefördert.

Nachteile des Brainstormings sind (Reichard 1987, S. 86 f.; Schierenbeck und
Wöhle 2016, S. 191 ff.):

- Vorbereitung und Durchführung einer Brainstorming-Sitzung sind sehr aufwendig.
- Es gibt keine Erfolgsgarantie; Sitzungen ohne Ergebnis sind möglich.

Reichard nennt zusammenfassend die im Folgenden aufgelisteten **Voraussetzungen** eines erfolgreichen Brainstormings (Reichard 1987, S. 87):

Wichtige Voraussetzungen für erfolgreiches Brainstorming:

- interdisziplinäre, demokratische **Gruppenstruktur,** Teilnehmer/-innen möglichst aus nahe beieinanderliegenden hierarchischen Ebenen;
- eng und **klar umrissenes Thema,** das komplexe Lösungen zulässt;
- einfühlsame, aber hartnäckig und präzise formulierende **Moderation** ohne „Killerambitionen";
- ernsthafter **Wille zur Mitarbeit** aller Beteiligten;
- Sammlung möglichst vieler Ideen; **„Fortspinnen"** von Ideen ist **ausdrücklich erwünscht.**
- Unterlassen destruktiver Kritik während der Ideensammlung;
- **kein Urheberrecht** an Ideen, Namen werden nicht miterfasst.

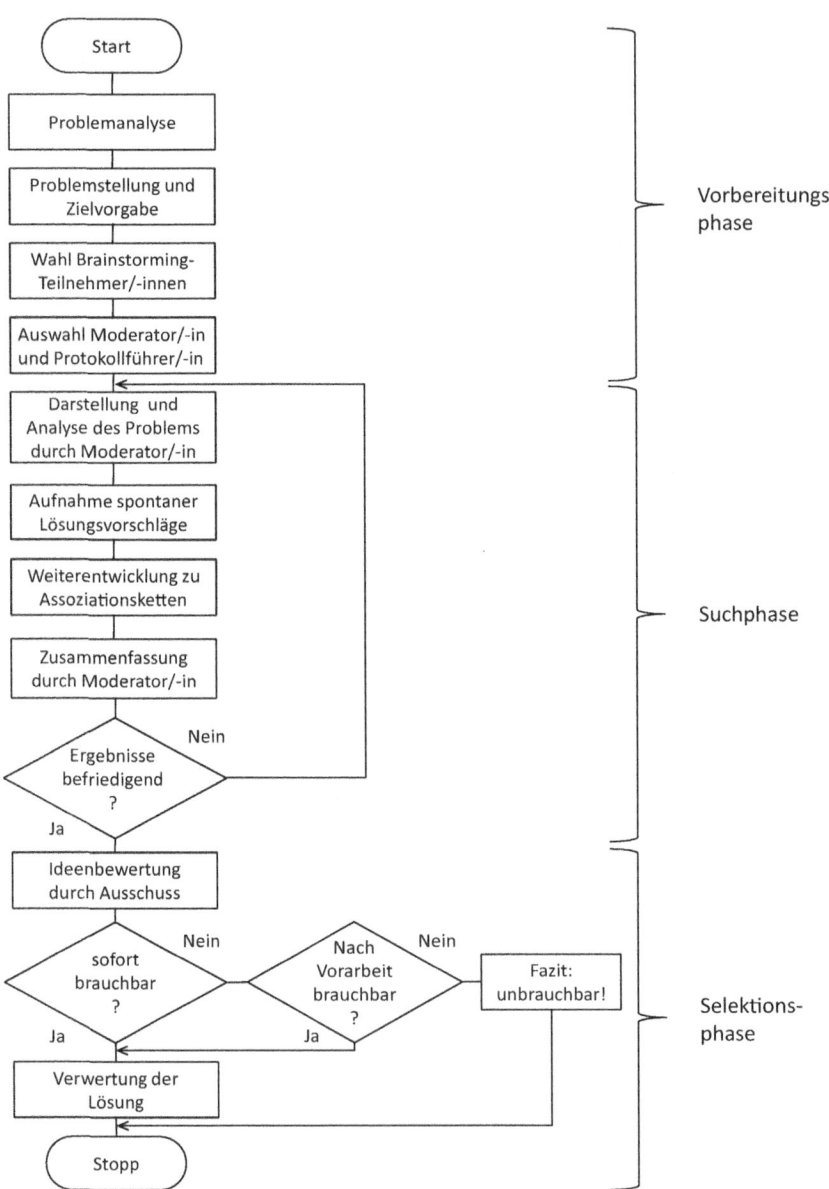

Abb. 4.17 Brainstorming-Prozess. (In Anlehnung an Reichard 1987)

▶ Eine gefundene Lösung ist immer das Ergebnis der „Brainstorming-Sitzung vom …" und nicht der Beitrag einer einzelnen Person!

Andere Kreativitätstechniken, die prinzipiell auf den **gleichen Grundannahmen** beruhen, sind:

* **Brainwriting**, auch „Methode 653" genannt. Dabei handelt es sich um eine schriftliche Problemlösungskonferenz.
* **Synetik** (griechisch: „etwas miteinander in Verbindung bringen"). Hierbei wird angestrebt, über Verfremdung des Problems zu neuen, unerwarteten Problemlösungsideen zu gelangen, was durch Bilden von Analogien erreicht werden soll.

4.3.5 Erhebungstechniken

Erhebungen richten sich auf die **Aufnahme organisatorischer Sachverhalte.** Sie dienen dem Zweck, dem Organisator **Daten über Vergangenheit und Gegenwart** zu liefern, auf deren Grundlage in die Zukunft reichende Entscheidungen gestützt werden können (Bundesministerium des Innern und Bundesverwaltungsamt 2018, S. 204 ff.; Schmidt 2009, S. 197 ff.; Vahs 2012, S. 498 ff.).

Erhebungsinhalte können Mengen, Zeiten und räumliche Gegebenheiten sein. Häufig ist Untersuchungsgegenstand die Beziehung dieser Inhalte zu den Elementen der Organisation, d. h. den Aufgabenträgern, der Aufgabe, den Sachmitteln und der Information. – Erhebungen können **dauerhaft** durchgeführt werden oder sich **zeitlich begrenzt** auf einzelne Untersuchungsbereiche beschränken. **Anlässe** für Organisationsuntersuchungen können sich durch Hinweise auf Schwachstellen oder Probleme ergeben, sie können im Zusammenhang mit veränderten Aufgabenstellungen erfolgen oder systematisch geplant werden, sodass einzelne Bereiche in bestimmter Folge untersucht werden.

Für die Erhebung organisatorisch relevanter Informationen stehen **Erhebungstechniken** zur Verfügung, von denen wichtige im Folgenden erläutert werden. Es handelt sich dabei um:

* **Dokumentenanalyse**
* **Befragung:**
  – mündliche Befragung (Interview)
  – schriftliche Befragung (Fragebogen)

- **Beobachtung:**
  - Dauerbeobachtung
  - Multimomentverfahren
- **Selbstaufschreibung:**
  - tägliche Arbeitsaufzeichnung
  - Laufzettelverfahren

Dokumentenanalyse

Die **Dokumentenanalyse** (Dokumentenstudium) steht in vielen Fällen **am Anfang** einer Organisationsuntersuchung. Sie dient der Einarbeitung in das Untersuchungsgebiet und soll Vorabinformationen liefern.

Diese Phase einer Untersuchung erfolgt durch den Organisator „am Schreibtisch" **ohne direkte Einbeziehung der betroffenen Personen** des Untersuchungsbereiches. Für eine Dokumentenanalyse kommen – situativ abhängig – Akten, Briefe, Stellenpläne, Stellenbeschreibungen, Gutachten, Arbeitsanweisungen, Rechtsvorschriften, Statistiken, u. ä. in Betracht. In einer Poststelle können beispielsweise Posteingangs- und Ausgangsbücher verwendet werden.

Auswertungen des Materials können **unstrukturiert** vorgenommen werden, d. h., dass die mit der Erhebung beauftragte Person die wichtig erscheinenden Sachverhalte zusammenträgt und als Basis weiterer Überlegungen verwendet.

Eine **strukturierte** Auswertung erfordert vorbereitende Arbeiten in der Form, dass Kriterien bzw. Merkmale, nach denen eine Auswertung vorgenommen wird, vorab gesucht und festgelegt werden müssen. Diese Vorgehensweise erleichtert insbesondere bei größeren Mengen an Informationsmaterial die spätere Analyse.

Die **Beurteilung** der Dokumentenanalyse ist in Tab. 4.7 zusammengefasst (Akademie für Organisation 1982, 2009, S. 230 ff.; Bundesministerium des Innern und Bundesverwaltungsamt 2018, S. 204 f.).

Befragung

(a) Mündliche Befragung

Eine mündliche Befragung (Interview) liegt vor, wenn der Organisator mit einer oder mehreren Personen ein **Gespräch** führt, das auf einem Frageprogramm aufbaut und zielgerichtet geführt wird. Interviews eignen sich gut für den Einstieg in Untersuchungen und können Hilfsmittel für die Planung weiterer Erhebungstechniken sein. Sie helfen in bestimmten Fällen, Einstellungen, Motive und Meinungen von Betroffenen in Erfahrung zu bringen. – Dieses Gespräch kann in Ausnahmefällen auch telefonisch geführt werden (Schmidt 2009, S. 200 ff.; Siepmann und Siepmann 2004, S. 117 ff.; Bundesministerium des Innern und Bundesverwaltungsamt 2018, S. 205 ff.).

Tab. 4.7 Beurteilung der Dokumentenanalyse

Kriterium	Ausprägung bei der Dokumentenanalyse
Zeitaufwand für Vorbereitung	Gering bis mittel; abhängig von Suchzeiten bei der Beschaffung der Materialien; Vorbereitung bei strukturierter Auswertung aufwendiger
Zeitaufwand für Durchführung	Vergleichsweise gering; gut steuerbar durch den Organisator
Zeitaufwand für Auswertung	Vergleichsweise gering; fällt bei unstrukturiertem Vorgehen zum Teil zusammen mit der Durchführung
Vollständigkeit und Genauigkeit der Ergebnisse	Auf alle betrieblichen Sachverhalte anwendbar. Keine Beeinträchtigung oder Verfälschung durch Eingriff in den Untersuchungsbereich. Der Einsatz anderer Erhebungstechniken kann gut vorbereitet werden. Übereinstimmung von Dokumenten mit dem Ist-Zustand ist zu prüfen (Aktualität, Vollständigkeit)
Größe des Untersuchungsbereichs	Keine Einschränkung
Situation der Betroffenen	Keine direkte Störung

Nach dem **Grad der Standardisierung** werden unterschieden:

- **nicht-standardisiertes** Interview („freies" Interview),
- **teilstandardisiertes** Interview,
- **standardisiertes** Interview.

Beim **nicht-standardisierten („freien") Interview** orientiert sich der/die Fragende an einem **Leitfaden,** der wichtige Stichworte für die Befragung enthält. Er/sie kann im Gespräch situativ auf den Gesprächspartner eingehen und Fragen weglassen oder hinzufügen.

Beim **teilstandardisierten Interview** existiert ein Fragekatalog, von dem jedoch abgewichen werden kann. Das bezieht sich auf die Reihenfolge, die verändert werden kann, ebenso wie auf die Formulierung der Fragen. Auch können Fragen weglassen oder zusätzliche gestellt werden, wenn die Interviewsituation es erforderlich macht.

Beim **standardisierten Interview** hat der Fragende keinen Gestaltungsspielraum und darf weder von der Reihenfolge der Fragen, noch von der Formulierung abweichen. Antwortmöglichkeiten sind hier teilweise oder ganz vorgegeben.

Die wichtigste **Unterscheidung** im Hinblick auf die in Interviews gestellten **Fragen** ist die in

* **geschlossene** Fragen und
* **offene** Fragen.

Geschlossene Fragen wirken wie eine **Brennlinse** Neuberger (1996, S. 17), indem sie die Antwortmöglichkeit stark **einengen.** Beispiele dafür sind Fragen nach:

* wie lange ...?
* zu welchem Termin ...?
* welches Verkehrsmittel ...?

Die Antwortmöglichkeiten können bestehen in

* Ja/Nein-Antworten,
* Auswahl unter mehreren Antworten, z. B. bei der Frage nach dem Familienstand: ledig, verheiratet, verwitwet, geschieden,
* skalierten Antworten, z. B. bei der Beurteilung einer Situation: sehr gut (++), gut (+), neutral (0), weniger gut (-), schlecht (–).

Offene Fragen wirken wie **Streulinsen** und schaffen **Spielraum** für Antworten. Der/die Befragte hat die Möglichkeit, seine/ihre Sicht der Dinge darzustellen und Erfahrungen, Interessen, Erwartungen mit einzubringen. Offene Fragen können beispielsweise lauten:

* Wie schätzen Sie das ein?
* Welche Ansätze zur Lösung sehen Sie?
* Wie ist es dazu gekommen?

Offene Fragen **aktivieren** den Gesprächspartner und sind geeignet, wenn umfangreiche Informationen eingeholt werden sollen.

Für die **Auswahl der Interviewart,** also ob standardisiert, teilstandardisiert oder nicht standardisiert gefragt werden soll, lassen sich allgemeine Empfehlungen nicht geben. Bestimmte **Voraussetzungen** und Folgen, die mit Interviews verbunden sind, können jedoch **Entscheidungshilfen** sein (Siepmann und Siepmann 2004, S. 120–121).

So setzt ein standardisiertes Interview weit detailliertere Kenntnisse des Untersuchungsbereichs voraus, als das bei einem nicht-standardisierten Interview der Fall ist. Um standardisiert zu fragen, sind genauere Kenntnisse erforderlich, da ansonsten die Gefahr besteht, dass Fragen an den Betroffenen und der Sache vorbei ins Leere zielen. Weitere Entscheidungskriterien sind z. B. der Aufwand für die Durchführung und Auswertung der Interviews sowie die Größe des betroffenen Personenkreises. Die **Beurteilung** des **nicht-standardisierten** Interviews ist in Tab. 4.8 zusammengefasst.

Das **standardisierte Interview** rückt nahe an die schriftliche Befragung heran. Letztere kann als standardisiertes, jedoch anonym durchgeführtes Interview bezeichnet werden. Für das standardisierte Interview wird auf die Beurteilung der schriftlichen Befragung verwiesen.

(b) Schriftliche Befragung

Erhebungen durch Fragebogen mit schriftlicher Beantwortung durch den Befragten werden ähnlich wie standardisierte Interviews vorbereitet (Schmidt 2009, S. 214 ff.; Bundesministerium des Innern und Bundesverwaltungsamt 2018, S. 210 ff.). Es fehlt bei der Beantwortung der persönliche Kontakt, was in bestimmten Fällen (anonyme Befragung) durchaus gewünscht ist. Erforderlich ist eine sorgfältige Vorbereitung des Fragebogens, da sonst die Gefahr besteht, dass Missverständnisse auftauchen, der Fragebogen nicht auf die erforderliche Akzeptanz stößt und dadurch fehlerhafte, ungenaue und unvollständige Antworten die Folge sind. – In den letzten Jahren werden solche

Tab. 4.8 Beurteilung des nicht-standardisierten Interviews

Kriterium	Ausprägung beim nicht-standardisierten Interview
Zeitaufwand für Vorbereitung	Gering; kann sich an Ergebnissen der Dokumentenanalyse orientieren
Zeitaufwand für Durchführung	Vergleichsweise hoch; stark situationsabhängig
Zeitaufwand für Auswertung	Vergleichsweise hoch wegen Strukturierungsaufwand
Vollständigkeit und Genauigkeit der Ergebnisse	Gut durch Organisator steuerbar; flexibles Eingehen auf Situation möglich; Feststellung von Meinungen, Einstellungen möglich
Größe des Untersuchungsbereichs	Nur für kleineren Kreis von Betroffenen möglich
Situation der Betroffenen	Persönliches Eingehen auf Interviewpartner möglich

Befragungen häufig auch **elektronisch** (online) durchgeführt, beispielsweise durch **Übersendung des Fragebogens** in Form eines (ausfüllbaren) Formulars per elektronischer Post (E-Mail) oder durch **Übersendung eines Links und entsprechender Login-Daten,** mit dem ein zentral gespeichertes Bildschirmformular geöffnet und ausgefüllt werden kann.

Wichtige **Überlegungen** bei der Vorbereitung von Fragebogen sind:

- Sorgfältige **Auswahl und Formulierung der Fragen;** dabei ist auch auf die Reihenfolge der Fragen zu achten,
- **Beschränkung** bei der Anzahl und dem Schwierigkeitsgrad der Fragen,
- **übersichtliche Gestaltung** des Fragebogens (Layout), da sonst Lesewiderstand und geringe Antwortbereitschaft,
- **Test** des Fragebogens vor dem Einsatz,
- bei der Gestaltung ist die spätere (maschinelle) Auswertung zu berücksichtigen,
- **Anschreiben, Erläuterungen** und ggf. Fragebogendoppel für die Betroffenen vorsehen; angemessene Zeit für Ausfüllen und Rücksenden vorsehen.

Wenn Befragungen **elektronisch** durchgeführt werden, ist in der Regel eine **kurzfristige** Auswertung „per Knopfdruck" möglich. Aber auch für Befragungen, die in **Papierform** durchgeführt werden sollen, gibt es seit einigen Jahren elektronische Systeme, mit denen die Fragebögen gescannt und dann automatisiert ausgewertet werden können. – Eine vertiefende Darstellung ist an dieser Stelle leider nicht möglich.

Eine kurze **Beurteilung** der schriftlichen Befragung findet sich in Tab. 4.9.

Eine **Kombination** von Interview und Fragebogen kann ein hilfreicher **Methodenmix** sein. Dabei lassen sich durch vorausgehende Interviews Fragen für schriftliche Befragungen gut vorbereiten. Darüber hinaus besteht die Möglichkeit, nach einer Fragebogenaktion unklare Sachverhalte durch Interviews abschließend zu klären.

Beobachtung

Beobachten bedeutet die Wahrnehmung und Registrierung von Vorgängen an Gegenständen, Ereignissen oder Menschen in bestimmten Situationen (2009, S. 219 ff.; Bundesministerium des Innern und Bundesverwaltungsamt 2018, S. 237 ff.). Bei der **Fremdbeobachtung** erhält der Beobachter Informationen über den wirklichen, tatsächlichen Ablauf. Er erhält jedoch keine Informationen über Beweggründe des Handelns und auslösende Zielsetzungen oder Motive.

Tab. 4.9 Beurteilung der schriftlichen Befragung

Kriterium	Ausprägung bei schriftlicher Befragung
Zeitaufwand für Vorbereitung	Hoch, u. a. wegen Layout, Tests sowie der Ausrichtung des Fragebogens auf die Auswertung
Zeitaufwand für Durchführung	Gering; ggf. Rücklauf durch Erinnerungsschreiben sichern
Zeitaufwand für Auswertung	Bei entsprechender Vorbereitung gering
Vollständigkeit und Genauigkeit der Ergebnisse	Befragte können in Ruhe antworten; kein Zeitdruck, wie beispielsweise beim Interview. Keine Fehler durch den Interviewer. Qualität der Ergebnisse wird wesentlich von der Qualität des Fragebogens und der Akzeptanz der Befragung bestimmt
Größe des Untersuchungsbereichs	Hoch; gleichzeitige Einbeziehung einer großen Zahl von Befragten möglich
Situation der Betroffenen	Anonyme Befragung möglich; es kann nicht ausgeschlossen werden, dass Fragebogen gemeinsam bearbeitet werden und dadurch Einzelmeinungen untergehen

Nicht alle Tätigkeiten lassen sich sinnvoll beobachten. So entzieht sich Denken als geistige Tätigkeit weitgehend der fremden Beobachtung.

Bei **offener** Beobachtung sind die Betroffenen über die Anwesenheit des Beobachters informiert, ohne in jedem Fall Einzelheiten der Beobachtung zu kennen. Der **verdeckten** Beobachtung, bei der unerkannt beobachtet werden müsste, kommt in der Verwaltungspraxis **keine** Bedeutung zu.

(a) Dauerbeobachtung

Die **Dauerbeobachtung** ist in der Regel eine unstrukturierte Beobachtung, bei der sich der Beobachter für mehrere Tage am Beobachtungsort aufhält. Die Dauer ist situativ zu bestimmen und hängt im Wesentlichen ab von:

- den Arbeitsabläufen,
- der Anzahl der Aufgaben,
- den Aufgabeninhalten.

Sinnvolle Dauerbeobachtung setzt voraus, dass mehrere Arbeitsplätze gleichzeitig beobachtet werden können und dass Tätigkeiten anfallen, die beobachtbar sind. Dann lassen sich beispielsweise beobachten:

- Auslastungen von Aufgabenträgern,
- Fehler und Störungen,
- Einsatz von Arbeitsmitteln,
- Zusammenwirken von Menschen und Arbeitsmitteln,
- Einflüsse des Arbeitsumfeldes (Umwelt).

Wichtig ist, dass der Beobachter über genaue Kenntnisse des Untersuchungs-bereiches verfügt, da sonst Täuschungen und Fehlinterpretationen nicht auszuschließen sind. – Ein Beispiel ist die Beobachtung der Abläufe in den Schalterhallen großer Postämter, die vor einigen Jahren stattgefunden hat. Ziele waren u. a. die Optimierung der Abläufe und Reduzierung des Raumbedarfs.

Bei Erfüllung dieser Voraussetzungen liefern Beobachtungen dieser Art **eigen-ständige Ergebnisse** insbesondere bei manuellen Tätigkeiten in wenigen kleinen Untersuchungsbereichen.

Nicht ohne **Probleme** ist die Situation der von der Dauerbeobachtung betroffenen Mitarbeiter/-innen. Hier zeigt sich oft, dass

- Beobachtungen als Kontrolle und **Belastung** empfunden werden,
- **Arbeitsverhalten** sich bei Beobachtungen **ändert.**

(b) Multimomentaufnahme

Die **Multimomentaufnahme** ist eine **Stichprobenerhebung,** bei der aus einer begrenzten Anzahl erhobener Fälle (Augenblicksbeobachtung) auf die Gesamtzahl der vorhandenen Fälle geschlossen wird (Schmidt 2009, S. 222 ff.; Bundesministerium des Innern und Bundesverwaltungsamt 2018, S. 222 ff.). Voraussetzung ist, dass **eindeutig unterscheidbare Tätigkeiten** (Arbeitsvor-gänge) vorhanden sind.

Wenn eine genügend **große Zahl** von Augenblicksbeobachtungen durch-geführt wird, bekommt man sehr zuverlässige – statistisch abgesicherte – Ergeb-nisse. Häufig werden Multimomentaufnahmen in der Verwaltung eingesetzt, wenn es darum geht, **Zeitanteile** von Aufgabenarten an der Gesamtarbeitszeit zu erfassen (Häufigkeitszählverfahren).

Die Multimomentaufnahme ist z. B. im folgenden **Fall** geeignet (Siepmann und Siepmann 2004, S. 124 ff.).

In dem Fall klagen zehn Mitarbeiter/-innen eines Finanzamtes darüber, dass während der Publikumsbedienung in den Sprechzeiten zu viele **Störungen** durch Telefonanrufe zu verzeichnen seien. Dadurch würden Unterbrechungen in Gesprächen mit den Steuerpflichtigen auftreten und eine zügige Bearbeitung der Fälle wäre nicht immer gewährleistet. Darüber hinaus würden die Wartezeiten der

Bürger dadurch teilweise unzumutbar ausgedehnt. – Es wird unterstellt, dass es sich bei allen zehn Personen um gleiche Tätigkeiten handelt.

Für die **Vorbereitung und Durchführung** der Multimomentaufnahme zur Klärung des Sachverhaltes sind folgende Arbeitsschritte erforderlich:

1. Festlegung der Beobachtungsmerkmale (Ablaufarten)
2. Ermittlung der Anzahl der notwendigen Beobachtungen
3. Festlegung der Zahl der Rundgänge
4. Festlegung der Beobachtungszeitpunkte
5. Entwurf eines Beobachtungsbogens
6. Auswertung

Der für die Festlegung der Beobachtungswerte verwendete **Beobachtungsbogen** ist in Abb. 4.18 wiedergegeben. – Wegen der hohen methodischen Anforderungen des Verfahrens soll hier auf eine Beschreibung verzichtet werden; ausführliche

Ablaufart	Arbeitsplatz											
	1	2	3	4	5	6	7	8	9	10	Σ	%
Betreuung des Steuerpflichtigen												
Telefon während Betreuung												
Telefon ohne Betreuung												
Sachbearbeitung ohne Betreuung												
Sonstiges												
Nicht anwesend												

Datum: Rundgang-Nr.:   Beobachter:

Besondere Vorkommnisse:

Abb. 4.18 Beobachtungsbogen für Multimomentaufnahme (Beispiel)

Anleitungen findet man in der einschlägigen Literatur (Bundesministerium des Innern und Bundesverwaltungsamt 2018, S. 224 ff., 402; Siepmann und Siepmann 2004, S. 126 ff.; Akademie für Organisation 1982, S. 30 ff.).

Eine kurze **Beurteilung** der Multimomentaufnahme ist in Tab. 4.10 wiedergegeben.

Selbstaufschreibung
(a) Tägliche Arbeitsaufzeichnungen („Arbeitsprotokoll")

Bei den **täglichen Arbeitsaufzeichnungen** notieren die betroffenen Mitarbeiter/-innen über einen längeren Zeitraum (beispielsweise 15 Arbeitstage) die durchgeführten Tätigkeiten nach Art, Menge und Dauer. Im Vordergrund steht die Frage „Was wird von wem wie oft und wie lange getan?" Darüber hinaus werden **sonstige Tätigkeiten (Verteilzeiten)** aufgeschrieben, wie beispielsweise Störungen, Pausen, Wartezeiten und nicht zuletzt Zeiten für das Ausfüllen des Aufzeichnungsbogens (Siepmann und Siepmann 2004, S. 132 ff.; 2009, S. 232 ff.; Bundesministerium des Innern und Bundesverwaltungsamt 2018, S. 213 ff., 396 f.).

Tägliche Arbeitsaufzeichnungen eignen sich gut für Tätigkeiten, die nicht oder nur schwer beobachtbar sind. Sie geben in Organisationsuntersuchungen umfassenden Aufschluss über den Ist-Zustand der betroffenen Arbeitsplätze.

Tab. 4.10 Beurteilung der Multimomentaufnahme

Kriterium	Ausprägung bei Multimomentaufnahme
Zeitaufwand für Vorbereitung	Hoch
Zeitaufwand für Durchführung	Mittel; beschränkt auf Stichprobe in einem repräsentativen Zeitraum
Zeitaufwand für Auswertung	mittel; lässt sich bei maschineller Verarbeitung auf die Datenerfassung reduzieren
Vollständigkeit und Genauigkeit der Ergebnisse	Hohe und genau quantifizierbare Genauigkeit ist erreichbar; es stehen Zeitmerkmale im Vordergrund; Aussagen zur Arbeitsqualität sind nicht möglich
Größe des Untersuchungsbereichs	Grundsätzlich keine Beschränkung; Untersuchung kann arbeitsteilig durchgeführt werden
Situation der Betroffenen	Beobachtung erfolgt ohne Zutun des Betroffenen; dadurch keine zeitliche Belastung; persönlicher Kontakt zwischen Beobachter und Betroffenen nicht vorhanden; ggf. Akzeptanzprobleme und verändertes Verhalten der Betroffenen bei der Beobachtung

Die täglichen Arbeitsaufzeichnungen erfolgen **mit Hilfe von Vordrucken** oder in entsprechenden **Bildschirmmasken.** Die Eintragungen sollen im Tagesablauf fortlaufend gemacht werden, nicht erst am Ende eines Arbeitstages. Die Abb. 4.19 zeigt ein Formular, das die tägliche Arbeitsaufzeichnung in **unstrukturierter Form** ermöglicht und auf eine chronologische Aufzeichnung verzichtet.

Arbeitsaufzeichnung	Name: Vorname:		
Datum: heutige Arbeitszeit:	Abteilung: Telefon:		
Aufgabe/Tätigkeit	Einzelfälle in Minuten	Gesamtzahl der Fälle	Gesamtzeit in Minuten
1	2	3	4
Handzeichen des Vorgesetzten: Datum:	Bemerkungen:		

Abb. 4.19 Vordruck zur Selbstaufschreibung. (In Anlehnung an Siepmann und Siepmann 2004)

Die Tätigkeiten werden vom Mitarbeiter selbst formuliert und sind nicht vor-gegeben; Letzteres würde zu einem strukturierten Verfahren führen[5]. Wenn sich die Tätigkeiten wiederholen, wird in der Spalte 2 die Dauer zusätzlich, durch Komma getrennt, vermerkt. Am Ende des Arbeitstages lassen sich jeweils in der Spalte 3 die Gesamtzahl der Fälle und in Spalte 4 die Gesamtzeit jeder Tätigkeit in Minuten eintragen. Es entsteht auf diese Weise jedoch keine zeitliche Reihen-folge der Tätigkeiten.

In Fällen, in denen es auf den **Arbeitsablauf** ankommt, lässt sich das durch einfache **Modifikation** des Formulars erreichen. Dabei ist zu berücksichtigen, dass der Aufwand für den Mitarbeiter beim Ausfüllen dann wesentlich höher sein kann, da in diesem Fall chronologisch alle anfallenden Tätigkeiten untereinander geschrieben werden müssen.

Die ausgefüllten Bogen werden über den Vorgesetzten dem Organisator zugeleitet, der nach Auswertung die folgenden Informationen erhält:

• Angaben über alle Tätigkeiten und deren Dauer an allen betroffenen Arbeits-plätzen,
• Fallzahlen der Tätigkeiten je Arbeitsplatz und insgesamt,
• durchschnittliche Bearbeitungszeiten,
• Arbeitsmengenschwankungen im Untersuchungszeitraum.

Probleme täglicher Arbeitsaufzeichnungen werden darin gesehen, dass Mit-arbeiter die Eintragungen nach ihren Vorschlägen **manipulieren.** Allgemein-gültige Aussagen darüber gibt es zwar nicht, folgende Überlegungen sind dabei jedoch zu berücksichtigen.

Verzerrungen werden zum einen dadurch vermieden, dass die Aufzeichnungen täglich über den Vorgesetzten weitergeleitet werden. Zum anderen lassen sich Verfälschungen durch den Organisator selbst feststellen, der u. a. im Ver-gleich zu anderen – ähnlichen oder gleichen – Arbeitsplätzen Abweichungen feststellen kann. – Sofern eine **anonyme** Erhebung gewünscht ist, z. B. bei der **Zeitaufschreibung** im Rahmen einer **Kostenleistungsrechnung** (KLR, vgl. Abschn. 5.3.3), hat der/die Vorgesetzte **keinen** Zugriff auf den Inhalt des Formulars; er/sie wird aber darüber informiert, ob das Formular ausgefüllt worden ist oder nicht.

---

[5]Bei strukturierter Selbstaufschreibung wird vorab ein Katalog von Tätigkeiten ermittelt, der im Formular aufgenommen wird. Das erleichtert das Ausfüllen, kann jedoch auch ein-engend wirken.

Nicht zuletzt hängt die **Qualität** von Aufschreibungen vom Vertrauen der Mitarbeiter/-innen in das Verfahren ab. Das herzustellen ist wichtige Aufgabe des Organisators, der durch sorgfältige Vorbereitung der Erhebung, frühzeitige Information der Betroffenen über Ziele, Vorgehensweise und Ablauf sowie durch Unterstützung beim laufenden Prozess weitreichende Gestaltungsmöglichkeiten besitzt.

▶ Arbeitsaufzeichnungen werden auch im Controlling bzw. in der Kostenleistungsrechnung (KLR) benutzt, um die Personalkosten für verschiedene Leistungen („Produkte") ermitteln zu können (vgl. Kap. 5). Dabei werden meist komfortable Bildschirmmasken verwendet; die Daten werden nach „Freigabe" durch die Mitarbeiterin/ den Mitarbeiter automatisiert und anonym verarbeitet.

Eine kurze **Bewertung** der täglichen Arbeitsaufzeichnungen findet man in Tab. 4.11.

(b) Laufzettelverfahren
Die Erhebungen beim Laufzettelverfahren werden ebenfalls durch die Mitarbeiter/-innen selbst durchgeführt. Ziel ist es, Informationen über einen

Tab. 4.11 Beurteilung der Selbstaufschreibung

Kriterium	Ausprägung bei täglichen Arbeitsaufzeichnungen
Zeitaufwand für Vorbereitung	Gering bis mittel
Zeitaufwand für Durchführung	Für Betroffene: geringe zusätzliche Arbeitsbelastung, die Disziplin erfordert und gewöhnungsbedürftig ist. Für Organisator: gering; nur Beratung
Zeitaufwand für Auswertung	Mittel; erforderlich ist Verdichtung von tage- zu wochenweiser Aussage
Vollständigkeit und Genauigkeit der Ergebnisse	Betroffene kennen sich an ihrem Arbeitsplatz am besten aus; keine Störungen durch Beobachter; Verbindung der genannten Tätigkeiten zu den betrieblichen Aufgaben wird sichtbar
Größe des Untersuchungsbereichs	Klein bis mittel
Situation der Betroffenen	Akzeptanz für die selbst vorgenommene Aufzeichnung durch gute Vorbereitung erreichbar (Interesse wecken); Engagement von Schlüsselpersonen sichern

Arbeitsvorgang zu erhalten, dem ein **Laufzettel** beigefügt wird (Siepmann und Siepmann 2004, S. 138 ff.; Schmidt 2009, S. 235 ff.; Bundesministerium des Innern und Bundesverwaltungsamt 2018, S. 219 ff., 401). Dieser wird im Verlauf der **Vorgangsbearbeitung** an jeder Bearbeitungsstelle von dem Bearbeiter ausgefüllt, wobei es insbesondere auf Informationen über

- Eingangszeitpunkt,
- Ausgangszeitpunkt,
- Bearbeitungszeitpunkt und -dauer,
- Art der Tätigkeit

ankommt. Das Laufzettelverfahren ist eine Erhebungstechnik, bei der **arbeitsablaufbezogene Inhalte** im Vordergrund stehen.

Voraussetzung ist, dass die Arbeitsteilung zumindest teilweise nach dem Grundsatz der **Verrichtungsspezialisierung (Verrichtungszentralisation)** erfolgt und die Vorgänge in einer **Vorgangskette** („Fließfertigung") von einer zur anderen Person weitergeleitet werden.

Auch beim Laufzettelverfahren werden oft **Formulare** eingesetzt. Abhängig von der Zielsetzung sind Modifikationen bei der Gestaltung des Formulars vorzunehmen (z. B. Vorgaben für die Tätigkeiten in das Formular aufnehmen). Ein Beispiel findet man in Abb. 4.20.

Bei **Nutzung elektronischer Vorgangsbearbeitungssysteme (VB- oder Workflow-Systeme)** können Bearbeitungszeiten ggf. automatisiert systemintern bestimmt werden. Dies setzt jedoch eine vorherige Information der Mitarbeiter/-innen voraus; heimliche Datenerhebungen sind rechtswidrig. – Eine kurze Beurteilung dieser Methode ist in Tab. 4.12 enthalten.

Kombination von Erhebungstechniken (Methoden-Mix)
Bei der Anwendung von Erhebungstechniken steht im Allgemeinen die Frage im Vordergrund, welche **Kombination von Erhebungstechniken** zweckmäßig und sinnvoll ist. So erfordert eine Multimomentaufnahme oder eine Fragebogenaktion eine vorausgehende Dokumentenanalyse und ggf. eine nachfolgende Absicherung durch Interviews. Die Entscheidung für die richtige Kombination von Erhebungstechniken, d. h. also die Frage nach dem Methoden-Mix, ist situationsabhängig. Kriterien für die Entscheidung sind im Wesentlichen:

- Zeitaufwand für Vorbereitung, Durchführung und Auswertung,
- Sach- und Personalkosten,
- Dringlichkeit der Untersuchung,

Laufzettel für:					
Aktenzeichen:					
Ein-gang Datum Zeit	**Bearbeitung** Datum Zeit	**Tätigkeit**	**Dauer** in Minuten	**Ausgang** Datum Zeit	**Bearbeiter** Handzeichen

Abb. 4.20 Beispiel für einen Laufzettel. (In Anlehnung an Siepmann und Siepmann 2004)

Tab. 4.12 Beurteilung des Laufzettelverfahrens

Kriterium	Ausprägung beim Laufzettelverfahren
Zeitaufwand für Vorbereitung	Gering;
Zeitaufwand für Durchführung	Aufwand entsteht nur für den betroffenen Mitarbeiter; soweit alle Tätigkeiten mit Laufzettel begleitet werden, ist der Aufwand mit demjenigen bei täglicher Arbeitsaufzeichnung vergleichbar
Zeitaufwand für Auswertung	Mittel; abhängig von Untersuchungsziel und Automatisierungsgrad
Vollständigkeit und Genauigkeit der Ergebnisse	Vollständig in Bezug auf ablaufbezogene Informationen, insbesondere Tätigkeiten, Bearbeitungsfolge, Transport- und Liegezeiten
Größe des Untersuchungsbereichs	Da vorgangbezogen vorgegangen wird, nicht relevant
Situation der Betroffenen	vergleichbar der täglichen Arbeitsaufzeichnung

- Anforderungen an die Genauigkeit der Ergebnisse,
- Rahmenbedingungen im Hinblick auf:
  - Anforderungen an Organisatoren und Betroffene
  - Stand der Informationen beim Organisator
  - vorhandene Kapazitäten
  - räumliche und technische Gegebenheiten
- Störung durch Erhebung,
- Größe des Untersuchungsbereiches.

Wenn Ziel der Erhebung beispielsweise die Bewertung der **Mitarbeiter-zufriedenheit** und **Motivation** der Beschäftigten ist, eignen sich neben der Dokumentenanalyse vor allem die schriftliche Befragung und das Interview für eine Datenerhebung. – Wenn Ziel dagegen die Durchführung einer **Personal-bedarfsermittlung** ist, eignen sich vor allem Dokumentenanalyse, Dauerbeobachtung und die Selbstaufschreibung.

4.3.6   Darstellungstechniken

(1) Balkendiagramm (engl. Gantt Chart) *)
Mit einem Balkendiagramm können **Zeitabläufe** (Beginn, Ende, Dauer eines Vorgangs) grafisch dargestellt werden. Dabei können auch **parallel** oder **nacheinander** ablaufende Vorgänge visualisiert werden. Die einzelnen Vorgänge werden in Form von Balken auf einer Zeitachse abgebildet. Die **Länge** der Balken entspricht der Dauer eines Vorgangs oder Projektes. Meistens wird die Zeitachse horizontal abgebildet und die Vorgänge (Teilvorgänge) werden untereinander dargestellt (Reichard 1987, S. 112 ff.; Schmidt 2009, S. 447 ff.).

Balkendiagramme werden häufig zur **Zeit- und Terminplanung** eingesetzt, z. B. zur Unterrichts- oder Urlaubsplanung; aber auch in der **professionellen Projektplanung**, Bauplanung und Überwachung wird diese Technik verwendet. Im Vordergrund stehen Fragen nach der **Gesamtdauer** und dem **Arbeitsfortschritt.** Zusätzlich können verwendete Ressourcen (Menschen, Maschinen, Räume) einbezogen werden, damit ist eine Kapazitätsauslastungsplanung möglich, in der Bearbeitungsstellen (Arbeitsträger, Maschinen) mit ihrer Auslastung dargestellt werden.

Am Beispiel eines **Umzugsplanes** in einem Verwaltungsgebäude (vereinfacht) soll ein Gantt-Diagramm (Balkendiagramm) in Abb. 4.21 dargestellt werden.

Bei der Überwachung des zeitlichen Ablaufs lässt sich der jeweilige **Stand der Arbeiten** sehr einfach dadurch hervorheben, dass die Balken in Abhängigkeit des

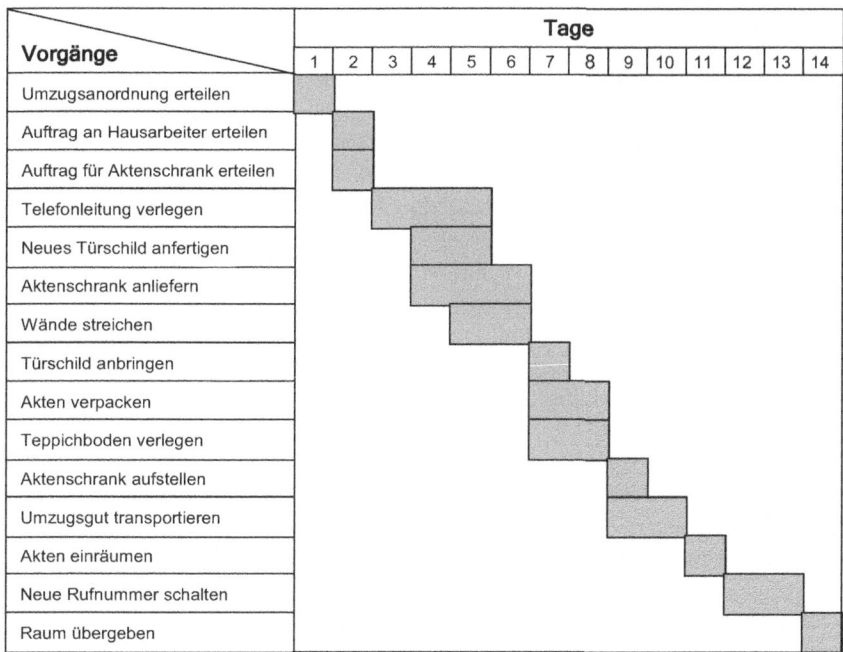

Abb. 4.21 Beispiel eines Gantt-Diagramms (Balkendiagramms)

Arbeitsfortschritts mit **Farben** oder durch **Schraffieren** gekennzeichnet werden. Balkendiagramme sind sehr übersichtlich, können jedoch Abhängigkeiten nur teilweise berücksichtigen. Bei sehr komplexen Zusammenhängen müssen eventuell andere Methoden, wie beispielsweise **Netzplantechnik**, verwendet werden (Reichard 1987, S. 111 ff.; Schmidt 2009, S. 450 ff.).

Vorteile der Darstellung mit Balkendiagrammen sind vor allem, dass sie leicht anzufertigen sind und von Dritten ohne Vorkenntnisse gut verstanden werden. Es stehen heute zur Visualisierung **Planungstafeln** oder entsprechende **Projektplanungssoftware** (z. B. Microsoft Project) zur Verfügung, die eine anschauliche und übersichtliche Darstellung ermöglichen. – Wichtige Zwischenergebnisse werden oft als **Meilensteine** (engl. „milestones") bezeichnet und durch **spezielle Symbole** (meist: Rauten) dargestellt. – Eine vertiefende Darstellung ist an dieser Stelle leider nicht möglich.

(2) Flussdiagramm (Blockdiagramm, engl. Flowchart)

Flussdiagramme dienen der Darstellung von (logischen) Abläufen und machen logische und/oder zeitliche Strukturen in übersichtlicher Form transparent und nachvollziehbar. Gleichbedeutend sind die Begriffe Blockdiagramm oder Flow Chart. Das Flussdiagramm geht auf den in der EDV entwickelten Datenflussplan zurück, der als Analyseinstrument einen systematischen Überblick über den Datenfluss und die Datenträger (Karteien, Akten) ermöglicht (Reichard 1987, S. 109–111). Erfasst wird allerdings nur die **Abfolge** der Tätigkeiten; die Zeitdauer sowie Anfangs- oder Endtermine werden **nicht** erfasst.

Zur Darstellung von Flussdiagrammen werden wenige **Symbole** benötigt, die der **DIN 66.001** entnommen sind. Die Symbole kennzeichnen einzelne Arbeitsschritte, wobei zwischen Tätigkeiten und Entscheidungen unterschieden wird. Die zeitliche und/oder logische Abfolge wird durch Ablauflinien (Pfeile) dargestellt.

Die **wichtigsten Symbole** und ihre Bedeutung sind in Abb. 4.22 dargestellt.

In die Symbole werden knappe **Erläuterungen** zu den einzelnen Arbeitsschritten geschrieben. Sollte der Platz in den Symbolen nicht ausreichen, besteht die Möglichkeit, die Symbole zu kennzeichnen (Buchstaben, Ziffern) und die entsprechenden Texte neben dem Flussdiagramm spaltenweise aufzuführen.

Der **Hauptfluss** eines Flussdiagramms sollte in der Senkrechten erfolgen. Die Übersichtlichkeit wird in vielen Fällen („optional") dadurch erhöht, dass man die Ja- und Nein-Ausgänge der Abfragen jeweils in eine Richtung orientiert, also z. B. alle Ja-Ausgänge vertikal und alle Nein-Ausgänge horizontal anordnet.

Abb. 4.22 Übersicht wichtiger Flussdiagrammsymbole

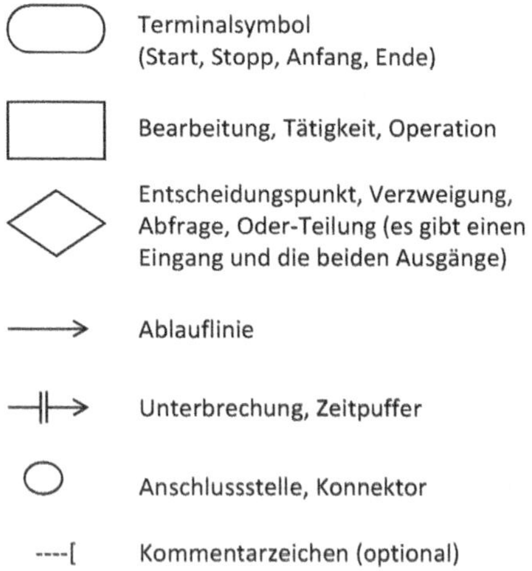

Terminalsymbol
(Start, Stopp, Anfang, Ende)

Bearbeitung, Tätigkeit, Operation

Entscheidungspunkt, Verzweigung, Abfrage, Oder-Teilung (es gibt einen Eingang und die beiden Ausgänge)

Ablauflinie

Unterbrechung, Zeitpuffer

Anschlussstelle, Konnektor

Kommentarzeichen (optional)

▷   **Wichtige Regeln für Flussdiagramme:**

- Jedes Diagramm muss genau **ein Startsymbol** besitzen.
- **Ablauflinien** verlaufen nur vertikal oder horizontal (nicht diagonal oder gekrümmt).
- In **„Hauptflussrichtung"** dürfen die Pfeilspitzen weggelassen werden:
  - von oben nach unten
  - von links nach rechts
- In „Gegenflussrichtung" dürfen die **Pfeilspitzen** nicht fehlen!
- Ablauflinien dürfen sich **nicht** kreuzen, ggf. ist ein Bogen („Brücke") zu zeichnen. Alternativ können Konnektoren (Verbindungsstellen) verwendet werden, um eine Ablauflinie „zu verlängern".
- **„Einmündungen"** (Zusammenführen von Abläufen) sind nur auf einer Ablauflinie **vor** einem Symbol erlaubt.
- Jedes Symbol – mit Ausnahme des Startsymbols – hat genau **einen Eingang.**
- Die meisten Symbole haben nur **einen Ausgang;** Ausnahmen:
  - Das Endsymbol hat keinen Ausgang.
  - Ein Entscheidungspunkt (Verzweigung) hat in der Regel zwei Ausgänge (Ja/Nein).
- Die „Prüfung" eines Vorganges, die mehrere Minuten in Anspruch nimmt, ist als Rechteck („Tätigkeit") zu zeichnen; eine nach-folgende Entscheidung wird in einem separaten Symbol (Raute, „Entscheidungspunkt") gezeichnet.
- Bei Entscheidungspunkten darf die obere und die untere Spitze – um Platz zu sparen – abgeschnitten werden.
- Entscheidungspunkte dürfen nur **einfache Fragen** enthalten; bei komplexen (zusammengesetzten) Bedingungen sind mehrere auf-einanderfolgende Entscheidungspunkte zu verwenden.
- Zusammengehörende **Konnektoren** werden jeweils durch identische Ziffern (1, 2, 3, …) oder Großbuchstaben (A, B, C, …) gekennzeichnet, dabei können mehrere Konnektoren zu einem einzigen gemeinsamen Punkt weiterleiten.
- Wenn ein Blatt zur Zeichnung nicht ausreicht, ist mit Hilfe von Konnektoren die **Fortsetzung** auf einem anderen Blatt möglich.
- Das Diagramm sollte möglichst **einfach und übersichtlich** gehalten werden.
- „Unnötige" Wiederholungen sind zu vermeiden, ggf. sind Ablauf-linien geeignet zusammenzuführen (wie in Abb. 4.23 vor dem Stopp-Symbol).

Abb. 4.23 Einfaches
Flussdiagramm:
Sachbearbeitung

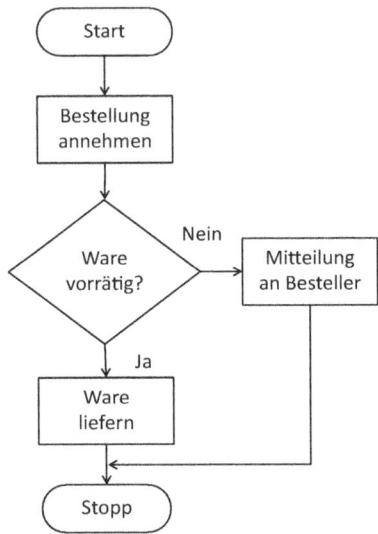

Zur **Vorbereitung** einer Flussdiagramm-Darstellung empfehlen sich die folgenden Arbeitsschritte:

- Beschreiben des Arbeitsablaufes bzw. der Aufgabe.
- Ermitteln der Arbeitsschritte, wobei unterschieden werden sollte zwischen Operationen (Bearbeitung) und Schritten mit Entscheidungscharakter (Entscheidungspunkt, Abfrage).
- Planung der logischen und/oder zeitlichen Struktur der Arbeitsschritte, ggf. erst auf einem „Konzeptblatt“, dann als „Reinschrift“.

An einem **Beispiel** wird ein einfacher Ablauf („Sachbearbeitung“) mithilfe eines Flussdiagramms dargestellt. Es handelt sich um folgende Arbeitsschritte:

- Ein Sachbearbeiter nimmt eine Bestellung entgegen.
- Er prüft, ob die Ware vorrätig ist.
- Wenn nein, teilt er das dem Besteller mit.
- Wenn ja, führt er die Lieferung aus.

Die Abb. 4.23 stellt diesen Ablauf in Form eines Flussdiagramms (Blockdiagramms) dar.

Ein weiteres Beispiel findet sich bei der Darstellung des Brainstorming-Prozesses als Flussdiagramm (vgl. Abschn. 4.3.4).

Die **Einsatzmöglichkeiten** von Flussdiagrammen sind groß und in der Verwaltungspraxis ist diese Darstellungstechnik weit verbreitet. Flussdiagramme werden verwendet

- für die Vorbereitung von Gesetzen und das Testen von Gesetzentwürfen,
- für die Darstellung von Arbeitsabläufen und Arbeitsanleitungen,
- für Unterweisungen am Arbeitsplatz für Nachwuchskräfte und Auszubildende,
- als Hilfsmittel in Fortbildungsveranstaltungen zur Visualisierung von Fragestellungen und Problemen,
- als wichtiger Bestandteil der Anwenderforderungen (des Pflichtenheftes) bei der Entwicklung von Softwaresystemen.

Möglichkeiten und **Grenzen** der Flussdiagrammtechnik sind im Folgenden dargestellt (Reichard 1987, S. 111):

Möglichkeiten (Vorteile):

- rasche Erkennbarkeit von Systemstrukturen und Problemen,
- übersichtliche, eindeutige Darstellung,
- Transparenz der logischen Struktur von Prozessen,
- klare Kommunikationsform durch Verwendung von Symbolen,
- geringer Lernaufwand.

Grenzen (Nachteile):

- Darstellung und Lesen erfordert Übung.
- Form und Größe der Darstellungsfelder zwingen oft zu allzu kompakten Formulierungen.
- Ja/Nein-Frageform ist oft umständlich.

4.3.7 Geschäftsgang *)

Für die **Steuerung und Koordinierung von Arbeitsabläufen** in der öffentlichen Verwaltung gibt es **standardisierte und formalisierte Verfahrensregeln,** die in Geschäftsordnungen beschrieben sind (Eilsberger und Leipelt 1994, S. 208 ff.; Mundhenke 1995, S. G 1 ff.). Besondere Bedeutung kommt dabei der **Behandlung von Schriftstücken** (Eingänge, Entwürfe, Anlagen, Reinschriften etc.) zu, da viele Aufgaben der öffentlichen Verwaltung in der Verarbeitung von Informationen bestehen, was weitestgehend Schriftlichkeit voraussetzt. Die Regelung büromäßiger Bearbeitung von Schriftstücken in Verwaltungsbetrieben wird als **Geschäftsgang** bezeichnet.

Für die Bundesministerien verbindlich ist die **„Gemeinsame Geschäftsordnung der Bundesministerien (GGO)"**. Schon die alte Fassung (bis Juli 2000) enthielt im „Allgemeinen Teil (GGO I)" Regelungen zum Geschäftsgang, d. h. zur geschäftlichen Behandlung der Eingänge und die Bearbeitung der daraus entstehenden Geschäftsvorfälle. Da ein **Teil** der Regelungen **nach wie vor gültig** und **zum Verständnis archivierter Vorgänge notwendig** ist, sind die wichtigsten Regelungen im Folgenden noch einmal dargestellt.

Den **Weg von Posteingängen** über die verschiedenen Durchlauf- und Bearbeitungsstationen sowie wichtige Bearbeitungsschritte zeigt am Beispiel eines Ministeriums vereinfachend die Übersicht Abb. 4.24 (Bundesakademie für öffentliche Verwaltung 1982, S. 10).

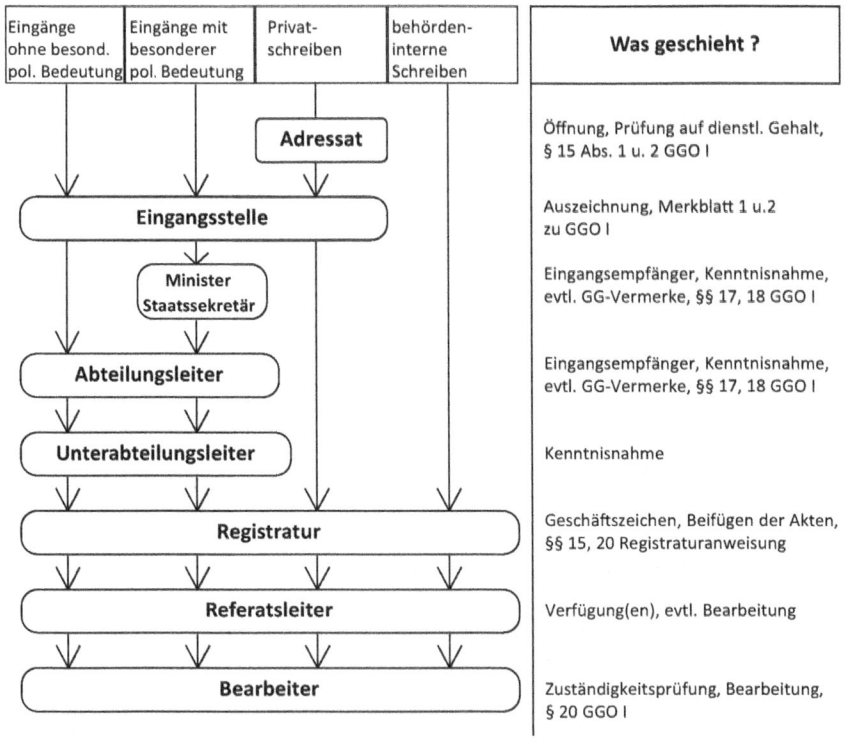

Abb. 4.24 Bearbeitungs- und Durchlaufstationen von Schreiben. (BAköV 1982, S. 10)

In anderen Verwaltungen existieren ähnliche Regelungen, wobei insbesondere die Größe der Behörde und die Art der Aufgaben den Regelungsgrad bestimmen. Durch Beschluss des Bundeskabinetts vom 26. Juli 2000 im Rahmen des Programms „**Moderner Staat – Moderne Verwaltung**" wurden u. a. **elektronische Eingänge und Akten** in die GGO **integriert.** – Die letzte Änderung durch Beschluss der Bundesregierung vom 17. August 2011 – in Kraft getreten am 01. September 2011 – betrifft vor allem das gesetzlich erweiterte Mandat des nationalen Normenkontrollrats. – Die aktuelle Version der GGO kann beispielsweise unter www.verwaltung-innovativ.de sowie über www.bmi.bund.de bezogen werden (Bundesministerium des Innern 2011).

Die teilweise **hohe Regelungsdichte** und der förmliche Charakter sollten den Blick nicht dafür verstellen, dass Regelungen zum Geschäftsgang weitreichende Konsequenzen für Verantwortung, Informationsfluss, Bearbeitungs- und Durchlaufgeschwindigkeit von Vorgängen haben. Die Frage, ob die Post zuerst dem Sachbearbeiter oder dem Abteilungsleiter oder dem Amtsleiter als Eingangsempfänger vorgelegt wird, beeinflusst nicht nur die Steuerung von Arbeitsprozessen, sondern berührt auch Fragen der Führung und Delegation und nicht zuletzt die Arbeitsmotivation von Mitarbeitern.

Der Weg und die Bearbeitung von Posteingängen werden im Einzelfall vor allem bestimmt durch:

- Geschäftsgangvermerke (GG-Vermerke), Verfügungen,
- Zeichnungsvorbehalte,
- Beteiligung anderer zuständiger Stellen (Mitzeichnung),
- Überwachung des Verbleibs von Schriftgut durch die Registratur.

Die **Posteingangsstelle** (Hauptbüro) öffnet die Dienstpost, versieht sie mit einem **Eingangsstempel** und zeichnet sie auf den Eingangsempfänger aus.

Bei **Privatschreiben** ist der Name des Adressaten der Anschrift vorangestellt. Privatschreiben werden ungeöffnet an den Adressaten weitergeleitet. Stellt dieser fest, dass es sich um einen dienstlichen Inhalt handelt, gibt er das Schreiben über die Posteingangsstelle in den Geschäftsgang.

Den **Transport** der Schriftstücke übernimmt innerhalb des Hauses der Botendienst. Die Vorgänge werden in Umlaufmappen den jeweiligen Empfängern vorgelegt. – In modernen **Vorgangsbearbeitungssystemen** nach DOMEA-Standard (Dokumentenmanagement und elektronische Archivierung) werden die Vorgänge **elektronisch** weitergeleitet.

Eingangsempfänger ist der Mitarbeiter, der die Post als erster sachlich durchsieht. Wer Eingangsempfänger in welchen Fällen ist, regelt die Geschäftsordnung (für die Ministerien s. Übersicht; in anderen Behörden ist der Behördenleiter Eingangsempfänger, wobei diese Funktion häufig delegiert wird). Der Eingangsempfänger hat die Möglichkeit, **Geschäftsgangvermerke** im Sinn von Bearbeitungsvermerken anzubringen.

Geschäftsgangvermerke werden in der Regel neben dem Eingangsstempel als Zeichen angebracht und sind **Weisungen**. Es stehen dafür unterschiedliche Farben für die hierarchischen Ebenen zur Verfügung. Für die Ministerien gilt die in Tab. 4.13 wiedergegebene „Farbenlehre".

Geschäftsgangvermerke beziehen sich insbesondere auf:

Zeichnungsrecht, z. B.

+ (grün)	Schlusszeichnung durch den Minister
U (braun)	Schlusszeichnung durch den Unterabteilungsleiter

Information, z. B.

/	Sichtvermerk (Kenntnis genommen)
b. R.	bitte Rücksprache
b. A.	bitte Anruf
b. V.	bitte Vortrag

Art der Bearbeitung und Erledigung, z. B.

v. Abg.	vor Abgang vorzulegen
n. Abg.	nach Abgang vorzulegen
GG	zum Geschäftsgang

Tab. 4.13 „Farbenlehre" der Verwaltung (Oberste Bundesverwaltung)

Hierarchieebene	Farbe
Minister/-in	Grün
Parlament. Staatssekretär/-in	Violett
Staatssekretär/-in	Rot
Abteilungsleiter/-in	Blau
Unterabteilungsleiter/-in	Braun
Ausführungsebene	Schwarz

Neben den Geschäftsgangvermerken gibt es **Verfügungen.** Sie werden auf Bearbeitungsebene angebracht und finden sich auf Eingängen und Entwürfen. Häufig verwendete Verfügungen auf Schriftstücken sind:

- Durchschrift an …,
- Urschriftlich an …,
- vor Abgang/nach Abgang zur Kenntnis,
- Wiedervorlage (Wv) am …,
- zum Vorgang (zVg),
- zu den Akten (zdA),
- Weglegen (Wgl).

Die **Schriftgutverwaltung** ist Aufgabe der **Registratur.** Dort wird Schriftgut

- geordnet,
- überwacht,
- aufbewahrt.

In der Registratur werden alle Schriftstücke mit **Geschäftszeichen** versehen. Das Geschäftszeichen enthält:

- die Kurzbezeichnung der federführenden Organisationseinheit (organisatorisches Merkmal),
- die Aktennummer (sachliches Merkmal),
- ggf. die Tagebuch-Nummer.

Zu jedem Geschäftsvorfall muss eine **schriftliche abschließende Verfügung** erfolgen. Sie bestimmt, wie am Schluss der Vorgang geschäftlich zu behandeln ist. **Schlussverfügungen** können zdA, Wv und Wgl sein.

Wenn die Bearbeitung eines Vorgangs eine schriftliche Abfassung erfordert, wird neben der Reinschrift ein **Entwurf** (Verfügungsentwurf) gemacht. Ein Beispiel für den Aufbau eines solchen Entwurfs ist in der Abb. 4.25 wiedergegeben.

Der Entwurf wird vom Unterschriftsberechtigten mit Namenszeichen abgezeichnet und mit dem Datum versehen. Damit übernimmt der Unterzeichnende die **Verantwortung** für den sachlichen Inhalt.

Wenn Aufgaben die Zuständigkeiten mehrerer Organisationseinheiten berühren, ist für das Zustandekommen von Entscheidungen ein **Zusammenwirken** erforderlich. Das geschieht auf dem Weg der **Beteiligung durch Mitzeichnung.** Wer durch Mitzeichnung zu beteiligen ist, bestimmt die federführende Stelle (Referat), der die Bearbeitung zugeordnet ist.

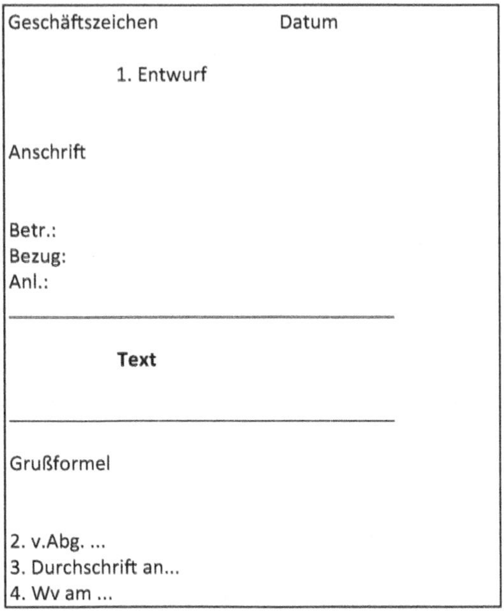

Abb. 4.25 Aufbau eines
Entwurfs

```
Geschäftszeichen                  Datum

                  1. Entwurf


Anschrift


Betr.:
Bezug:
Anl.:
_____

                  Text

_____

Grußformel


2. v.Abg. ...
3. Durchschrift an...
4. Wv am ...
```

Hinweise auf die durch Mitzeichnung zu beteiligenden Stellen können sich
insbesondere ergeben aus:

- Geschäftsgangvermerken,
- Geschäftsverteilungsplan,
- eigenem Ermessen.

Die federführende Stelle fertigt den Entwurf und sendet ihn an die Mit-
zeichner, die Verantwortung nur für den sie sachlich betreffenden Teil übernehmen. Die **Reihenfolge der Mitzeichnung** ist situationsabhängig an
Zweckmäßigkeitsüberlegungen zu orientieren.

Für Mitzeichnungen kann eine **Mitzeichnungsleiste** auf dem Entwurf vorgesehen werden, die die Kurzbezeichnungen der Organisationseinheiten in der
gewünschten Reihenfolge enthält, wie z. B. in Abb. 4.26 dargestellt.

Die Mitzeichner/-innen zeichnen durch Handzeichen und Hinzufügen des
Datums ab.

Änderungswünschen, Anregungen und **Hinweisen** durch die Mitzeichner/-
innen muss nachgegangen werden. Da (nachträgliches) Einarbeiten von

| **Abb. 4.26** Beispiel einer | Haush. | UAL | Fach | Fach |
| Mitzeichnungsleiste | Ref | Z I | Ref I B | Ref II C |

Änderungen häufig zeitaufwendig ist und ggf. erneute Mitzeichnung erfordert, kann es zweckmäßig sein, vor der Fertigung von Entwürfen intensiv unter den Beteiligten vorabzustimmen. – Dazu bietet sich folgendes Vorgehen an (Bundesakademie für öffentliche Verwaltung 1982, S. 16).

1. Entwicklung von Vorstellungen in der Zuständigkeit der federführenden Stelle,
2. Vorabstimmung mit den beteiligten Stellen,
3. Entwurf,
4. Mitzeichnung,
5. Endgültige Abstimmung (falls noch erforderlich).

Mit der **Schlusszeichnung** wird ein Geschäftsvorfall abgeschlossen. Der Zeichnende übernimmt mit der Schlusszeichnung die Gesamtverantwortung für den sachlichen Inhalt.

Wer zur Schlusszeichnung befugt ist, ergibt sich aus der Geschäftsordnung bzw. wird im Einzelfall durch Geschäftsgangvermerke geregelt.

Die **Versendung** der Post wird durch die Poststelle vorgenommen. In der **Registratur** wird der Vorgang entsprechend der Schlussverfügung behandelt.

4.4 Prozessorganisation *)

Die traditionelle Organisationslehre basiert auf der in den vorausgehenden Abschnitten vorgestellten Trennung zwischen Aufbau- und Ablauforganisation. Da dieser Ansatz Vorteile in der didaktischen Aufbereitung des Stoffes bietet, ist er auch in diesem Buch gewählt worden. In der (internationalen) Fachliteratur ist dagegen in den letzten Jahren als **neuer, ganzheitlicher Ansatz** das Konzept der **Prozessorganisation** in den Vordergrund gerückt.

4.4.1 Einführung *)

Im Gegensatz zur traditionellen, auf Kosiol zurückgehenden Trennung von Aufbau- und Ablauforganisation (Träger 2018, S. 11 ff.) steht bei der **Prozessorganisation** eine **ganzheitliche Sicht** der Geschäftsprozesse (Wertschöpfungsketten,

Kernprozesse; engl. business process, workflow) im Vordergrund der Überlegungen (Mangler 2000, S. 189 ff.; Picot et al. 2015, S. 376 ff.; Schulte-Zurhausen 2014, S. 51 ff.; Vahs 2012, S. 225 ff.; Weinert 2002, S. 92 ff.). Die Entwicklung der Prozessorganisation (auch: **business process engineering, BPE**) ist maßgeblich durch **Porter** (2010, S. 63 ff.) beeinflusst worden und hat sich zunächst in der englischsprachigen Welt durchgesetzt.

Ein **Prozess** kann dabei verstanden werden als „zielgerichtete Erstellung einer Leistung … durch eine Folge von logisch zusammenhängenden Aktivitäten, die innerhalb einer Zeitspanne nach bestimmten Regeln durchgeführt werden." (Schulte-Zurhausen 2014, S. Mangler 193 f.). Ein Prozess wird durch ein bestimmtes Ereignis gestartet, besitzt eine Eingabe und eine Ausgabe und führt durch Kombination von Einsatzgütern (Produktionsfaktoren) zu einem „Wertzuwachs" in Form eines Sachgutes oder einer Dienstleistung oder eines Teiles davon. Ein Prozess ist in sich abgeschlossen und führt zu einem **Prozessergebnis.**

Prozesse können nach verschiedenen **Kriterien** unterschieden werden (Mangler 2000, S. 193 f.; Schulte-Zurhausen 2014, S. 54 ff.).

1. Unterscheidung nach **Prozessgegenstand**:
   a) **Materielle Prozesse** beinhalten körperliche Vorgänge und erfordern den Transport von Teilen, z. B. Herstellung eines Autos.
   b) **Informationelle Prozesse** (Informationsprozesse) beinhalten den Austausch von Informationen z. B. in Papierform (Akten, Formulare) oder in elektronischer Form.
2. Unterscheidung nach **Art der Tätigkeit**:
   a) **Operative Prozesse** dienen der eigentlichen Leistungserstellung.
   b) **Managementprozesse** erstrecken sich auf Planung, Koordination, Organisation und Kontrolle der Strukturen und Abläufe sowie auf Mitarbeiterführung und -entwicklung.
3. Unterscheidung nach **Marktbezug bzw. Kundenbezug**:
   a) **Primärprozesse** (Kernprozesse) tragen unmittelbar zu Erstellung und Absatz einer Leistung bei und erfüllen so die Hauptaufgaben (unmittelbaren Aufgaben) eines Betriebes, z. B. Durchführung einer Fördermaßnahme.
   b) **Sekundärprozesse** (Unterstützungsprozesse) unterstützen die Primärprozesse z. B. durch Wartung und Instandsetzung von Anlagen, Rechnungswesen (Haushaltsführung), Einstellung und Weiterbildung von Mitarbeitern, usw.
   c) **Innovationsprozesse** haben die Entwicklung neuer Produkte (Produktinnovation), neuartiger Verfahren (Prozessinnovation) oder neuer Strukturen (Strukturinnovation) zum Gegenstand.

Prozesse können oft in abgeschlossene Teilprozesse zerlegt und so leichter strukturiert werden. Wenn mehrere Prozesse miteinander funktionell verbunden werden, entsteht eine sogenannte Prozesskette. In **Prozessketten** werden Prozesse nacheinander (sequenziell) durchlaufen, auch „Verzweigungen" sind möglich, die zu nebeneinander (parallel) zu durchlaufenden Prozessen (Schulte-Zurhausen 2014, S. 56 ff.) führen.

4.4.2 Elemente von Arbeitsprozessen *)

Arbeitsprozesse bestehen aus verschiedenen **Elementen,** von denen die wichtigsten kurz erläutert werden sollen:

* **Input** und **Output:**
  – Input bezeichnet einen Gegenstand oder eine Information, die in den Prozess eingeht.
  – Output bezeichnet das Prozessergebnis bzw. die Ausgabe eines Prozesses.
* **Prozessaktivitäten:** Das sind Tätigkeiten (Verrichtungen), die an Gegenständen (Objekten) vorgenommen werden und so den Input zum Output verändern.
* **Menschen:** Menschen sind Aufgabenträger, deren Leistungsbereitschaft von vielen Faktoren abhängt (Schulte-Zurhausen 2014, S. 68 ff.).
* **Methoden und Regeln:** Durch Ablaufregeln wird festgelegt, in welcher Reihenfolge Aktivitäten durchzuführen sind. Entscheidungsregeln bestimmen die in einer bestimmten Situation zu treffende Entscheidung. Methodenregeln legen die zu wählende Methode fest.
* **Informationen:** Zweckorientiertes Wissen bzw. Daten, die zur Bearbeitung erforderlich sind.
* **Prozessziele:** Prozessziele beschreiben den angestrebten Zustand und sind Richtgrößen für die Prozessabwicklung. – Wichtige Ziele sind:
  – **Qualität** der Prozessergebnisse: Diese sollte den Anforderungen der Abnehmer (Kunden, Bürger) möglichst genau entsprechen und nicht zu niedrig, aber auch nicht zu hoch sein.
  – **Durchlaufzeit:** Diese beinhaltet Durchführungs-, Transport- und Liegezeiten und erlaubt Rückschlüsse auf die Qualität und auf die Flexibilität der Organisation. Angestrebt wird eine kurze Durchlaufzeit.
  – **Prozesskosten:** Die traditionelle Kostenrechnung bzw. Kostenleistungsrechnung (KLR) wird durch eine angepasste Prozesskostenrechnung ergänzt, um die Kosten eines konkreten Prozesses transparent zu machen.

4.4.3   Gestaltung von Arbeitsprozessen *)

Bei der **Gestaltung von Arbeitsprozessen** (engl. **business process management, BPM** oder **business process engineering, BPE**) haben sich einige Schritte als zweckmäßig erwiesen (Schulte-Zurhausen 2014, S. 81 ff.; Olfert 2015, S. 203 ff.). Die Wichtigsten werden kurz erläutert:

1. **Analyse der strategischen Geschäftsfelder:** Diese ist abhängig von den Elementen „Produkt" und „Markt"; d. h., es ist festzulegen, welche Produkte (Leistungen) auf welchen (Teil-)Märkten angeboten werden. Bei öffentlichen Betrieben werden die Geschäftsfelder im Allgemeinen vom Gesetzgeber vorgegeben.

2. **Definition und Spezifikation der Geschäftsprozesse:** Alle Prozesse müssen erfasst und beschrieben werden; wichtig ist vor allem eine problemorientierte Abgrenzung der Prozesse. Empfehlenswert ist eine grafische Darstellung aller Prozesse und ihrer Zusammenhänge in Form einer Prozesslandkarte.

3. **Beschreibung und Analyse der Ist-Prozesse:** Die vorhandenen Prozesse werden, ggf. mehrfach, in Elemente zerlegt und analysiert. Besonderes Augenmerk wird auf den Ressourcenbedarf und die Schnittstellen gelegt. Eine Schwachstellenanalyse bildet die Grundlage für Verbesserungen.

4. **Definition der Anforderungen für Sollprozesse:** Festzulegen sind Prozessziele und Leistungsanforderungen. Dabei werden meist Kennzahlen (z. B. maximale Durchlaufzeit) verwendet.

5. **Gestaltung der Sollprozesse:** Zu analysieren ist, ob eine Verbesserung durch Auslagerung („Outsourcing") von Prozessen, durch Eliminierung von Prozessschritten oder durch Verbesserung von Arbeitsmethoden oder andere Abläufe möglich ist. Auch die Integration von Prozessen aus verschiedenen Bereichen zur Vermeidung von Wiederholungen (Redundanzen) ist denkbar. Die Sollprozesse (Planungsergebnisse) müssen detailliert dokumentiert werden.

6. **Zuweisung der Prozessverantwortung:** Sowohl für die **Prozessdurchführung** als auch für die **Prozessleitung** müssen Verantwortungen festgelegt und mit den erforderlichen Kompetenzen ausgestattet werden. Dabei ist das Kongruenzprinzip (AKV-Prinzip) zu beachten: Aufgaben, Kompetenzen und Verantwortung müssen deckungsgleich sein.

7. **Gestaltung der Informationssysteme:** Informations- und Kommunikationssysteme (IuK) sind zur Unterstützung der Prozesse erforderlich und sollten sich an den Anforderungen der internen Prozesse orientieren. Aber auch externe Beziehungen, z. B. Verbindungen zu Kunden bzw. Lieferanten,

müssen möglichst ohne Medienbruch, z. B. durch elektronische Datenübernahme, abgedeckt werden.

8. **Prozessverbesserung und -reorganisation:** Nach Abschluss der Prozessgestaltung erfolgen Prozessfreigabe und Prozesseinführung. **Prozessreorganisation** (engl. business process reengineering, BPR) ist dann angeraten, wenn sich Schwachstellen zeigen oder wenn Verbesserungsmöglichkeiten sichtbar werden.

Die Prozessorganisation kehrt die aus der klassischen Ablauforganisation bekannte **Abfolge** von Ablaufgestaltung (Ablauforganisation) und Stellenbildung um: Zunächst werden die notwendigen Teilprozesse abgegrenzt, in eine Reihenfolge gebracht und gestaltet. Danach erst werden den Teilprozessen Stellen zugeordnet und die erforderlichen Stellenzahlen ermittelt (Weinert 2002, S. 92 f.).

4.4.4 Bewertung der Prozessorganisation

Ziele der Prozessorganisation und **Vorteile** gegenüber herkömmlichen Organisationsformen sind (Bea und Göbel 2010, S. 364 f.; Mangler 2000, S. 202 f.):

- Prozessbeschleunigung, d. h. kürzere Durchlaufzeiten,
- Kostensenkung,
- Qualitätsverbesserung,
- verstärkte Kundenorientierung, d. h. „Bürgernähe",
- Verbesserung der Innovationsfähigkeit,
- Steigerung der Motivation der Mitarbeiter,
- Übernahme von Gesamtverantwortung.

Diese **Wirkungen** sind überwiegend identisch mit den **Zielen** der im letzten Kapitel vorzustellenden **Neuen Steuerungsmodelle** (NSM) bzw. des **New Public Management** (NPM) (vgl. Kap. 5). Wichtiges Merkmal der Neuen Steuerungsmodelle ist die Orientierung am Output, also am Ergebnis des Behördenhandelns, Ziele sind Erfüllung der Erwartungen der Abnehmer (Bürger), Qualität und Wirtschaftlichkeit der Leistungserstellung.

Damit dürfte Prozessorganisation – ergänzt durch eine Prozesskostenrechnung – besser als traditionelle Organisationsformen zur Unterstützung neuer Steuerungsmodelle geeignet sein. Ein Nachteil der Prozessorganisation ist allerdings, dass die neuen Anforderungen in Verbindung mit einer geringeren

Spezialisierung zu einer Überforderung der Mitarbeiter führen können. Deshalb sind hier Personalauswahl und Personalentwicklung sowie Personalführung besonders wichtig.

▶   Die Themen Personalentwicklung sowie Personalführung sind seit der letzten großen Studienreform im Jahre 2006 nicht mehr Bestandteil des Curriculums für das Fach Public Management bzw. Betriebswirtschaftslehre der öffentlichen Verwaltung im Grundstudium bzw. in den grundlegenden Modulen an der HS Bund.

Literatur

Akademie für Organisation (1982) Erhebungstechniken. Unveröff. Manuskript.

Bea FX, Göbel E (2010) Organisation, 4. Aufl. Lucius & Lucius, Stuttgart

Boy J, Dudek C, Kuschel S (2006) Projektmanagement: Grundlagen, Methoden und Techniken, Zusammenhänge, 12. Aufl. Gabal, Offenbach

Bühner R (2004) Betriebswirtschaftliche Organisationslehre, 10. Aufl. Oldenbourg, München

Bundesakademie für öffentliche Verwaltung (1982) BAKöV-Werkpapiere, Nr. 13, November 1982. Bonn

Bundesministerium des Innern (2011) Verwaltung innovativ: Gemeinsame Geschäftsordnung der Bundesministerien. BMI, Berlin. https://www.bmi.bund.de/SharedDocs/downloads/DE/themen/moderne-verwaltung/ggo.pdf?__blob=publicationFile&v=2. Zugegriffen: 12. Jan. 2018

Bundesministerium des Innern (2013) Praxisleitfaden: Projektmanagement für die öffentliche Verwaltung (Stand: Dezember 2012). BMI, Berlin. http://www.bmi.bund.de/SharedDocs/Downloads/DE/Broschueren/2013/praxisleitfaden_projektmanagement.pdf?__blob=publicationFile. Zugegriffen: 12. Jan. 2018

Bundesministerium des Innern (2015) Pressemitteilung: IT-Konsolidierung in der Bundesverwaltung. BMI, Berlin. https://www.bmi.bund.de/SharedDocs/pressemitteilungen/DE/2015/05/it-konsolidierung.html. Zugegriffen: 26. Jan. 2018

Bundesministerium des Innern und Bundesverwaltungsamt (2018) Handbuch für Organisationsuntersuchungen und Personalbedarfsermittlung. PDF-Arbeitsversion. BMI, Berlin. http://www.orghandbuch.de/OHB/DE/node.html. Zugegriffen: 12. Jan. 2018

Bundesministerium für Finanzen (2012) 1. Personalkostensätze für Kostenberechnungen/Wirtschaftlichkeitsuntersuchungen (2011) 2. Sachkostenpauschale eines Arbeitsplatzes in der Bundesverwaltung für Kostenberechnungen/Wirtschaftlichkeitsuntersuchungen 3. Kalkulationszinssätze für Wirtschaftlichkeitsuntersuchungen, RdSchr. des BMF v. 02. Juli 2012. https://fragdenstaat.de/files/foi/13254/Personalkostenstze2011.pdf. Zugegriffen: 07. März 2018

Bundesrechnungshof (o. J.) Leitsätze für die Prüfung von IuK-Outsourcing. BRH, Bonn. https://www.bundesrechnungshof.de/de/veroeffentlichungen/weitere/leitsaetze-fuer-die-pruefung-von-iuk-outsourcing/. Zugegriffen: 12. Jan. 2018

Bundesstelle für Informationstechnik (o. J.) Wikipedia-Artikel. https://de.wikipedia.org/wiki/Bundesstelle_f%C3%BCr_Informationstechnik. Zugegriffen: 26. Jan. 2018

Bundesverwaltungsamt (2015) Pressemitteilung 16.12.2015: IT-Konsolidierung: BIT wird ins ITZ Bund überführt. BVA, Köln. http://www.bva.bund.de/SharedDocs/Downloads/DE/BIT/Pressemitteilungen/2015/bit_itz_bund.html. Zugegriffen: 26. Jan. 2018

Eilsberger R, Leipelt D (1994) Organisationslehre für die Verwaltung, Ziele und Strukturen. R. v. Decker's Verlag G. Schenk, Heidelberg

Fischer W (1991) Informationstechnik und Organisation in öffentlichen Verwaltungen und öffentlichen Unternehmen. Carl Heymanns, Köln

Funktionsmeistersystem (o. J.) Wikipedia-Artikel. https://de.wikipedia.org/wiki/Funktionsmeistersystem. Zugegriffen: 05. März 2018

Fuß JP, Morawe A (2002) Spezielle Betriebswirtschafts- und Organisationslehre der öffentlichen Verwaltung und Non-Profit-Organisationen. Asetic, Luxembourg

Gemeinsame Arbeitsgruppe des Bundes und der Finanzministerkonferenz der Länder (2006) Leitfaden „Wirtschaftlichkeitsuntersuchungen bei PPP-Projekten", o. O., September 2006. https://broschueren.nordrheinwestfalendirekt.de/broschuerenservice/staatskanzlei/wirtschaftlichkeitsuntersuchung-bei-ppp-projekten/706. Zugegriffen: 26. Jan. 2018

Grochla E (1982) Grundlagen der organisatorischen Gestaltung. Poeschel, Stuttgart

Henry F (o. J.) Wikipedia-Artikel. https://de.wikipedia.org/wiki/Henri_Fayol. Zugegriffen: 05. März 2018

Informatikzentrum Bund (o. J.) Wikipedia-Artikel. https://de.wikipedia.org/wiki/Informationstechnikzentrum_Bund. Zugegriffen: 26. Jan. 2018

Kieser A, Walgenbach P (2010) Organisation, 6. Aufl. Schäffer-Poeschel, Stuttgart

Kraus G, Westerman R (2004) Projektmanagement mit System. Organisation, Methoden, Steuerung, 4. Aufl. Springer Gabler, Wiesbaden

Krüger U (2017) Betriebswirtschaftslehre für öffentliche Verwaltung. Grundstudium HS Bund, Manuskript

Lamers A, Leipelt D (2012) IT – Informationstechnik. Grundstudium FH Bund, Manuskript, Brühl

Leipelt D (2013) Grundlagen der Organisation. Grundstudium FH Bund, Manuskript, Brühl

Madauss BJ (1994) Handbuch Projektmanagement, mit Handlungsanleitungen für Industriebetriebe, Unternehmensberater und Behörden, 5. Aufl. Schäffer-Poeschel, Stuttgart

Mangler W-D (2000) Grundlagen und Probleme der Organisation. Wirtschaftsverlag Bachem, Köln

Mangler W-D (2006) Aufbauorganisation. Books on Demand, Norderstedt

Mundhenke E (1995) Public Management (Betriebswirtschaftslehre des öffentlichen Sektors), 25. Aufl. Selbstverlag, Brühl

Neuberger O (1996) Miteinander arbeiten – miteinander reden, 15. Aufl. Bayerisches Staatsministerium für Arbeit u. Sozialordnung, München

Olfert Kl (2015) Organisation, Kompendium, 17. Aufl. Kiehl, Herne

Peipe S (2015) Crashkurs Projektmanagement, 6. Aufl. Haufe, München

Picot A, Dietl H, Franck E, Fiedler M, Royer S (2015) Organisation, Theorie und Praxis aus ökonomischerSicht, 7. Aufl. Schäffer-Poeschel, Stuttgart

Porter ME (2010) Wettbewerbsvorteile (Competitive Advantage). Spitzenleistungen erreichen und behaupten, 7. Aufl. Campus, Frankfurt a. M.

Reichard C (1987) Betriebswirtschaftslehre der öffentlichen Verwaltung, 2. Aufl. de Gruyter, Berlin
Reichel A (1990) Das Erkennen von Organisationsproblemen. Haupt, Bern
Schelle H (2014) Projekte zum Erfolg führen, 7. Aufl. DTV, München
Schmidt G (2000) Grundlagen der Aufbauorganisation, 4. Aufl. Dr. G. Schmidt, Gießen
Schmidt G (2009) Organisation und Business Analysis: Methoden und Techniken, 14. Aufl. Dr. G. Schmidt, Gießen
Schreyögg G (2016) Grundlagen der Organisation, 2. Aufl. Springer Gabler, Wiesbaden
Schreyögg G, Geiger D (2016) Organisation, Grundlagen moderner Organisationsgestaltung, 6. Aufl. Springer Gabler, Wiesbaden
Schulte-Zurhausen M (2014) Organisation, 6. Aufl. Vahlen, München
Siepmann H, Siepmann U (2004) Verwaltungsorganisation, 6. Aufl. Dt. Gemeindeverlag W. Kohlhammer, Köln
Staehle WH, Conrad P, Sydow J (1999) Management, Eine verhaltenswissenschaftliche Perspektive, 8. Aufl. Vahlen, München
Steinbuch PA (1998) Projektorganisation und Projektmanagement. Kiehl, Ludwigshafen
Steinebach N (1998) Verwaltungsbetriebslehre, für Studium und Praxis, 5. Aufl. Walhalla u. Praetoria, Regensburg
Träger T (2018) Organisation. Vahlen, München
Vahs D (2012) Organisation, Ein Lehr- und Managementbuch, 8. Aufl. Schäffer-Poeschel, Stuttgart
Weber W, Kabst R, Baum M (2014) Einführung in die Betriebswirtschaftslehre, 9. Aufl. Springer Gabler, Wiesbaden
Weinert P (2002) Organisation, Organisationsgestaltung, Organisationsmethodik, Fallklausuren – Kurzlehrbuch. Vahlen, München
Wöhe G, Döring U, Brösel G (2016) Einführung in die allgemeine Betriebswirtschaftslehre, 26. Aufl. Vahlen, München
Zentrum für Informationsverarbeitung und Informationstechnik (o. J.) Wikipedia-Artikel. https://de.wikipedia.org/wiki/Zentrum_f%C3%BCr_Informationsverarbeitung_und_Informationstechnik. Zugegriffen: 26. Jan. 2018

Weiterführende Literatur

Grochla E (1983) Unternehmensorganisation. Westdeutscher Verlag, Opladen

Neue Steuerungsmodelle

5

Zusammenfassung

Ausgehend von den Defiziten der Verwaltungssteuerung nach dem Bürokratiemodell von Max Weber – ein Beispiel ist das sogenannte „Dezemberfieber" –
wird der durch die Entwicklung des „New Public Management" (NPM) bzw.
der „Neuen Steuerungsmodelle" (NSM) implizierte Paradigmenwechsel –
weg von der Inputsteuerung (Steuerung über Einsatzmittel, Gesetze, Erlasse
etc.) hin zur Outputsteuerung (Ergebnissteuerung) – erläutert. Die Ziele der
NSM und die wichtigsten Instrumente, d. h. die Methoden und Konzepte zur
Erreichung dieser Ziele, werden kurz erläutert.

Die Antworten auf manche **Defizite der traditionellen Verwaltungsteuerung**
nach dem Bürokratiemodell von Max Weber findet man in den **aktuellen
Reformansätzen** der öffentlichen Verwaltung. Diese Reformansätze werden
meist unter dem Begriff „**Neue Steuerungsmodelle**" (NSM) bzw. dem Begriff
„**New Public Management**" (NPM) zusammengefasst. Die wichtigsten
Konzepte und Instrumente sind in diesem Kapitel vorzustellen.

5.1 Grundlagen neuer Steuerungsmodelle

Gegenwärtig vollzieht sich in vielen Ländern ein wichtiger **Wandel** vom
bekannten Bürokratiemodell zu Neuen Steuerungsmodellen (NSM) bzw. zum
New Public Management (NPM) (vgl. z. B. Budäus 1998, S. 1–10; Bürsch 1996;
Brüggemeier 1998, S. 138 ff.; Busch 2004, S. 28 ff.; Deckert 2006, S. 40 ff.;
Dincher et al. 2017, S. 145 ff.; KGSt 1993, S. 1 ff.; Krüger 2017, S. 127 ff.;

© Springer Fachmedien Wiesbaden GmbH, ein Teil von Springer Nature 2018
A. Lamers, *Public Management,*
https://doi.org/10.1007/978-3-658-21807-2_5

Meixner 1995, S. 1 ff.; Mundhenke 2003a, S. 1 ff.; Krems 2010; Reinermann 1996, S. 15 ff.; Reinermann 2000, S. 5 ff.).

New Public Management ist ein **internationales, integriertes Konzept** zur **Modernisierung des öffentlichen Sektors.** Die politische und rechtliche Steuerung soll durch eine ökonomische ergänzt werden, die auf mehr **Effektivität** und **Effizienz** zielt.

In der Vergangenheit dominierte das **Bürokratiemodell** von **Max Weber** (Kieser und Walgenbach 2010, S. 35 ff.; Vahs 2012, S. 27 f.), das gekennzeichnet ist durch:

- **Systematisiertes** und **formales Recht,**
- **bürokratische Verwaltungen** mit einem klaren Konzept wie
  - Arbeitsteilung,
  - Amtshierarchie,
  - Aktenmäßigkeit,
  - schriftliche Kommunikation.

Kennzeichen des bisherigen Systems ist eine **Inputsteuerung** in Form einer **Regelsteuerung;** die Steuerung erfolgte vor allem nur über die **Bereitstellung von Finanzmitteln** (Haushaltsmitteln). Dies führte bekanntermaßen zu teilweise negativen ökonomischen und psychologischen Wirkungen (**Dezemberfieber,** starker hierarchischer Druck). Steuerungsdefizite wurden durch eine noch stärkere Regelung beantwortet; dabei neigte dieses System zu einer Fehlsteuerung bis hin zu gefährlicher Übersteuerung. Mitarbeiter/-innen werden hier als Untergebene bzw. als Produktionsfaktor gesehen, durch die Kosten entstehen.

Kern des **New Public Management** ist der **Wechsel zur Ergebnissteuerung** und **Anreizsteuerung.** Dabei wird der Weg zum Ziel bzw. zum Ergebnis nicht vorgeschrieben, sondern liegt in der Eigenverantwortung der nachgeordneten Einheiten bzw. Mitarbeiter/-innen. Dies bedeutet die **Dezentralisierung** von Entscheidungen, d. h. die Verlagerung auf nachgeordnete Behörden oder Mitarbeiter/-innen.

Dabei müssen **Ziele** messbar beschrieben (operationalisiert) werden, z. B. 5000 Führerscheine pro Jahr mit einer Bearbeitungsfrist von zehn Tagen). Der verantwortlichen Stelle werden die notwendigen **Ressourcen** zur Verfügung gestellt (Kontraktmanagement: Leistung gegen Ressourcen). Mitarbeiter/-innen werden als **Humankapital,** als das wertvollste Gut des Betriebes, verstanden.

Ergebnissteuerung bedeutet:

- Maximum an **Selbststeuerung** – „Steuern statt rudern"
- Minimum an zentraler Steuerung – „Resultate statt Regeln"

- **Eigenverantwortung** statt Hierarchie
- **Wettbewerb** statt Monopol
- **Motivation** statt Alimentation

Ziele der neuen Steuerung sind:

- **Wirtschaftlichkeit und Finanzergebnis**
- bessere **Qualität** (Leistung, interne Prozesse)
- **Bürgerorientierung** (Adressatenzufriedenheit) und **Mitarbeiterorientierung** (Mitarbeiterzufriedenheit)
- **Rahmenbedingungen** der neuen Steuerung sind Recht bzw. Gesetzmäßigkeit sowie Qualität der erbrachten Leistungen.

Zentrale Begriffe der neuen Steuerung sind **Effektivität** und **Effizienz** (Budäus 1999; Budäus 2012; Buschor 1993, S. 236 ff.; Deckert 2006, S. 52 ff.; Mundhenke 2003a, S. 7). Diese Begriffe spielen im sogenannten **Drei-E-Konzept (Drei-Ebenen-Konzept),** das beispielsweise von Budäus bekannt gemacht worden ist, eine wichtige Rolle. Eine – gegenüber den Literaturvorlagen modifizierte – Darstellung ist in Abb. 5.1 wiedergeben.

Ausgehend von den Zielen wird der **Input** bzw. **Mitteleinsatz** (z. B. Personal- und Sachmittel) festgelegt; der **Output** (das mengenmäßige Ergebnis) ist abhängig von der **Prozesseffizienz,** d. h. der Effizienz des Verwaltungshandelns. Entscheidend sind jedoch die **Wirkungen („Outcome")** beim Bürger („Kunden").

Wenn **nicht** die gewünschten Wirkungen erzielt werden, ist unter Umständen eine **Anpassung** bzw. **Veränderung** der durch die Politik gesetzten **Ziele** erforderlich, der Prozess beginnt anschließend wieder von Neuem.

Ein **Kernsatz** der neuen Steuerung ist:

▶   „Es kommt nicht nur darauf an, die **Dinge richtig** zu tun, sondern vor allem ist es wichtig, die **richtigen Dinge** zu tun".

Die erste Aussage stellt auf die **Effizienz** ab, also auf das Verhältnis von Output zu Input bzw. von Leistung zu Kosten. Damit ist noch keine Aussage getroffen über die **Effektivität (Wirksamkeit),** also die Frage, wie gut die Ziele erreicht wurden bzw. welche **Wirkung** die Maßnahmen beim Leistungsempfänger, also beim Bürger, erreicht haben.

Mit anderen Worten: Entscheidend ist, ob „die richtigen Dinge" getan wurden. – Es kommt also nicht nur darauf an, Aufbau- und Ablauforganisation zu

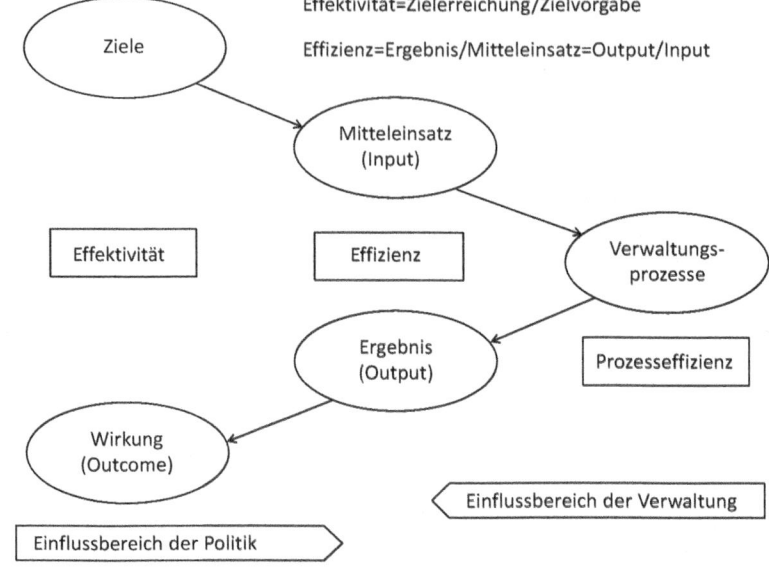

Abb. 5.1 Drei-E-Konzept. (In Anlehnung an Mundhenke 2003b, S. 7 – nach Budäus 1999)

optimieren und vorhandene Ressourcen (Personal- und Sachmittel, IT-Systeme) wirtschaftlich einzusetzen. Wenn **„falsche Dinge"** effizient getan werden, wird **Geldverschwendung** reduziert, aber nicht vermieden.

Zwischen Zielfindung und Durchführung der Maßnahmen steht im Sinne des **Kontraktmanagements** der Budgetprozess, in dem – als Gegenleistung für bereitgestellte Ressourcen – die zu erbringende Leistung vereinbart wird. Zum Schluss folgt die Analyse der erreichten Wirkungen, die im Allgemeinen wiederum Rückwirkungen auf die Zielvorgaben hat. Deshalb kann man neue Steuerungsmodelle auch als **Kreislauf** („Regelkreis") darstellen (Mundhenke 1995, S. 5). Sämtliche Schritte werden durch einen Controlling-Prozess begleitet; dieser Sachverhalt ist in Abb. 5.2 dargestellt.

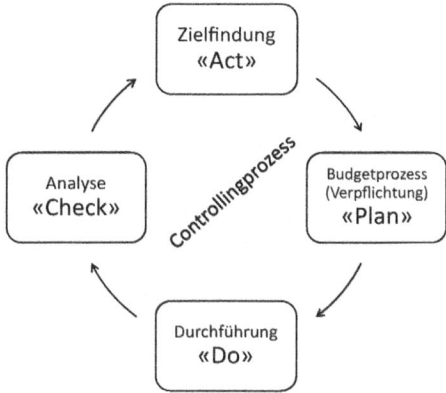

Abb. 5.2 Steuerungskreislauf. (In Anlehnung an Mundhenke 1995)

5.2   Instrumente neuer Steuerungsmodelle

Eine Reihe von Instrumenten (Hilfsmitteln) kann die Einführung und Weiterentwicklung neuer Steuerungsmodelle vorbereiten und wesentlich unterstützen
(Busch 2004, S. 111 ff.).

Leitbild
Das **Leitbild** hat zum Ziel, eine **Verhaltensänderung** und einen **Bewusstseins-
wandel** zu erreichen. Ausgangspunkt sind die Fragen:

- Wofür sind wir da?
- Was tun wir?
- Wie tun wir es?
- Wie gehen wir mit unseren Partnern um?
- Wie gehen wir miteinander um?

Im Leitbild werden Aufgabenspektrum, Kompetenzen, Adressatenorientierung,
Verwaltungskultur und Innovationsfähigkeit verbindlich festgelegt. Die
gewünschte Identifikation mit der gemeinsamen Aufgabe wird manchmal auch
als „Corporate Identity" (CI) bezeichnet.

Zielvereinbarung
In der **Zielvereinbarung** werden Ziele verdeutlicht, dadurch soll die Umsetzung unterstützt und Effektivität und Effizienz verbessert sowie ein kontinuierlicher Verbesserungsprozess gefördert werden. Die Zielvereinbarung ist eine „**verbindliche Absprache**", deshalb ist wichtig, dass sie schriftlich fixiert ist. Eine Zielvereinbarung legt gleichzeitig die Rahmenbedingungen fest, aber sie lässt Freiräume bei der Realisierung und trägt so zu einer besseren Qualität bei. – Die in der Zielvereinbarung genannten **Ziele** müssen widerspruchsfrei und „smart" sein, also:

- spezifisch (konkret)
- messbar (operational)
- ambitioniert (ehrgeizig)
- realistisch (erreichbar)
- terminiert (zeitlich begrenzt).

Budgetierung
Durch **Vorgabe von Globalbudgets** (Busch 2004, S. 130 ff.; Steger 2013, S. 173 ff.) wird die Verantwortung für den Ressourceneinsatz an nachgeordnete Stellen übertragen, d. h., eine Behörde kann selbst entscheiden, ob Mittel als Personal- oder Sachmittel verwendet werden. Damit werden im Allgemeinen **Einsparungen** möglich, deshalb wird Budgetierung oft mit einer „Effizienzrendite" kombiniert, d. h., das Globalbudget wird um z. B. zwei Prozent niedriger als die bisher insgesamt veranschlagten Haushaltsmittel angesetzt.

Dezentralisierung
Dezentralisierung bedeutet, dass Aufgaben möglichst auf mehrere, untergeordnete Einheiten „vor Ort" verteilt werden. Zum Beispiel werden **Entscheidungen nicht zentral** – im Ministerium – getroffen, sondern in den nachgeordneten Bereich **verlagert** („abgeschichtet"; siehe nachfolgend).

Reform des Rechnungswesens
Grundlage des öffentlichen Rechnungswesens ist die **Kameralistik,** die Einnahmen und Ausgaben, aber keine Aufwendungen (z. B. Abschreibungen) oder Erträge erfasst. Wichtige entscheidungsrelevante Informationen können nur durch eine **Erweiterung der Kameralistik** oder durch ihre Ablösung durch die doppelte Buchführung (Doppik) bereitgestellt werden.

Kosten- und Leistungsrechnung (KLR)
Die Kosten- und Leistungsrechnung erfasst die **relevanten Kosten** einer Periode und stellt sie den erbrachten **Leistungen** („Produkten") gegenüber; ihre Anwendung erfordert also die Erstellung eines Produktkataloges (siehe nachfolgend).

Controlling
Controlling liefert **zukunftsgerichtete Informationen,** um Wirtschaftlichkeit und Ergebnistransparenz, Adressaten- und Mitarbeiterzufriedenheit sowie die **Qualität** der Leistung zu verbessern. Damit liefern Controller **begleitenden betriebswirtschaftlichen Service** (Entscheidungsunterstützung) für das Management zur zielorientierten Planung und Steuerung (Preißler 2014, S. 1 ff., 43 ff.; Steger 2013, S. 15 ff.; Tauberger 2008, S. 2 ff.; Weber und Schäffer 2016, S. 43 ff., 429 ff.) (siehe nachfolgend).

Qualitätsmanagement
Qualitätsmanagement bedeutet **Qualitätssicherung** durch Institutionalisierung bewährter Arbeitsabläufe aus den Bereichen Prozesslenkung, Korrektur, Vorbeugemaßnahmen, Vertragsprüfung, Beschaffung. In Europa verbreitet ist das von der **EFQM (European Foundation for Quality Management)** entwickelte **EFQM-Modell für Business Excellence,** das eine ganzheitliche Sicht anstrebt und auf **drei Säulen** (Menschen, Prozesse, Ergebnisse) aufbaut. Wichtiges Element ist eine durch Moderatoren unterstützte Selbstbewertung der Qualität (Egle und Disser 1997, S. 248 ff.; Krems 2011; Weber und Schäffer 2016, S. 205 ff.).
Für Organisationen des öffentlichen Sektors ist, aufbauend auf EFQM, das **Common Assessment Framework (CAF)** als gemeinsames europäisches Qualitätsbewertungssystem entwickelt worden, das ebenfalls auf einer Selbsteinschätzung anhand von neuen vorgegebenen Themenfeldern basiert (Bundesministerium des Innern 2003; Krems 2016).
Verbreitet ist auch das in der internationalen Norm **ISO 9000** beschriebene Qualitätsmanagement-System, dessen Einhaltung z. B. vom TÜV Rheinland geprüft und zertifiziert wird. Ein wichtiger Baustein ist KVP (**kontinuierlicher Verbesserungsprozess)** (siehe nachfolgend).

Kontinuierlicher Verbesserungsprozess (KVP)
Kern des kontinuierlichen Verbesserungsprozesses (KVP) ist die Feststellung, dass Veränderungen des Denkens und Handelns und höhere Eigenverantwortung zu Verbesserungen führen. Dazu gehören:

- Verbessertes Rollenverständnis
- Reagieren auf sich wandelnde Anforderungen

- Beteiligung an Veränderungen
- Verbesserung der Arbeitsbedingungen
- Belohnung besonderer Leistungen
- Anerkennung

Ein wichtiges Element von Qualitätsmanagement und KVP ist die **Einrichtung von Qualitätszirkeln,** die aus fünf bis zehn Mitarbeitern eines oder mehrerer Arbeitsbereiche bestehen und die in eigener Verantwortung **Vorschläge zur Verbesserung** des Arbeitsablaufs oder der Qualität erarbeiten.

Kundenbefragungen (Bürgerbefragung)
Mit schriftlichen oder mündlichen Befragungen können die Einstellungen der „Kunden" zu den Leistungen der Behörde festgestellt werden. Damit können das erreichte Niveau an „Kundenorientierung" bewertet und ggf. geeignete Maßnahmen entwickelt werden. Eine solche Befragung muss sorgfältig geplant werden; sie kann z. B. durch spezialisierte externe Dienstleister durchgeführt werden. – Ein wichtiges Beispiel von „Kundenbefragungen" ist die Evaluation von Lehrveranstaltungen oder ganzen Ausbildungsgängen an Hochschulen durch Befragung der Studierenden sowie der Absolventen.

Mitarbeiterbefragungen (MAB)
Die Mitarbeiter werden, vorzugsweise durch **externe Spezialisten,** zu den Themen „Behörden-Identität/Wir-Gefühl", „Führung und Zusammenarbeit", „Personal- und Organisationsentwicklung" und „Arbeitszufriedenheit" befragt. Diese **Befragung** kann schriftlich, beispielsweise über „Online-Fragebögen" direkt am Arbeitsplatz, durchgeführt werden. Ergänzend kann eine mündliche Befragung, beispielsweise über Telefoninterviews, durchgeführt werden. Eine **Auswertung** erfolgt in der Regel in Form statistischer Diagramme, welche die jeweilige Antwortverteilung sichtbar machen. Denkbar sind auch **abteilungsspezifische Auswertungen,** um zu prüfen, ob eine bestimmte Abteilung positiv oder negativ vom Gesamtergebnis abweicht.

    Beispiele/Referenzprojekte für die Anwendung von Prinzipien der Neuen Steuerungsmodelle im Bereich der Bundesverwaltung sind:

- **Idee21** (Vorschlagswesen und Ideenmanagement),
- **Qualitätsoffensive Statistik** (Statistisches Bundesamt, www.destatis.de): basiert auf EFQM,
- **Qualitätsmanagement BVA** (Deutsches CAF-Zentrum),
- **Produkthaushalt FH Bund,**
- **Budgetierung BKA.**

Weiterführende Informationen finden Beschäftigte der Bundesverwaltung im **IVBB (Intranet der Bundesverwaltung),** vor allem in der Infodatenbank zur Staats- und Verwaltungsmodernisierung des Bundesverwaltungsamtes. Im Internet findet man öffentlich zugängliche Informationen z. B. bei http://www.verwaltung-innovativ.de oder im Dienstleistungsportal des Bundes unter http://www.bund.de.

Ein bemerkenswertes **Nachschlagewerk** (Glossar) mit weiterführenden Links ist das Online-Verwaltungslexikon http://www.olev.de sowie das Angebot unter http://verwaltungsmanagement.info. Verantwortlich für beide Angebote ist **Prof. Dr. Burkhardt Krems,** ehemaliger Professor für Verwaltungsmanagement bzw. Betriebswirtschaftslehre der öffentlichen Verwaltung an der Hochschule des Bundes für öffentliche Verwaltung (bis September 2014: Fachhochschule des Bundes für öffentliche Verwaltung).

5.3   Ausgewählte Bausteine (Instrumente) neuer Steuerungsmodelle

Ergänzend zur kurzen Beschreibung wichtiger Instrumente neuer Steuerungsmodelle im vorangegangenen Abschnitt sollen jetzt ausgewählte zentrale Instrumente vertiefend vorgestellt werden.

5.3.1   Dezentralisierung

Dezentralisierung bedeutet die **Zuordnung von Entscheidungsmacht** auf jene organisatorische Ebene, die am besten in der Lage ist, effiziente und effektive Entscheidungen zu treffen (Mundhenke 1996, S. 12 ff.; Mundhenke 2003a, S. 10 f.). Damit verbunden ist eine entsprechende **Ergebnisverantwortung.**

Das bisher in der öffentlichen Verwaltung verbreitete **Einliniensystem mit Querschnittseinheiten** (vgl. Abschn. 4.2.7) mit einer Trennung zwischen Fach- und Querschnittseinheiten ist dagegen durch eine „**organisierte Unverantwortlichkeit**" gekennzeichnet, da Ressourcenverantwortung und fachlich-technische Verantwortung in **verschiedenen Händen** liegen. Dieses System neigt zur Verschwendung, beispielsweise im Fall des „Dezemberfiebers"[1] oder bei der Übertragung neuer Aufgaben. Wenn die Aufgaben zunehmen, gibt es zwei Strategien:

---

[1]Dezemberfieber bedeutet, dass vor Jahresende, beispielsweise ab Ende November, noch verbliebene Haushaltsreste überstürzt verausgabt werden. Hintergrund ist die Angst, dass Mittelzuweisungen für die Folgejahre gekürzt werden könnten, wenn Haushaltsreste übrig bleiben.

- **Zusätzliche Ressourcen** beantragen: Wer unbesehen zusätzliche Ressourcen beantragt, wird belohnt: Er gewinnt an Ansehen und Einfluss und geht möglichem Ärger mit Mitarbeitern und Mitarbeiterinnen bzw. dem Personalrat aus dem Weg.
- **Vorhandene Ressourcen umschichten:** Wer angesichts verringerter Aufgaben in anderen Bereichen versucht, umzuschichten, wird bestraft: Er hat Ärger mit Mitarbeitern und Mitarbeiterinnen und mit dem Personalrat, möglicherweise auch mit den Haushältern.

Wer an seine Karriere denkt und den **Weg des geringsten Widerstandes** geht, kann nicht wirtschaftlich handeln; dies ist ein gravierender „Webfehler" des bisherigen Systems und bewirkt eine „**Negativsteuerung**".

5.3.2   Reform des Rechnungswesens

Das öffentliche Rechnungswesen basiert bisher vor allem auf der **Kameralistik** (Busch 2004, S. 38 ff.; Mundhenke 1996, S. 16 ff.; Mundhenke 2003a, S. 12 ff.). Diese zielt auf die **Kontrolle der Einhaltung** der vorgegebenen Haushaltsvoranschläge und verfolgt somit – vergleichbar der Finanzbuchhaltung eines Unternehmens – ein **externes Rechnungsziel**. Die durch HGrG und BHO bisher geforderte Rechenschaftslegung basiert vor allem auf finanzwirtschaftlichen Größen!

In **privaten Unternehmen** ist selbstverständlich, dass ein Rechnungswesen auch **interne Rechnungsziele** unterstützen muss, also beispielsweise

- **Erfolgsermittlung,**
- **Steuerung der Wirtschaftlichkeit,**
- **Entscheidungsunterstützung.**

Diese Ziele kann aber die Kameralistik nicht erfüllen; insbesondere ist Kameralistik nicht auf Wirtschaftlichkeit ausgerichtet! Das Rechnungssystem der **Privatwirtschaft** ist die **doppelte Buchführung („Doppik")**; auf dieser baut eine Kostenleistungsrechnung (KLR) auf. Zur **Modernisierung** des öffentlichen Rechnungswesens werden zwei Wege diskutiert:

- **Verbundrechnung:** Alle Teile eines Rechnungssystems sind in einem System „aus einem Guss" integriert, wie z. B. in der Doppik;
- **Parallelrechnung:** Die Kameralistik wird durch eine KLR und eine Vermögensrechnung ergänzt.

Der zweite Weg gilt bei Experten als teurer Umweg, der unbedingt vermieden werden sollte (Mundhenke 2007, S. 233 ff.).

5.3.3 Kostenleistungsrechnung (KLR)

Ziel der Kostenleistungsrechnung (Kosten-Leistungsrechnung, Kosten- und Leistungsrechnung, KLR) ist die **Zurechnung** von Kosten zu den Leistungen (Produkten) eines Betriebes. Zunächst sind **Grundbegriffe** zu klären (vgl. Abschn. 2.5.3) (Dincher et al. 2017, S. 261; Dincher und Scharpf 2016, S. 119 ff.; Krems 2015; Krüger 2017, S. 142 ff.; Mundhenke 1996, S. 22 ff.; Mundhenke 2003a, S. 54 ff.; Weber et al. 2014, S. 285 ff.; Wöhe et al. 2016, S. 635 ff.):

Wichtige Begriffsdefinitionen

Ausgaben	Summe aus dem Abfluss von liquiden Mitteln und der Verminderung von Forderungen und der Erhöhung von Schulden
Auszahlungen	Abfluss von liquiden Mitteln, d. h. alle Buch- oder Bargeldabflüsse in einer Periode
Einnahmen	Summe aus dem Zufluss von liquiden Mitteln und der Erhöhung von Forderungen sowie der Verminderung von Schulden
Einzahlungen	Zufluss von liquiden Mitteln, d. h. alle Buch- oder Bargeldzuflüsse in einer Periode
Kosten	leistungsbedingter bewerteter Güterverzehr, d. h. wertmäßiger Verzehr (Gebrauch oder Verbrauch) von Ressourcen (Einsatzgütern, Produktionsfaktoren) zur Erstellung der betrieblichen Leistung in einer Rechnungsperiode
Leistung (Produkt)	bewertetes Ergebnis der Produktion in einer Rechnungsperiode

Wichtig zu wissen ist, dass Kosten und Ausgaben **nicht** identisch sind; es gibt – vereinfacht gesehen – drei wichtige Fälle:

- **Ausgabengleiche Kosten = kostengleiche Ausgaben:** Sind gleichzeitig Ausgaben und Kosten einer Periode, z. B. Energiekosten der Produktion (bei Zahlung in derselben Periode).

- **Ausgaben,** aber **nicht Kosten** der Periode: Entweder ganz oder teilweise einer anderen Periode zuzurechnen (z. B. Rückzahlung eines Kredites, Investitionsausgabe) oder nicht leistungsbedingt (z. B. ungeplante Großreparatur);
- **Kosten,** aber **nicht Ausgaben** der Periode: Entweder fallen Ausgaben in einer anderen Periode an (z. B. bei Kauf auf Ziel bzw. Abschreibung einer Anlage), oder Ausgaben fallen überhaupt nicht an (z. B. bei kalkulatorischen Zinsen).

Die Kostenleistungsrechnung (KLR) bildet die **Kosten des Leistungsprozesses** ab und ermöglicht so die Beantwortung der in Tab. 5.1 enthaltenen Fragen.

Die Kostenleistungsrechnung setzt einen **Produktkatalog** voraus, der möglichst alle Leistungen (Dienstleistungen oder Sachgüter) eines Betriebes umfasst (Krüger 2017, S. 139 f.). Dabei unterscheidet man im Allgemeinen:

- **Interne Produkte:** Diese werden **betriebsintern** erstellt und verwendet und gehen beispielsweise in andere Produkte ein. Beispiele sind: Durchführung eines Druckauftrages, Abwicklung eines Fahrauftrages, Betrieb der Telefonzentrale, Durchführung eines Botendienstes, Bereitstellung von Raumkapazität usw.
- **Externe Produkte:** Diese werden nach außen, also an andere Betriebe oder an den Bürger entweder gegen Entgelt oder unentgeltlich abgegeben. Beispiele sind: Erstellung eines Verwaltungsaktes; Durchführung der Sicherheitskontrollen an einem Flughafen, Ausbildung eines Kurses an einer Verwaltungshochschule usw.

Als Beispiel sei der **Produktkatalog der HS Bund** genannt, der mithilfe eines externen Beraters erstellt wurde und mehr als 100 interne bzw. externe Produkte umfasst; dieser ist leider nicht veröffentlicht, sondern als **internes Dokument** im Intranet der HS Bund (früher: FH Bund) abgelegt worden. Auf diesem Produktkatalog basiert auch der in einem Modellversuch erprobte sogenannte

Tab. 5.1 Prüffragen und Erkenntnisobjekte der Kosten-Leistungsrechnung

Frage	Bezieht sich auf:
Womit?	Einsatzmittel, Ressourcen
Erstellt wer?	Mitarbeiter/-in
Wo?	Kostenstelle, Organisationseinheit
Was?	Produkt, Leistung
Für Wen?	Kunde

Tab. 5.2 Ebenen der Kostenleistungsrechnung (KLR)

Teil der Kostenrechnung	Angefallene Kosten	Beispiele
Kostenartenrechnung	Welche?	Material-, Personalkosten, Abschreibung, Mietkosten
Kostenstellenrechnung	Wo?	Druckerei, Werkstatt, Referat X
Kostenträgerrechnung	Wofür?	Grundstudium HS Bund, Seminar Y, Schriftstück Z

Produkthaushalt[2], der Mittelherkunft und -verwendung nicht nach den üblichen Haushaltskapiteln und -titeln, sondern produktbezogen auflistet (Deutscher Bundestag 2003, S. 58).

Die KLR umfasst **drei Ebenen,** die nacheinander durchlaufen werden (Bestmann und Ebert 2009, S. 617 ff.; Olfert und Rahn 2013, S. 488 ff.; Dincher und Scharpf 2016, S. 122 ff.; Mundhenke 2003a, S. 56 ff.). Diese sind in Tab. 5.2 aufgelistet.

Die **Leistungsrechnung** ist der „Zwilling" der Kostenrechnung; diese soll die **Leistung** der Verwaltung **transparent** machen und vor der „Rationalisierungs-falle" schützen: Man senkt die Kosten, aber in vielleicht höherem Maße auch die Qualität der Leistung.

Bei der **Zurechnung zu Kostenträgern** unterscheidet man (vgl. Abschn. 2.5.4):

- **Direkte Kosten (Einzelkosten):** Können unmittelbar einer Leistung (einem Kostenträger) zugerechnet werden, z. B. Kosten eines Gebäudes, in dem nur **eine** Leistung erstellt wird.
- **Indirekte Kosten (Gemeinkosten):** Können **nicht** unmittelbar einer einzigen Leistung zugerechnet werden, z. B. Personalkosten eines Mitarbeiters, der verschiedene Leistungen erbringt, Kosten eines Materiallagers (für verschiedene Produkte), Kosten der Registratur usw. – Hier empfiehlt sich eine Verteilung („Schlüsselung") z. B. nach Zeitanteilen[3] oder Flächenanteilen.

Ein Kostenrechnungssystem, das sämtliche Kosten, also auch alle Gemein-kosten berücksichtigt, wird als Vollkostenrechnung bezeichnet, dazu gehört bei-spielsweise auch die Standard-KLR des Bundes (Fischer 2002, S. 1 ff., 45 ff.).

---

[2]Vertiefende Informationen und eine Bewertung findet man z. B. bei Krems (2012).

[3]Dies erfordert eine Erfassung (Zeitaufschreibung, Selbstaufschreibung) der auf die verschiedenen Leistungen entfallenden Arbeitszeiten, vgl. dazu Abschn. 4.3.5 dieses Buches.

Systeme, die beispielsweise nur direkte Kosten berücksichtigen, ermöglichen eine Teilkostenrechnung. In der Fachliteratur wird oft die **Teilkostenrechnung** empfohlen (z. B. Mundhenke 2003a, S. 60 ff.; Fischer 2002, S. 46 ff.), und zwar aus zwei Gründen:

- Für steuerungsrelevante Entscheidungen sind Gemeinkosten nicht zielführend; besser ist, nur Einzelkosten in die Entscheidungsfindung einzubeziehen.
- Die Verrechnung von Gemeinkosten (innerbetriebliche Leistungsverrechnung) erfordert einen verhältnismäßig hohen Aufwand, der eingespart werden könnte.

Erfahrungen zeigen, dass bei Anwendung der KLR oft die **80-20-Regel** gilt: Mit 20 % des gesamten Aufwandes können bereits 80 % des möglichen Erfolges realisiert werden; mit den restlichen 80 % Aufwand steigt der Erfolg nur noch um weitere 20 %.

Bei der KLR ist es vor allem die **innerbetriebliche Leistungsverrechnung,** die einen sehr hohen Aufwand verursacht, andererseits nur noch geringen zusätzlichen Nutzen bereitstellt. – Durch Verzicht auf diese Leistungsverrechnung kann der Aufwand für die KLR deutlich gesenkt werden. Da viele Entscheidungen auf Einzelkosten (direkten Kosten) beruhen, wird die Qualität der Entscheidungsfindung durch diesen Verzicht nicht wesentlich beeinträchtigt.

5.4   Controlling

Controlling ist ein **begleitender betriebswirtschaftlicher Service für das Management** zur Unterstützung der **zielorientierten Planung und Steuerung.** Damit ist Controlling ebenfalls ein **zentraler Baustein** neuer Steuerungsmodelle, und es wird – nach seinem Siegeszug in der Privatwirtschaft – auch für die öffentliche Verwaltung unverzichtbar (Mundhenke 1996, S. 74 ff.; Mundhenke 2003a, S. 20 ff.; Steger 2013, S. 25 ff.; Tauberger 2008, S. 2 ff.).

Controlling **unterstützt** das Management beim Festlegen und Realisieren der Ziele. Es umfasst:

1. **Analyse** des Betriebsgeschehens, z. B. durch Betriebs- oder Zeitvergleich, Soll-Ist-Vergleich,
2. **Information der Leitungsebenen:** adressatengerecht, prägnant und zeitnah,
3. **ergebnisorientierte** Planung.

Controlling dient der „Lernenden Organisation" und ist immer **zukunfts-orientiert.** Kerninhalte des Controllings sind:

* Information der Leitung (zwecks Navigation),
* Koordination der Führungsaufgaben (ohne eigene Steuerungsfunktion).

Controlling ist **nicht:**

* reine **Kontrolle** (diese ist **vergangenheitsorientiert**),
* Management (Controlling steuert nicht selbst!).

▶   Bildhafter Vergleich: Der Controller/die Controllerin fungiert als Lotse,
    der den richtigen Weg weist, aber nicht selbst steuert!

Die wichtigsten **Aufgaben** (Funktionen) und **Instrumente** des Controllings sollen im Folgenden kurz vorgestellt werden.

5.4.1 Aufgaben (Funktionen) des Controllings

(1) Analyse (Kontrolle)
Controlling darf nicht mit Kontrolle gleichgesetzt werden, setzt aber doch eine sorgfältige Analyse („Kontrolle") der betrieblichen Abläufe und Strukturen voraus. Hilfreich sind vor allem die folgenden **Vergleichstypen:**

* **Zeitvergleich:** Vergleich unterschiedlicher Zeitpunkte bzw. -räume,
* **Betriebsvergleich:** Vergleich unterschiedlicher Betriebe (wie auch beim „Benchmarking"),
* **Soll-Ist-Vergleich:** Vergleich von Plangrößen (Soll) mit den aktuellen Größen (Ist).

Diese Vergleiche basieren im Allgemeinen auf **Kennzahlen,** mit denen man konkrete Aussagen über komplexe Sachverhalte machen kann. Die Abweichungen werden analysiert und ermöglichen ein Lernen („lernende Organisation").

(2) Information (sversorgung)
Information der Leitungsebenen ist eine der Kernaufgaben des Controllings, das erfordert den Aufbau eines schlanken, entscheidungsorientierten **Berichtswesens** (Mundhenke 1996, S. 88 ff.; Weber und Schäffer 2016, S. 237 ff.). Hierbei besitzt

der Controller nicht nur eine „Bringschuld", sondern die Führung hat eine „Holschuld" und sollte Infos gezielt abrufen. Dieses Informationssystem sollte **handlungsauslösend** sein, also Empfehlungen zu frühzeitigen Kurskorrekturen liefern. **Anforderungen** an das Berichtswesen:

- Berichte müssen **zeitnah** vorliegen (Schnelligkeit vor Genauigkeit).
- **Beschränkung** auf das Wesentliche vermeidet Informationsfluten.
- Berichte müssen **ansprechend** gestaltet sein, z. B. mit geeigneten statistischen Diagrammen.
- Berichte müssen auf allen hierarchischen Ebenen **angemessen** und **anforderungsgerecht** („adressatengerecht") vorliegen.
- Berichte müssen **regelmäßig**, z. B. als Quartalsbericht, und **bei Bedarf** bzw. auf Anforderung durch die Leitung erstellt werden.

Besonders geeignet sind „**Ampel-Berichte**", bei denen die aktuelle Bewertung verschiedener Arbeitsgebiete durch Ampelfarben visualisiert wird. Dabei bedeuten:

- **grün:** alles in Ordnung, kein Handlungsbedarf,
- **gelb:** mögliche Zielabweichung; erhöhte Aufmerksamkeit ist geboten,
- **rot:** deutliche Zielabweichung: sofortiges Gegensteuern ist erforderlich.

Eine wichtige Rolle spielen auch **Kennzahlen** als Instrument der Informationsversorgung. Kennzahlen sind vereinfachte komprimierte Abbildungen der Wirklichkeit. Damit können komplexe Sachverhalte in **einfacher, verdichteter Form** beschrieben werden. Somit gestatten Kennzahlen einen schnellen und umfassenden Überblick über das Betriebsgeschehen. Kennzahlen können absolute oder relative Zahlen sein (vgl. Abschn. 5.4.3).

(3) Planung
Planung bedeutet den **Entwurf einer Ordnung** bzw. die geistige Vorwegnahme zukünftigen Handelns, um zukünftige Unsicherheiten und Risiken zu bewältigen. Planung baut auf einem Leitbild auf („Wozu sind wir da?").
Man unterscheidet folgende **Planungsstufen:**

- **Strategische Planung:** langfristig (mehrjährig) orientiert; charakteristisch sind die folgenden Prüffragen:
  - „Welche Ziele verfolgen wir?"
  - „Welche Wege verfolgen wir zur Zielerreichung?"
  - „Wo wollen wir in fünf oder zehn Jahren stehen?"

- **Operative Planung:** kurz- bis mittelfristig orientiert; charakteristisch sind die folgenden Fragen:
  - „Wo besteht Handlungsbedarf?"
  - „Was soll konkret passieren?"
  - „Wie gestalten wir die kommenden Monate/Jahre?"
  - Zur operativen Planung gehören die **Leitungs-** und **Ressourcenplanung**, die **Kosten-** und ggf. **Erlösplanung** und die **Finanzplanung**.

5.4.2 Ausgewählte Controllinginstrumente

Abhängig vom Zeithorizont sind verschiedene **Controllinginstrumente** verfügbar (Mundhenke 2013, S. 136 ff.; Tauberger 2008, S. 32 ff.).

(1) Strategisches Controlling
Das strategische Controlling ist auf den mittel- bis längerfristigen Erfolg ausgerichtet. Hier sind vor allem zwei Instrumente zu nennen.

(a) Portfolio-Analyse:
Die Portfolio-Analyse ist ein bei privaten Unternehmen weit verbreitetes Instrument, da sie Empfehlungen zur Weiterentwicklung eigener Produkte liefert (vgl. z. B. Meffert et al. 2012, S. 279 f.). In der Portfolio-Analyse werden **Marktwachstum** und relativer **Marktanteil** für ein Produkt grafisch dargestellt. Dabei wird die eigene Position abhängig vom eigenen Marktanteil und Marktwachstum in eines von vier Feldern eingeordnet. In jedem dieser Felder ergeben sich andere Handlungsempfehlungen, die in Abb. 5.3 wiedergegeben sind. – Für die öffentliche Verwaltung ist dieses Instrument weniger geeignet, da der Begriff „Marktwachstum" für das Handeln von Behörden im Allgemeinen nicht relevant ist.

(b) SOFT-Analyse (SOFT = Strength, Opportunities, Failures, Threats)
Auch die **SOFT-Analyse** (oder SWOT-Analyse) liefert Handlungsempfehlungen (Meffert et al. 2012, S. 240 ff.). Hierbei werden systematisch die **Chancen** und **Risiken** des Marktes (extern) und die **Stärken** und **Schwächen** des eigenen Unternehmens (intern) bewertet und daraus die entsprechenden Empfehlungen abgeleitet; insbesondere sollen die eigenen Entwicklungsmöglichkeiten kritisch bewertet werden. Dies ist in Abb. 5.4 dargestellt.

Diese Methode wird manchmal auch als **SWOT-Analyse** bezeichnet: Interne Kriterien sind Stärken (Strengths) und Schwächen (Weaknesses); und die externe Situation wird nach Chancen (Opportunities) und Risiken (Threats)

Marktwachstum	hoch	Fragezeichen („Question Marks") => selektiv vorgehen	Sterne („Stars") => fördern, investieren
	niedrig	Arme Hunde ("Dogs") => desinvestieren, liquidieren	Melkkühe ("Cash Cows") =>Position halten, ernten
		Niedrig	Hoch
		Relativer Marktanteil	

Abb. 5.3   Portfolio-Analyse

Notwendigkeit der Leistungserbringung	hoch	=> Maßnahmen zur Effizienzsteigerung planen!	Erfolgsaufgaben: => anzustreben!
	niedrig	=> Aufgabenabbau versuchen!	Aufgaben ohne Nachfrage: => Energie anders einsetzen!
		Niedrig	Hoch
		Leistungsfähigkeit des Betriebes/der Behörde	

Abb. 5.4   SOFT- bzw. SWOT-Analyse

klassifiziert. – Da „Marktwachstum" hier keine Rolle spielt, ist diese Methode auch für die öffentliche Verwaltung geeignet.

(2) Operatives Controlling
Das operative Controlling ist auf den **Erfolg** bzw. die **Wirtschaftlichkeit der Periode** ausgerichtet. Hier kommen vor allem folgende Instrumente infrage:

- **Kennzahlen(systeme):** Wichtige betriebliche Sachverhalte werden durch Zahlen kurz und prägnant beschrieben (vgl. den Abschn. 5.4.3).
- **KLR (Kostenleistungsrechnung):** Den Leistungen („Produkten") werden jeweils die entsprechenden Kosten gegenübergestellt; dies erfordert eine ausgebaute Kostenarten-, -stellen- und -trägerrechnung (vgl. Abschn. 5.3.3).

- **Budgetierung:** Finanzmittel werden als globaler Ansatz vorgegeben und mit dezentraler Ressourcenverantwortung kombiniert.
- **Balanced Scorecard (BSC):** „ausbalancierte Wertungsliste" oder „ausgewogenes Kennzahlensystem", wurde 1996 von Kaplan und Norton entwickelt, um eine zu einseitige, nur an finanziellen Aspekten orientierte Steuerung durch einen „ganzheitlichen" Ansatz zu ersetzen (Kaplan und Norton 1997; Horváth und Partners 2004, S. 3 ff.; Friedag und Schmidt 2015; Jossé 2005; Scherer und Alt 2002; Steger 2013, S. 353 ff.; Tauberger 2008, S. 218 ff.; Weber und Schäffer 2016, S. 200 ff.; Wöhe et al. 2016, S. 201 ff.). – In der Urform der Balanced Scorecard werden **vier Perspektiven** gleichgewichtig berücksichtigt:
  - **Finanzperspektive:** erfasst Zahlungsströme und Budgetgrößen,
  - **Kundenperspektive:** berücksichtigt u. a. Kundenzahl und -zufriedenheit,
  - **Prozessperspektive** (Leistungsperspektive): analysiert interne Prozesse,
  - **Potenzialperspektive:** erfasst u. a. Zahl, Qualifikation und Motivation der Mitarbeiter; Lernen und Entwicklung.

  Im Bereich der **öffentlichen Verwaltung** ist als weitere Perspektive wichtig:
  - **Positionierung** im **politisch-gesellschaftlichen Umfeld** bzw. Orientierung am gesellschaftspolitischen Auftrag (Deutsches Patent- und Markenamt 2005, S. 36).

  Ausgehend von der Vision und Strategie eines Betriebes werden für jede Perspektive strategische Ziele abgeleitet, die durch Messgrößen mit Soll- und Ist-Werten konkretisiert werden. Die Balanced Scorecard liefert eine **„mehrdimensionale"** Darstellung der Erfolgsfaktoren eines Betriebes.
- **Benchmarking:** Suche nach den „Besten Praktiken", die zu Spitzenleistungen führen, und „Lernen von den Besten" in einem kontinuierlichen Prozess. Dies wurde bereits 2004 in der 2. Phase des Regierungsprogramms „Moderner Staat – Moderne Verwaltung" (Bundesministerium des Innern 2004) festgeschrieben und in einigen Pilotbehörden umgesetzt (Burr und Seidlmeier 1998, S. 55–92; Busch 2004, S. 141 ff.; Preißler 2014, S. 267 ff.; Steger 2013, S. 87; Tauberger 2008, S. 224 ff.). Praktische Anwendung ist der 2004 vom Bundesministerium für Finanzen initiierte ressortübergreifende **Benchmarking-Ring „Allgemeine Verwaltungsprodukte (AV-Produkte)"**. – Inzwischen hat diese Methode Verfassungsrang erlangt, und zwar in Form **von Artikel 91 d des Grundgesetzes** der Bundesrepublik Deutschland (Stand: Sept. 2010):

Gesetzlicher Text
Artikel 91 d [Leistungsvergleich]
  Bund und Länder können zur Feststellung und Förderung der Leistungsfähigkeit ihrer Verwaltungen Vergleichsstudien durchführen und die Ergebnisse veröffentlichen.

Im Grundstudium soll vor allem das Instrument der Kennzahlen vertieft werden; weiterführende Informationen hierzu und zu den übrigen Instrumenten findet man beispielsweise bei http://www.olev.de sowie bei www.wikipedia.de.

5.4.3 Controlling mit Kennzahlen

(1) Grundlagen
Bei der **Planung**, der **Kontrolle** und auch bei der Ausgestaltung des **Berichts-wesens** spielen Kennzahlen eine wichtige Rolle (Olfert und Rahn 2013, S. 46 f.; Schierenbeck und Wöhle 2016, S. 177 ff., 795 ff.; Weber und Schäffer 2016, S. 177 ff.; Wöhe et al. 2016, S. 199 ff.).
  Kennzahlen ermöglichen:

- **Urteile** über wichtige Sachverhalte und Zusammenhänge durch Bereitstellung **zweckorientierten** Wissens,
- **präzise, quantitative** Aussagen,
- einen schnellen und umfassenden **Überblick** über komplexe Zusammenhänge.

Zweck von Kennzahlen kann sein:

1. **Analyse- bzw. Kontrollinstrument**: Vergleich der aktuellen Kennzahlen mit vorgegebenen Zahlen:
   a) **Soll-Ist-Vergleich** (Zielvorgabe und tatsächlicher Stand),
   b) **Zeitvergleich** (gleicher Betrieb, verschiedene Zeitpunkte),
   c) **Betriebsvergleich** (verschiedene Betriebe, gleiche Zeitpunkte).
2. **Hilfsmittel der Steuerung** (normativer Charakter der Kennzahl), z. B. Vorgabe eines Kostenbudgets, eines Mindestgewinns oder einer internen Verzinsung.

(2) Klassifikation von Kennzahlen
Kennzahlen können nach verschiedenen **Kriterien** klassifiziert werden:

1. **nach Phasenbezug** (Bezug auf Entscheidungsphase):
   a) **Zielgröße** (normativ): zur **Vorgabe von Zielen** bzw. bei Zielvereinbarungen,
   b) **Ist-Größe** (deskriptiv): zur **Beschreibung** des Ist-Zustandes (der aktuellen Situation).
2. **nach Zahlenart:**
   a) **absolute Zahlen:**
      - **Summen,** z. B. Zahl der Beschäftigten, Gesamtkosten, Bürofläche,
      - **Differenzen,** z. B. Abweichungen von Zielvorgaben,
      - **Mittelwerte,** z. B. Kosten, Bearbeitungs- oder Durchlaufzeiten.
   b) **Verhältniszahlen** (relative Zahlen):
      - **Beziehungszahlen,** z. B. Umsatz pro Tag, Kosten pro Mitarbeiter,
      - **Gliederungszahlen,** z. B. Arbeitslose nach Schulabschluss,
      - **Indexzahlen,** z. B. Preisentwicklung („Lebenshaltungsindex").
3. **nach Betriebsbereich:**
   a) für den **Gesamtbetrieb,**
   b) für **Teilbereiche** des Betriebes, z. B.
      - Lagerumschlag = Materialverbrauch/durchschn. Bestand,
      - Auslastungsgrad = Ist-Produktion/Kapazität („Produktion"),
      - Krankenquote = Krankentage/Arbeitstage insgesamt.

▶   Kennzahlen betreffen grundsätzlich **alle Funktionen** eines Betriebes!

(3) Beispiele für Kennzahlen
In **öffentlichen Verwaltungen** sind Kennzahlen verwendbar, mit denen **Menge und Qualität** der erstellten Leistungen gemessen werden kann, z. B.:

- Anzahl der abgeschlossenen Vorgänge pro Jahr,
- Maximale bzw. durchschnittliche Durchlaufzeit eines Vorgangs,
- Reklamationsquote,
- Kosten pro Stück.

Aber auch **Fragen nach Betriebsklima** oder **Mitarbeiterzufriedenheit** können mit Kennzahlen beantwortet werden, z. B.

- Fortbildungstage pro Jahr pro Mitarbeiter,
- Fluktuationsquote = Arbeitsplatzwechsel pro Jahr pro 100 Mitarbeiter,
- Kurzzeiterkrankungsquote = Anteil durch Krankheit ausgefallener Arbeitstage,
- Anzahl disziplinarischer Maßnahmen pro Jahr pro 100 Mitarbeiter,
- Anzahl von Verbesserungsvorschlägen pro Jahr.

Bei Bedarf kann der Controller beliebige **weitere Kennzahlen festlegen** und verwenden; hier ist „**Kreativität**" gefragt.

Das ideale Werkzeug eines Controllers ist ein aktuelles Notebook (tragbarer Rechner) mit einem Tabellenkalkulationsprogramm wie Microsoft Excel oder Libre Office Calc, weil dieses sowohl die Entwicklung größerer Rechenmodelle und ggf. grafische Darstellung der Ergebnisse als auch beliebige „Ad-hoc-Auswertungen" zulässt.

5.4.4   Organisation des Controllings

KLR und Controlling müssen dem Projektcharakter entwachsen und in eine dauerhafte Organisation übergehen, dabei muss Controlling den ganzen Betrieb durchziehen (Mundhenke 1996, S. 98 f.; Steger 2013, S. 158 ff.).

Hier gibt es mehrere Alternativen, abhängig von der Größe der Behörde, Innovationsbedarf und Komplexität der Entscheidungsprobleme. – Grundsätzlich sind zwei Ansätze denkbar:

1. Controlling kann als **Stabsfunktion** realisiert werden; dies ist die häufigste Lösung.
2. Controlling kann alternativ als **Querschnittsfunktion** (zentrale Funktion, Serviceeinheit) innerhalb der Zentralabteilung (Abteilung Z) realisiert werden.

Controlling als **Stabsfunktion** gewährleistet sehr kurze Wege und damit schnellen Informationsaustausch zwischen Behördenleitung (bzw. Abteilungsleitung) und Controlling. Dabei gilt:

– Der **Zentralcontroller** sollte eine herausgehobene Position haben und der Behördenleitung direkt berichten.
– Die **Abteilungscontroller** (manchmal auch als **Abteilungskoordinatoren** bezeichnet) sollten disziplinarisch der Abteilungsleitung und fachlich dem Zentralcontroller unterstellt sein („dotted-line-Prinzip"). Dies gilt allerdings nicht in der Einführungsphase des Controllings; hier ist eine zentrale Steuerung erforderlich.

Wenn Controlling als **Querschnittseinheit** in die Zentralabteilung (Abteilung Z) integriert wird, wird dadurch der **Servicecharakter** betont. Alle Fachabteilungen haben gleichberechtigt Zugriff auf die Controlling-Funktionen; im Konfliktfall entscheidet der Abteilungsleiter Z oder der Behördenleiter. – Die bekannten

Querschnittsfunktionen (vgl. Abschn. 4.2.7) Haushalt, Organisation, Personal, Innerer Dienst (HOPI) werden um Controlling zu **HOPIC** ergänzt.

5.4.5   Nachlese: Sprüche zum „Controlling"

Einige Sprüche zum Schluss:
Kosten- und Leistungsrechnung bringt nicht unbedingt neueste Informationen, aber immer „**Dampf in den Kessel**" und fördert so Innovationen.
Controlling ist wie **gut gestimmter Flügel.** Dieser kann nutzlos sein, wenn

- er nicht von einem guten Pianisten bedient wird,
- er sich nicht harmonisch in das Orchester einfügt,
- Musik gespielt wird, die niemand hören will.

▶   „Blaue Flecken" gehören dazu; die holt man sich als Controller schon mal!

Literatur

Bestmann U, Ebert G (Mitarb.) (2009) Kompendium der Betriebswirtschaftslehre, 11. Aufl. Oldenbourg, München
Brüggemeier M (1998) Controlling in der Öffentlichen Verwaltung, 3. Aufl. Mering, München
Budäus D (1998) Von der bürokratischen Steuerung zum New Public Management – Eine Einführung. In: Budäus D, Conrad P, Schreyögg G (Hrsg) New public management. de Gruyter, Berlin, S 1–10
Budäus D (1999) Neues öffentliches Rechnungswesen – Notwendigkeiten, Probleme und Perspektiven. In: Budäus D, Gronbach P (Hrsg) Umsetzung neuer Rechnungs- und Informationssysteme in innovativen Verwaltungen. 1. Norddeutsche Fachtagung zum New Public Management, Haufe, Freiburg, S 323 ff.
Budäus D (2012) Controlling in öffentlichen Verwaltungen auf der Grundlage des neuen Haushalts- und Rechnungswesens, Stuttgart: Seminarunterlagen. http://www.dietrich-budaeus.de/dokumente/Verwaltungscontrolling%20Teil%20I%20-%20Seminarunter-lagen%20Stuttgart%2021.%20September%202012.pdf. Zugegriffen: 15. Jan. 2018
Bundesministerium des Innern (2003) Common Assessment Framework (CAF): Verbesserung der Organisation durch Selbstbewertung, Stand April 2003. BMI, Berlin
Bundesministerium des Innern (2004). Strategie zur Modernisierung der Bundesverwaltung, 2. Phase des Regierungsprogramms „Moderner Staat – Moderne Verwaltung", Juli 2004. BMI, Berlin

Burr W, Seidlmeier H (1998) Benchmarking in der öffentlichen Verwaltung, Anwendungs-potentiale und Grenzen aus theoretischer und empirischer Sicht. In: Budäus D, Conrad P, Schreyögg G (Hrsg) New Public Management. de Gruyter, Berlin, S 55–92

Bürsch M (1996) Die Modernisierung der deutschen Landesverwaltungen: zum Stand der Verwaltungsreform in den 16 Ländern. Friedrich-Ebert-Stiftung, Bonn

Busch V (2004) Wettbewerbsbezogene Controllinginstrumente im Rahmen des New Public Management. Vahlen, München

Buschor E (1993) Zwanzig Jahre Haushaltsreform – eine verwaltungswissenschaft-liche Bilanz. In: Brede H, Buschor E (Hrsg) Das neue Öffentliche Rechnungswesen, Betriebswirtschaftliche Beiträge zur Haushaltsreform in Deutschland, Österreich und der Schweiz. Nomos, Baden-Baden, S 199–269

Deckert R (2006) Steuerung von Verwaltungen über Ziele, Konzeptionelle Grundlagen unter besonderer Berücksichtigung des Neuen Steuerungsmodells. Diss., Hamburg. http://ediss.sub.uni-hamburg.de/volltexte/2006/2789/pdf/DISSRD.pdf. Zugegriffen: 12. Jan. 2018

Deutscher Bundestag (2003) Drucksache 15/1501: Finanzplan des Bundes 2003–2007. http://dip21.bundestag.de/dip21/btd/15/015/1501501.pdf. Zugegriffen: 29. Jan. 2018

Deutsches Patent- und Markenamt (2005) Jahresbericht 2004. München

Dincher R, Scharpf M (2016) Einführung in das betriebliche Rechnungswesen für die Ver-waltung. Forschungsstelle f. Betriebsführung u. Personalmanagement e. V., Neuhofen

Dincher R, Müller-Godeffroy H, Scharpf M, Schuppan T (2017) Einführung in die Betriebswirtschaftslehre für die Verwaltung, 4. Aufl. Forschungsstelle f. Betriebs-führung u. Personalmanagement e. V., Neuhofen

Egle F, Disser J (1997) Brauchen wir ein Qualitätsmanagement bei öffentlichen Dienst-leistungen? In: Mundhenke E, Kreft W (Hrsg) Modernisierung der Bundesverwaltung, Aktueller Stand und Perspektiven. FH Bund, Brühl, S 248–272

Fischer W (2002) Entscheidungsorientierte Kosten- und Leistungsrechnung in staatlichen Verwaltungen. FH Bund, Brühl. http://www.hsbund.de/SharedDocs/Downloads/2_ Zentralbereich/20_Referat_W/50_Publikationen/05_Schriftenreihe/band_39.pdf?__ blob = publicationFile&v = 3. Zugegriffen: 31. Jan. 2018

Friedag HR, Schmidt W (2015) Balanced Scorecard, 5. Aufl. Haufe, Freiburg

Horváth & Partners (2004) Balanced Scorecard umsetzen, 3. Aufl. Schäffer-Poeschel, Stuttgart

Jossé G (2005) Balanced Scorecard. Ziele und Strategien messbar umsetzen, 16. Aufl. Beck/DTV, München

Kaplan RS, Norton DP (1997) Balanced Scorecard: Strategien erfolgreich umsetzen. Schäffer-Poeschel, Stuttgart

KGSt (Kommunale Gemeinschaftsstelle für Verwaltungsvereinfachung) (1993) Das neue Steuerungsmodell – Begründung, Konturen, Umsetzung. KGSt-Bericht 5/1993, Köln.

Kieser A, Walgenbach P (2010) Organisation, 6. Aufl. Schäffer-Poeschel, Stuttgart

Krems B (2010) Kommentierte Quellenhinweise zu Public Management (Stand: 2010-02-28). Beitrag in Verwaltungsmanagement.info. http://www.verwaltungsmanagement. info/allgemein/quellen.htm. Zugegriffen: 12. Jan. 2018

Krems B (2011) EFQM (Stand: 2011-01-14). Beitrag im Online-Verwaltungslexikon. http://www.olev.de/e/efqm.htm. Zugegriffen: 29. Jan. 2018

Krems B (2012) Produkthaushalt (Stand. 2012-05-21). Beitrag im Online-Verwaltungs-lexikon. http://www.olev.de/p/produkthaushalt.htm. Zugegriffen: 29. Jan. 2018

Krems B (2015) Kosten- und Leistungsrechnung (KLR) (Stand: 2015-01-05). Beitrag im Online-Verwaltungslexikon. http://www.olev.de/k/klr.htm. Zugegriffen: 29. Jan. 2018

Krems B (2016) CAF (Stand: 2016-04-03). Beitrag im Online-Verwaltungslexikon. http://www.olev.de/c/caf.htm. Zugegriffen: 31. Jan. 2018

Krüger U (2017) Betriebswirtschaftslehre für öffentliche Verwaltung. Grundstudium HS Bund, Manuskript, Brühl

Meffert H, Burmann C, Kirchgeorg M (2012) Marketing, Grundlagen marktorientierter Unternehmensführung, 11. Aufl. Springer Gabler, Wiesbaden

Meixner HE (1995) Bausteine neuer Steuerungsmodelle. Hanseatischer Fachverl. f. Wirtschaft., Bornheim-Roisdorf

Mundhenke E (1996) New Public Management, Ergänzung zum Arbeitsbuch Public Management. Manuskript, Brühl

Mundhenke E (2003a) Controlling/KLR in der Bundesverwaltung, Was man dazu wissen sollte, 5. Aufl. FH Bund, Brühl

Mundhenke E (2003b) Finanzmanagement als Kern der Verwaltungsmodernisierung, Abschiedsvorlesung am 14. Juli 2003. FH Bund, Brühl. http://edoc.vifapol.de/opus/volltexte/2009/1207/pdf/band_41.pdf. Zugegriffen: 26. Jan. 2018

Mundhenke E (2007) Ansätze zur Reform des Haushalts- u. Rechnungswesens auf Bundes-ebene in Deutschland. In: Brüggemeier M, Schauer R, Schedler K (Hrsg) Controlling u. Performance Management im Öffentlichen Sektor – Ein Handbuch. Haupt, Stuttgart, S 233–241

Olfert Kl, Rahn H-J (2013) Einführung in die Betriebswirtschaftslehre Kompendium, 11. Aufl. Kiehl, Herne

Preißler PR (2014) Controlling, 14. Aufl. Oldenbourg, München

Reinermann H (1996) Verwaltung der Zukunft, was sage die Wissenschaft? In: Fischer W, Mundhenke E (Hrsg) New Public Management, Mehr Effektivität und Effizienz in der Bundesverwaltung. FH Bund, Brühl, S 9–28

Reinermann H (2000) Neues Politik- und Verwaltungsmanagement: Leitbild und theoretische Grundlagen, DHfV, Speyer. http://www.uni-speyer.de/files/de/Lehrst%C3%BChle/ehe-malige%20Lehrstuhlinhaber/Reinermann/spah130.pdf. Zugegriffen: 24. Jan. 2018

Scherer AG, Alt J (2002) Balanced Scorecard in Verwaltung und Non-Profit-Organisationen. Schäffer-Poeschel, Stuttgart

Schierenbeck H, Wöhle Cl B (2016) Grundzüge der Betriebswirtschaftslehre, 19. Aufl. de Gruyter/Oldenbourg, Berlin

Steger J (2013) Controlling: Grundlagen und Instrumente mit Fallbeispielen und Lösungen. Oldenbourg, München

Tauberger A (2008) Controlling für die öffentliche Verwaltung. Oldenbourg, München

Vahs D (2012) Organisation, Ein Lehr- und Managementbuch, 8. Aufl. Schäffer-Poeschel, Stuttgart

Weber J, Schäffer U (2016) Einführung in das Controlling, 15. Aufl. Schäffer-Poeschel, Stuttgart

Weber W, Kabst R, Baum M (2014) Einführung in die Betriebswirtschaftslehre, 9. Aufl. Springer Gabler, Wiesbaden

Wöhe G, Döring U, Brösel G (2016) Einführung in die allgemeine Betriebswirtschafts-lehre, 26. Aufl. Vahlen, München

The manufacturer's authorised representative in the EU is Springer
Nature Customer Service Centre GmbH, Europaplatz 3, 69115 Heidelberg,
Germany. If you have any concerns regarding our products, please
contact ProductSafety@springernature.com

Printed and bound by CPI Group (UK) Ltd, Croydon, CR0 4YY
28/04/2026
02098479-0002